20世纪广西民俗文艺考论

向一优 简圣宇 著

广西艺术学院学术著作出版资助项目
（项目编号：XSZZYB202210）

广西师范大学出版社·桂林·
GUANGXI NORMAL UNIVERSITY PRESS

出版统筹：冯波
项目统筹：廖佳平
责任编辑：张维维
装帧设计：一水长天
责任技编：王增元

图书在版编目（CIP）数据

20 世纪广西民俗文艺考论 / 向一优，简圣宇著. -- 桂林：广西师范大学出版社，2024.5
　ISBN 978-7-5598-6847-3

Ⅰ. ①2… Ⅱ. ①向… ②简… Ⅲ. ①风俗习惯－介绍－广西 Ⅳ. ①K892.467

中国国家版本馆 CIP 数据核字（2024）第 062827 号

广西师范大学出版社出版发行
（广西桂林市五里店路 9 号　邮政编码：541004）
　网址：http://www.bbtpress.com
出版人：黄轩庄
全国新华书店经销
广西广大印务有限责任公司印刷
（桂林市临桂区秧塘工业园西城大道北侧广西师范大学出版社集团有限公司创意产业园内　邮政编码：541199）
开本：880 mm × 1 240 mm　1/32
印张：12.625　　　字数：320 千
2024 年 5 月第 1 版　2024 年 5 月第 1 次印刷
定价：60.00 元

如发现印装质量问题，影响阅读，请与出版社发行部门联系调换。

前言

"越是民族的,就越是世界的。"这句话是一种概括,也是一种要求。特别是在强调人类命运共同体意识的今天,要求我们立足于本民族、本区域的现实状况,以自身的文化特色去赢得世界其他民族的尊重和欣赏。但是,因为种种原因,民族地区往往经济欠发达,在现代性、全球化语境中,"民族的"(尤其是"少数民族的")往往容易陷入封闭落后的刻板印象中。然而,通常被我们视为先进、现代的文明——这主要是指推动全球化、现代化的文化浪潮——同样遭遇困境,现代性危机让身处其中的人们饱受煎熬。此时,都市依然是身处乡村的人们拼命想要奔向的"理想之城",而田园乡村又成为都市中人们向往的"诗与远方"。区域与全球,民族与世界,传统与现代甚至后现代,交错并峙似交融又隔膜。从全球化、现代性文化悖论的困境中,固然能看到传统民族民间文化,诸如民歌、民俗等的原生态价值,但不能让这种价值只是一种他者景观,从而沦为都市文化的装饰,而需将其契入我们当下的文化生活中,形成我们文化生态中的重要一环。

地方性文化恰恰要在全球化中才能彰显自身价值从而突破区

域性，而传统文化也需要在现代转型中再现生机。为此，本书强调从史料考证和现实调研出发，从学理逻辑层面思考广西本土文艺发展史框架内的相关问题，力图从思想史的角度去开掘民俗文艺的价值。全书按照思想史的时间线索，分别从"过去"和"晚近"两个部分进行研究论述，前者（主要是上篇和中篇）主要追溯20世纪20—40年代这个时间段，通过对该时间段民俗文艺的考论探寻其背后思想史脉络得以生成的机理，从而为区域民俗文艺的传承与发展提供史料支撑和理论参考（此部分创作起因详见后记）；后者（主要是下篇）侧重从当下文化生态的某些症结出发，以20世纪80—90年代的广西民歌为主要研究对象，考察其意义生成功能与文化生态建构的互动关系。文化生态系统是庞杂而又难以把握的，故主要着眼于文化生态中的意义问题，简言之，精英文化中容易出现意义中心僵化的问题，后现代思潮影响下的大众文化容易出现意义消解的问题，作为民族民间文化形态的民歌具有意义生成功能，以意义生成中和意义僵化和意义消解，则有利于良性文化生态的建构。民歌的意义生成功能之所以能对当下文化生态具有裨补之效，是因为其内蕴的文化内核，这个文化内核就是通过仪式化、诗意化、音韵化三位一体表达所生成的整体生命律动。对于现代工业文明在创造极大物质财富的同时，所造成的人与自然、人与社会、人与自我的剧烈冲突，这种整体生命律动是疗救现代文明病的良药。但这种疗救绝非简单照单抓药即可药到病除，我们需要直面民歌这种民间文化形式的生存状态，无法生存就谈不上参与建构文化生态，民歌需要在与其他文化事项的互动中，在声像符号兴盛、媒介融合的文化态势中，在众多"民"的自我选择中去寻找其合理的生态位。而我们对其文化内核和意义生成功能的揭示，其意图在于指出在这种互动中我们最应该珍惜和注重的是什么。真正的良性文化生态的构建，有待全民，有待将来。这部分研究从理论上，主要是吸纳皮尔斯三元性符号学思想作为框架，借鉴吸收了文化生态学、生态符号学和音乐人类学等理论思想和方法，以此来激活中国传统"一分为三""三生万物"的思想活力，以期突破二元对立非此即彼思维带来的种种文化悖论、困境；在对民歌的界定中，力图以民间、民众、民俗、民族之歌来突破我们通常印象中的少数民族之民歌；在民歌素材使用方面，主要是覃剑萍先生于20世纪80—90年代收集的东兰民歌手抄本，然后兼及京族民歌以及古代典籍中的一些民歌。

愿望如此但实现几何，现在看来在论证方面有简单化和过度阐释之嫌，在民歌材料占有和考据方面亦不够充分。然而，区域与全球，民族与世界，传统与现代，我们如今依然生活在这种文化的张力之中，作为民族民间文化形态的民歌源远流长，几乎伴随着人类生存和发展的整个历史，"人类社会群体为什么会对审美有一种客观需要呢？这是因为人类社会的审美现象是人类社会自我维持和自我发展的动力结构链条上的一个重要环节，缺少了这一重要环节，人类社会就无法自我维持和自我发展。这一观点是打开包括艺术发生问题在内的艺术中一切重大问题玄秘之门的钥匙"[1]。这样看来，将自己当初探索民歌的意义生成功能与文化生态建构的幼稚足迹记录于此，或对我们前行有些许参考价值吧。

书稿最终完成得益于师长们一直以来的谆谆教诲和同事朋友们的帮助提携。其中，尤其要感谢的是我的硕士研究生导师欧宗启教授，他不仅带领我们进行理论文献的研读，而且花费大量时间精力亲自带领我们深入民族地区开展与民俗文艺相关的调研，

---

[1] 黄海澄:《艺术新思维》，北京：中国社会科学出版社，2014年，第53、54页。

并对我的相关文章进行精心修改。同时还要感谢王尔勃教授长期以来对我的悉心关怀和指导，书稿中很多核心思想都是在王尔勃教授的点拨下逐渐生根发芽。入职广西艺术学院以来，我所在的文艺理论教研室深厚的文艺理论传统使我受益匪浅，如著名前辈学者黄海澄教授所构筑的"控制论—人本美学"和"价值—情感论文艺学"理论体系引领我的思考，有幸共事的梁冬华教授、杜晓杰副教授、孙桂平教授、张兴茂副教授等平时给我诸多教益，通识教育学院的各位领导同事给我诸多帮助，在此同表谢忱。

本书由我和简圣宇教授合作完成。简圣宇教授将区域文化史料纳入思想史框架进行学理层面的探讨，侧重从纵向开掘民俗文艺的价值；我所聚焦的广西民歌研究，侧重从文化生态系统角度考察其意义生成功能。两者各有侧重，但都致力于探寻民俗文艺传承的血脉与发展的生机，故合为此书。合作过程亦是学习过程，简圣宇教授丰厚的学识修养、开阔的学术视野和严谨的治学态度，让我受益良多，在此深表感谢！

本书最终得以出版，端赖广西艺术学院学术出版资助项目的大力支持。此外，还要感谢广西师范大学出版社编辑张维维的辛勤付出。

向一优

2023 年 9 月 1 日

定稿于南宁邕江之滨相思湖畔

目录

上篇 简圣宇

003 第一章
广西那坡壮族文献记录考

029 第二章
20世纪前半叶舞狮习俗文献考

060 第三章
陈志良所录民国时期民俗文献考

091 第四章
《岭外代答》所涉服饰文献考释

中篇 简圣宇

111 第五章
《南宁社会概况》所录南宁年节习俗考释

129 第六章
《南宁社会概况》所录饮食文化考释

140 第七章
《南宁社会概况》所录"迷信"习俗考释

152　第八章

《南宁社会概况》所录丧葬仪式考释

166　第九章

《南宁社会概况》所录婚嫁仪式考释

186　第十章

《南宁社会概况》所录南宁本地童谣考释

下　篇　向一优

201　第十一章

当下文化生态构建与民歌意义生成功能

229　第十二章

民歌及其意义生成功能

258　第十三章

民歌意义生成的方式和途径

285　第十四章

民歌的意义生成功能对当下文化生态之裨补

313　第十五章

民歌在京族海洋文化生态构建中的功能及表现

329　初冬随笔（代后记）

上 篇

本书涉及的明清和民国初期的文献，有一部分带着当时显著的历史局限性，比如将少数民族歧视性地写为"狪""獞""猺"等字样。实际上，早在20世纪30年代，广西三江县平南区区长吴士元就提请废止这些字样，"改犬旁为亻旁"。而后广西省政府答复他的提请，认为这些字样确实"应俟逐渐废弃"[①]。1938年10月，毛泽东同志在《论新阶段》一文中，也提出必须纠正这一问题："提倡汉人用平等态度和各族接触，使日益亲善密切起来。同时禁止任何对他们带侮辱性与轻视性的言语、文字与行动。"[②]而国民政府迟至1939年才下了训令，对全国发出《令直辖各机关、行政院：据行政院转据教育部呈请通令全国以后对于苗夷蛮猺猓獞以及少数民族等名称禁止滥用令仰转饬查禁由》[③]。

中华人民共和国成立后，周恩来总理代表当时的政务院发布《中央人民政府政务院关于处理带有歧视或侮辱少数民族性质的称谓、地名、碑碣、匾联的指示》，要求各地相关部门开展整改工作[④]。在党和政府的民族团结、共同发展的政策进一步推动下，又对相关词语进行深入改革，如将"傜"改为"瑶"、"獞"改为"壮"等，以体现出各族人民亲如一家、共同建设社会主义的时代新风貌。

此外，本书还涉及一些在一定时段内约定俗成的历史词汇。比如20世纪前半叶，"新桂系"政府将少数民族称为"特种部族""特种部族同胞"（也有简称为"特族""特胞"），又比如在20世纪80年代到21世纪初，将那坡部分壮族分支称为"黑衣壮"。这些都是一度被使用过，之后退出历史舞台的时段性称谓。

本书在写作过程中，无可避免要引用原始文献，曾考虑将这些文献里带有历史色彩的称谓全部改为现在通行的版本，但如果这样修改的话，就有可能出现篡改原始文献的问题，因此我们经过慎重考虑，涉及原始文献时，还是保留相应的字样。同时，我们秉承民族平等、民族团结、共同繁荣，铸牢中华民族共同体意识的原则，在具体的论述过程中都有相应的阐述和说明，对旧社会的这种错误的意识和歧视性的词语持坚决批判的态度，特此说明。

---

① 广西省政府：《本府令知三江县平南区区长吴士元呈请修改狪獞猺等字式应毋庸议指令》，载《广西省政府公报》，1934年第5期。
② 中共中央文献研究室、国家民族事务委员会编：《毛泽东民族工作文选》，北京：中央文献出版社，2014年，第1页。
③ 林森、孔祥熙、陈立夫：《国民政府训令：渝字第四七〇号（二十八年八月二十一日）》，载《国民政府公报》，1939年，渝字181，第5—6页。
④ 全国人民代表大会民族委员会办公室：《民族工作法律法令摘编》，北京：全国人民代表大会民族委员会办公室，1980年，第90页。

第一章

广西那坡壮族
文献记录考

广西那坡的壮族,是广西壮族中颇具特色的一个分支。[1]"黑衣壮"的命名,直到20世纪80年代才由音乐学研究员冯明洋在其论文《壮族"双声"的腔调类论》中提出(他称为"黑衣壮人"),但其实早在20世纪30年代,一些学者就已经注意到"黑衣壮"的存在,并且陆续记录下来。或许是这些文献在发表时并未引起学界注意,而后由于政局的变化,民国时期的这些文献并未使用20世纪80年代之后广西学术界的通用称谓"黑衣壮",而是用了"黑衣""黑衣人""黑衣族"甚至"黑衣徭"等称谓。

由于种种原因,民国年间这些关于广西"黑衣壮"的早期文献记录长期湮没在故纸堆里,一直没被关注,或许有学者读过这

---

[1] "黑衣壮"族群自称"布敏"。所谓"黑衣壮"只是他称,并非"布敏"人对自己的称呼,只是由于后来发现"黑衣壮"一称能带来旅游等经济效益,"布敏"人才对外接受这一称呼。而21世纪之后,其他居住在附近的非"布敏"的族群,在这种经济效益的驱动下,也开始把自己归属于"黑衣壮"的范畴,设法向外界想象的"黑衣壮"形象靠拢。本文所提"黑衣壮",专指"布敏"。关于"黑衣壮"的自称和自我认同问题,参阅海力波的专题研究文章:《从村落记忆到族群史观——黑衣壮族群历史表述中的能动性》,载《民间文化论坛》,2009年第2期。

些史料,但未曾以专题或专章的形式加以考证分析。[1]实际上,这些现代早期民俗研究中关于"黑衣壮"的记录颇具历史和艺术价值,回溯民国时期的这些文献记录,有利于我们将"黑衣壮"早期研究与当下的研究联通起来,形成一个有机整体。

一、民国时期"黑衣壮"史料概述

目前,笔者所掌握的民国时期"黑衣壮"文献,包括刊载于刊物和书籍上的以下部分:

(一)刊物方面合计六篇,包括:

1. 1940年《公余生活》第三卷第八、九期合刊本"广西民俗专号"上刊载的四篇:汪英时的《特胞歌谣介绍》、颜林的《黑衣人的歌唱》、颜朝彬的《镇边黑衣族的生活》(镇边,即今日那坡县)、陈志良的《广西特种部族的新年》。

---

[1] 笔者在2016年撰《"黑衣壮"民歌文化传承问题思考》(载《内蒙古大学艺术学院学报》,2016年4期)时,曾提及民国时期的这些文献,但介绍得并不详细,本文将加以细述。笔者在查阅1948年第2期《广西通志馆专刊》时,曾看到《美国国会及哥伦比亚等大学图书馆驻华代表函索馆刊以刊物交换请指定由》一文。上面记载,美方曾提出:"贵馆刊兹拟代美国国会图书馆,芝加哥大学图书馆,哥伦比亚大学图书馆,葛斯德图书馆恳赐赠各一份以光所藏鄙人可以此间当刊物寄上作交换只用请。贵馆指定当即遵寄不误。此致广西省通志馆。顾子刚谨启三月十九日。"而广西方面的顾子刚在民国三十七年(1948年)四月九日答复,表示乐见此事,且随回函后,另寄馆刊七本。原来美国学术界对中国的研究动态一直保持关注,连中国偏远省份的刊物也不例外。但笔者利用访学机会在华盛顿大学东亚图书馆锲而不舍地筛查了半年,收集到的材料还是颇为有限。可能民国时期的学者对"黑衣壮"的研究还是过少,故而留存下来的就更有限。

2. 谢曼萍《广西特族歌曲介绍》[刊载于 1940 年"广西艺师培训班"（即今日广西艺术学院的前身）所办刊物《音乐与美术》]。

3. 梁泽任《镇边风土记》(刊载于 1946 年《中央周刊》第 8 卷第 13 期)。

除了梁泽任的文章，汪英时等人的文章皆为 1940 年发表。如此集中发表，说明有可能是当时编辑组稿，特邀他们去撰写。彼时广西"新桂系"为在全省内实施动员，开始尝试通过开展"特种部族教育"去改造少数民族，试图将他们培养为可纳入政治、军事管理的有生力量，于是从 1935 年起，到 1940 年，几乎每年都在《广西省政府公报》里公布当年的《广西省立特种教育师资训练所章程》。

笔者曾经尝试搜索汪英时、颜林、颜朝彬、谢曼萍这几位早期"黑衣壮"研究者的相关信息，然而除了谢曼萍之外，其他研究者目前皆多无觅处。[1] 只能依据陈志良在《广西特种部族歌谣集》里留下的只言片语[2]，大致推测这些早期"黑衣壮"研究者

---

[1] 而且即便是谢曼萍，资料显示其或许为美术方向的学者，并非音乐专业科班出身。唯一查到关于谢曼萍的资料如下：谢曼萍（1919—1986），广西贺州人，1936 年考入广州美术专科学校，抗日战争爆发后到桂林，曾任桂林国防艺术社战时绘画队长，参加过中华木刻界抗敌协会（见刘曦林主编：《中国美术年鉴 1949—1989》，南宁：广西美术出版社，1993 年，第 388 页）。而且由于资料匮乏，笔者未能查实"谢曼萍"与撰写《广西特族歌曲介绍》的"谢曼萍"为同一人。

[2] 如"江南沦陷，沪滨难安，走港来桂，方悉广西之有省立特种教育师资训练所，学生均系桂省特种部族之优秀青年，心向往之；承雷教厅长宾南，刘所长锡藩之盛情，如愿而往特师授课。授课之余，爱作民族民俗学上之采访"。

多为"广西省立特种教育师资训练所"的教师，相关资料乃是通过与进入师资训练所的"特族"学生交流而采集到的。[1]

除了陈志良，其他人都是"一过式"的参与者，当他们的文章撰写并且发表之后，就远离此方面的研究。且即便是陈志良，也在《广西特种部族歌谣集》里遗憾提道："稿甫成而予亦离职，个人研究之计划，遽告中止。"而且陈志良也尚未如今日学者一样细化到对"黑衣壮"展开专门研究，而是在谈到整个广西"特种部族"的歌谣时，顺带对涉及"黑衣壮"的文化内容进行了叙述。

这也在一定程度上说明了为什么这些珍贵的早期文献，在完成资料整理之后一直未曾引起注意。因为做资料整理的这些民国学者都不是名家，连科班出身都不是，更没有进行持续性的跟踪研究。此外，彼时"黑衣壮"尚未纳入学术界的关注范围，他们连"黑衣壮"的民族属性都存疑待查。其中，尚有许多学界人士把这些"黑衣族"当作"瑶族"的一支，不过是穿了黑衣的"瑶族同胞"。于是，早期"黑衣壮"研究者收集到的这些材料也就只能默默无闻，最终被接下来的社会变动逐渐湮没，长期被人淡忘。

尽管如此，以陈志良为代表的这些在广西参与推行"特种部族教育"的学者毕竟是第一批有意识关注"黑衣壮"文化的人。陈志良在《漫俗札记》一文中，开宗明义告诉我们："广西是个

---

[1] 汪英时在其文中开头即言："本人服务特师以来，常于课余之暇，和同学们草地坐谈，请他们唱歌，随即用谱译出，不过本人对于音乐，太欠高明，错误之处，当然很多，现在不顾丑陋，抄几首在下面，静候读者予以指正。"见汪英时：《特胞歌谣介绍》，载《公余生活》，1940年第3卷第8—9期，第72页。

山国，且有大量特种部族生息着，他们是中华民族中之老大哥，然而都处深山峻岭，久与外界隔绝，几为世人遗忘。可是他们的生活、习俗、体格等等，却为学术文化上之宝库。"[1]在这些学者看来，将埋没于深山老林之间的广西少数民族文化整理出来，是他们的历史责任。他们的这种开创精神和历史责任感着实值得今人尊敬。

（二）书籍方面，目前查阅到的有如下三本：

1. 陈志良编著的《广西特种部族歌谣集》，这也是诸多图书里最重要的一本，其中有不少关于"黑衣壮"（他称为"镇边黑衣族"）的民歌记录。

2. 王逊志主编、廖竞存辑核的《广西边防纪要》（广西企业公司印刷厂，1941年）。王逊志是广西全边对汛督办；廖竞存为广西大学教授，历任制宪国民大会代表等职。该书并非研究黑衣壮的著作，而是对广西沿边对汛、勘界竖碑，以及各州县情况的记录，其中关于"黑衣壮"的记录只是一种顺带行为。

3. 陈正祥编著的《广西地理》（正中书局，1946年）。陈正祥是当时国内享有盛誉的地理学家。不过他这本书主要是从地理学的角度探讨广西，仅仅是在"表二十八"《广西各县山地居民分布及人口数》的"镇边"一条里同时提到了"黑衣徭"和"黑衣"。在他看来，"黑衣徭"和"黑衣"是两个不同的族群。

刊载有关于黑衣壮记录的民国书籍或许还有其他，但笔者囿于所掌握资料和自身学术视野的限制，目前只觅得以上几本。这

---

[1] 陈志良：《漫俗札记》，载《说文月刊》，1940年第2卷，第578页。

几本书各有侧重，第一本侧重民歌文献的记录，第二本侧重边防州县情况，第三本对"黑衣壮"一笔带过。其中，除了陈志良编著的《广西特种部族歌谣集》是专题性研究，另外两本都是三言两语涉及而已。而且即便是陈志良的著述，也没有立足于严格的实地调查，对"黑衣壮"的整体文化艺术状况进行专门研究，这是早期"黑衣壮"研究的共同缺憾。

二、早期"黑衣壮"研究者关注的内容

如前所述，由于时代和个人专业的局限，早期"黑衣壮"研究相对今日专门化、体系化的状态而言，显得比较零散和不成熟。研究者并没有依据"黑衣壮"本身的民族志和文化史的脉络进行深入分析，而只是在北大的歌谣整理运动的启发下，出于尊重少数民族文化、搜集民族志资料的朴素情感而对整个广西"特种部族"展开的。这种朴素的开创性研究本来就不成熟，加上又是针对少数民族地区整体的，并非聚焦于"黑衣壮"一个族群，于是关于"黑衣壮"的具体研究就更加不成体系，没有能按照专题化、专门化的"采集—整理—分析"这一套流程开展和完成。

整体观之，早期"黑衣壮"研究者关注的内容包括几个部分：

（一）"黑衣壮"的民族特征以及民族属性问题

翻阅《广西通志》（谢启昆修，胡虔纂，清嘉庆五年，即1800年）、《镇安府志》（羊复礼修，梁年等纂，清光绪十八年，即1892年）等清代史志类记录，会发现里面对"黑衣壮"没有

任何记录。直到民国年间,相关记录才开始出现,这当然不是因为"黑衣壮"在民国年间才忽然冒出来,而是因为之前当地人民都穿黑衣服("色尚青蓝"[1]),而且服装也简陋("首巾跣足,城市稍有衣冠"),自然不会专门注意"布敏"一系,直到民国时镇上的少数民族开始易服,而身处深山的"布敏"未跟从这种变化,仍以黑衣为服,才会被视为"黑衣壮"。

刘锡蕃《岭表纪蛮》曾以专章的形式,于第五章《光怪陆离的蛮族服饰》里介绍广西少数民族服饰。[2]其中言及本地少数民族在服饰上的变化,如作者谈到,那些处于"边邑奥区"(即偏僻地区)的瑶族同胞还保持原生态穿着,但"交通较便之地"则"汉装剔发者所在亦多有之",在多文化交融地区,瑶族同胞虽然在发式上还保持原来的形态,但在服装上已经趋向于汉装。关于苗族同胞,他的描述是:"衣短,衣袖长而窄,对襟密扣……下体着裤与汉人同。衣裤多青黑,间亦着蓝色。近年交通较便地方,青年蛮人多剃发汉装。"侗族同胞也差不多,"与诸苗大致相同",又云"最近之侗男服装多从汉式"。[3]

具体到"壮装"一节,作者在其中提到:"壮人男女,从前俱挽髻,服饰亦奇特。有斑衣者,曰'斑衣壮';有红衣者,曰'红衣壮';有领袖俱绣五色,上节衣仅盈尺,而下节围衣幅者,曰'花衣壮';又有长裙细折,绣花五彩,或以唐宋铜钱,系于

---

[1] 见清乾隆二十一年《镇安府志》卷八,第173页。

[2]《岭表纪蛮》初版时,仍使用旧日带民族歧视色彩的"獞""猺"等字,本文一律改为今日通用字样。

[3] 刘锡蕃:《岭表纪蛮》,上海:商务印书馆,1934年,第60—62页。

裙边，行时，其声叮当，自以为美，其状不一。今此等衣装，除其边岩邑外，俱已淘汰。即短衣长裙之装束，惟桂西乡偶间有之，余则不可见矣。男女现皆汉装，以劳动汗埃，多着蓝黑色，妇女头覆帕，老媪尚黑色，少艾尚花尚白。帕之两端，或下垂于肩。天寒，花带束腰。交通地方，亦有着时髦装束，俨然如此知所谓'摩登'者。"[1]

这段记录颇值得注意，这里面提及"斑衣壮""红衣壮""花衣壮"，唯独未提及"黑衣壮"。按照思想史分析法，我们不但要关注作者所提到的内容，还需进一步思考那些他未曾提及之处及其背后的原因。刘锡蕃之所以不提"黑衣壮"，很可能是因为他恰好没有接触到身处深山中的"布敏"。但更可能是因为当时包括壮族同胞在内的广西少数民族的便服基本都是青黑色，于是在大多数当地民众都是青黑色服装的情况下，刘锡蕃只会注意那些与众不同的斑衣、红衣、花衣。而只有在"广西省立特种教育师资训练所"任教，与少数民族同胞长时间相处的教师陈志良等人，才会更细致地关注到"黑衣壮"的独特之处。

需要指出的是，刘锡蕃此处所提的"汉装"并非今人的衬衣西裤，当时的"汉装"实为今日已少见的对襟装[2]。清末以来，面对西方列强带来的现代冲击，中国社会开始发生巨变。首先是东南沿海地区的汉人在服装上开始转向西装。而作为"文化涟漪"

---

[1] 刘锡蕃：《岭表纪蛮》，上海：商务印书馆，1934年，第62页。
[2] 据载，当时"城市方面，政界或学校中人，多着制服，普通人则着短装，或对襟、或大襟，多用布质"。见王逊志主编，廖竞存辑：《广西边防纪要》，广西企业公司印刷厂，1941年，第156页。

波及迟一些的地方，西南少数民族地区在穿着上开始加速出现与汉族趋同的趋势。[1]这种趋同，实质上是现代性冲击的结果，并非一些学者简单化地归类于所谓少数民族"汉化"。[2]

关于黑衣壮的民族属性问题，彼时的民国学者曾尝试论及，但由于当时时代条件和这些学者本身学识的局限，他们只能凭借感性的观察来加以判断，得出印象式的结论。比如颜林在《黑衣人的歌唱》一文开头就提出："镇边的黑衣族，语近僮人。其唱歌的情形如下。"而谢曼萍在《广西特族歌曲介绍》一文中，将题目归类为"镇边黑衣倮倮""镇边黑衣傜"两个称谓，"镇边黑衣倮倮"应该是今日那坡县的"黑彝"，而"镇边黑衣傜"实际上或许为"黑衣壮"，只是被当时学者记录为"黑衣傜"了。至于一般的民国学者，多用以"黑衣"为核心的泛称，如"黑衣""黑衣族"或"黑衣人"之谓。[3]

彼时学者将"黑衣壮"误列入瑶族并非偶然，因为"黑衣

---

[1] 文化如同涟漪，会从其中心部分逐步向边缘部分传播拓展。文化优势地区就是文化中心，文化相对弱势地区则是边缘。这种涟漪效应是人类文明传播的客观形态，从原始时代到现当代，莫不如此。

[2] 陈志良提到："汉、苗、傜、僮、侗、夷等同源的故事，在广西的特种部族里非常盛行，几乎每族都有这样的一首传说，所以汉人与特族之间虽有隔膜，但特族根据了他们的传说，至今还以汉人为弟兄家而加以尊敬。"陈志良：《慢俗札记》，载《说文月刊》，1940年第2卷，第593页。

[3] 考虑到在陈正祥编著的《广西地理》（正中书局，1946年）的"表二十八"《广西各县山地居民分布及人口数》的"镇边"一条里，"黑衣傜"和"黑衣"是同时列出的。在作者这里，"黑衣"应当是与"黑衣傜"相对应的今日的"黑衣壮"。因此反观谢曼萍所列出的"镇边黑衣傜"到底的确是穿黑衣的瑶族同胞，还是今日的"黑衣壮"，笔者目前尚不能确定，只能存疑待考。

"壮"服饰的确跟当地瑶族具有较大相似性,对那些非本地的学者而言,在外观上很容易把这两个不同的民族混淆起来。据当时学者田曙岚的记录,在谈及当时奉议县(今田阳县)一带的民俗时提到:"傜人服饰,男子与汉人相同,惟女子则异,其袖端喜镶花边,宽约寸许。袖口窄小,衣长仅及腰,腰中束黑布带,着裙,喜用黑布包头,分左右两方垂下,两端皆绣花。"[1]

就图像文献资料而言,孟森《广西边事旁记》(商务印书馆,1942年)一书前页里有彼时汉人衣饰,男子多为对襟上衣和长裤,如果不穿马褂,实际上与本地少数民族男子日常服饰相差无几。今日少数民族为彰显民族性,常刻意以盛装示人,实际上在民国时期,汉人和少数民族日常服饰往往出自同一条街市,彼此差别并没有今人想象中的那么大。另据翟笃仁所辑的《广西的民间文学》(泰东图书局,1930年),其前页上附有"广西奉议县猺女摄影"。这张照片中记录下的几位瑶族姑娘所穿服饰,确实跟今日"黑衣壮"在外观上有较大的相似性。因此"黑衣壮"被时人误认为"黑衣傜"并不奇怪。

在王逊志主编,廖竞存辑的《广西边防纪要》(1941年)里,对"黑衣壮"也尝试进行民族分类。如在该书第九章"广西全边各分汛概况"第十一节"百南对汛概况"里,谈到"百南汛在镇边县境的南面",此地"人种方面则很为复杂",可分为"客家""黑衣""夷家"三种。[2]关于"黑衣壮"的来历,作者认为

---

[1] 田曙岚:《广西旅行记》,上海:中华书局,1935年,第126页。
[2] 王逊志主编,廖竞存辑:《广西边防纪要》,广西企业公司印刷厂,1941年,第143—144页。

是"汉人",又牵强附会称:"黑衣大概系宋末跟文天祥的部将张天忠而来的兵勇,在此落业的,大约当时因其所穿的号衣为黑色,故以黑衣称之。"而在第十章第一节"镇边县概要"里,作者把"黑衣"认定为"寄居的贵州人"。[1]笔者对此书涉及的"黑衣"概念暂存疑,因作者似乎是以一种经验主义的态度,把穿黑衣服的当地人都称为"黑衣",所谓"至黑衣一种,所以服纯尚黑色得名"。[2]

笔者怀疑他所谈到的"黑衣"可能包括若干不同族群的人,既有今日的"黑衣壮"布敏,也包括其他穿黑衣服的人,比如贵州到镇边的民众,于是导致他叙述混乱。(倒是陈志良在《广西特种部族歌谣集》上册第一章总论中,明确提出"黑衣"应该是壮族的分支。他说:"僮民系统之中,分侗人、黑衣、侬人、俍人等。")

尽管如此,他所谓的"黑衣"有一部分应当是今日的"黑衣壮",因为他提到:"僮人的话,与黑衣人的语差不多,只音调略有不同罢了。"[3]与一些学者将"黑衣族"当作"瑶族"分支不同,该书作者从语言学的角度注意到了当时尚未确知民族身份的"黑衣人"在语言上与壮族更近。在此书第十二节"百怀对汛办事处概况"里,作者进一步提到:"僮语,和黑衣人所说的话即土话,与龙州靖西一带的土话相同。人民的生活习惯,与百南汛区的人

---

[1] 王逊志主编,廖竞存辑:《广西边防纪要》,广西企业公司印刷厂,1941年,第156页。
[2] 王逊志主编,廖竞存辑:《广西边防纪要》,广西企业公司印刷厂,1941年,第156页。
[3] 王逊志主编,廖竞存辑:《广西边防纪要》,广西企业公司印刷厂,1941年,第150页。

民亦大同小异，婚姻更为自由，也以唱歌为媒介，其音调婉转动人。"这里不但记录了"黑衣壮"的语言，而且简要提到了"黑衣壮"的婚恋习惯。作者还提到："黑衣人与土人交易则操土话，但社会交际，则以官话为最普遍。"如果他这里所谓的"黑衣人"不是其他族群穿着黑衣之人，而就是专门指布敏的话，那么这或许表明他观察到的"黑衣人"并没有我们今日所想象的那么封闭，布敏与当地其他少数民族一样，因为贸易关系而与汉人有了较为深入的接触。

（二）"黑衣壮"的风俗民情

在强调"回到民间"的歌谣整理运动的推动下，陈志良等年轻学者们怀着对少数民族同胞的朴素感情，以及收集、整理民间文艺资料的学术冲动，借由到广西任教的机会，对广西"特种部族"同胞的独特文化进行资料收集整理。由于当时相关人士在资料收集、整理领域的经验都较为欠缺，体系化的研究方法也尚在建立过程中，因此这些到达广西的年轻学者就更加不可能如同今日学者一样，在相对严密的方法论框架下展开学术研究活动。

以今日目光看来，他们的研究有着诸多缺憾。针对"黑衣壮"的调研，他们缺少人类学的系统方法支撑，也没能围绕一个核心议题，对"黑衣壮"的整个族群文化开展分门别类的调查研究和文献记录，更谈不上深入黑衣壮族群文化的内在历史脉络，对"黑衣壮"的文化发展进行有效研究。此外，囿于器材的缺乏，他们也没有留下关于"黑衣壮"村落、服饰、建筑、仪式等内容的摄影、录音、录像资料。尽管如此，作为现代早期研究，也实属难能可贵。

这里面，陈志良的贡献最为突出。陈志良曾撰《广西特种部族的新年》一文，其以新年为切入口，介绍他研究的广西"特种部族"的风俗习惯。值得注意的是，在他这篇文章里，关于"镇边"区域"特种部族"介绍，有"白夷"和"黑衣族"，其中占据较大篇幅的，正是"黑衣壮"。不知是因为他特别关注"黑衣壮"，所以资料比重最大，还是恰好"黑衣壮"学生给他提供的风俗资料较为充足。在此文中，他记录道："镇边的黑衣族，在十二月二十五，二十六两天之内，家家都要屠猪，以备新年中之用，据父老们说：过了这两天之后屠猪，必定杀着猪的祖先，那末，来年定要养猪不旺，瘟死或不大。三十日，每家举行大扫除，贴上五花八门的'春联''门神'，祖宗的神位，也换上新的，并且还贴上'利市'。妇女们都忙着准备各种食品，如粽、饼、馒头、珠花等。元旦就开始休息，到了下午，就杀鸡宰鸭，供奉神灵；此刻祖宗案上烧香、点烛，甚至插起绿油油的小树枝，如万年春及松柏等。非常热闹。晚饭之后，男子就将铺盖摊在堂中睡眠，为看守祖宗案上的供品，及继续烧香添油。到鸡叫之后，就有村中的小孩来拜年。他们来时，先在门口喊道：'恭喜恭喜，新年新岁，万年富贵，禄位高升。'才进来拜年，并放纸炮。行礼完后，主人才分钱给他们。孩子们再到别家去，走遍了全村为止。此刻各家换上新的供神品，又行祭礼，直到初四为止。"

今日不少媒体在谈到"黑衣壮"时，总有意无意将之叙述为一个与世隔绝的当代桃花源。[1]而实际上，由于长时段的"大杂居，小聚居，相互交错居住"的格局，西南少数民族在风俗习惯上与汉族有诸多交融，彼此之间的差异其实并没有那么大、那么多。正如今日的"黑衣壮"已与其他少数民族同胞一样进入现代社会，根据陈志良在这里叙述，早在20世纪40年代，"黑衣壮"同胞在风俗习惯上就已与汉族开始交融（其中尤其受到此地经商的粤商带来的粤文化的影响），"春联""门神""利市"等习俗已经被"黑衣壮"吸收进自己的族群传统之中。"万年富贵，禄位高升"这种具有典型城镇民众世俗精神向往的"升官发财"之语，也毫无违和感地出现在了"黑衣壮"的日常民俗之中。

陈志良叙述道："在元旦之晨，每年备了些酒菜到村中的土地庙里去祭祀。祭毕后大家聚食，同时会议本年送恶鬼之利方，此事是由村中的领袖在神前占卜而定的。散会之后，各人回家准

---

[1] 严格意义上说，"黑衣壮"从民国时期到现在的文化，有继承的部分，也有相当多断裂的部分。许多年轻人（甚至中年人）并不熟悉本族群之前的文化，而是由于旅游开发的缘故，才重新学习这些断裂了的文化。笔者将这种现象称为"再传统化"，即已经断裂的文化被后人重新学习，二度恢复传统。结果他们在这种"再传统化"的过程了解到的"黑衣壮传统文化"其实相当一部分是再造了的"传统文化"。而他们展示给游客看的"传统习俗"，在相当程度上属于"展示性的习俗"，与真实的习俗之间具有一定的距离。所谓"展示性的习俗"，顾名思义，就是外来者希望看到什么，本地人就为了迎合他们而刻意展示什么。有时是为了吸引游客，有时是为了迎合政府的扶持，有时是为了扩大影响、赢取收入。总之，只要对自身的生存和发展有利，这些族群就会主动按照外来者的浪漫想象，摆出相应的姿态给外来者参观，让外来者误以为这就是该族群原本的习俗。笔者就有过类似的经历，在某地区，有游客问："为什么你们这里没有迎宾酒？不是说本地人会以米酒迎接来宾吗？"结果没多久，该村寨就出现了"历史悠久"的村口迎宾酒习俗，村民热情地给游客递上香甜的米酒，并且告诉他们，这是本地"具有千年历史的民间传统"。

备送恶瘟鬼的东西。到了时间，先由领袖家中开炮，而后全村跟着齐放，并且敲锣打鼓，同时大声疾呼，众声齐作，响激云霄，约七分钟而后止。此日再也不能大声喊了，因为祖宗在请新年酒，不可扰乱他们。一过了初二日，青年男女就可以丢布球、抽托梁、打手卷、饮酒、唱歌等娱乐。中年妇女则到亲戚家去走动，去时，常以八个粽粑、一斤肉、一斤酒以为礼物。新年中每家都有新年酒。天天如此欢乐，直到二十日才开始工作。"[1]陈志良这里的提到的"元旦"并非如今的公历一月一日，而是农历的新年。作为兄弟民族，壮族和汉族在风俗涉及的方方面面都有着直接的交流。从壮族铜鼓纹饰的变化可以看出，从清代到20世纪初这段时期，壮族铜鼓上的道教符号有增多的趋势。壮族在吸收、借鉴道教的过程当中，逐步将原始巫术提升到相对系统的宗教层次。只可惜陈志良只是在外围对"黑衣壮"进行观察，并没有对其具体仪式和信仰进行系统性的记录和研究。

其他学者虽然没有陈志良记录得详细，但也留下了一些珍贵的记录。

梁泽任在《镇边风土记》一文中提道："全县有苗语、傜话、倮倮话、官话、土话等。""黑衣与土人皆操土话，但音腔稍异；社会交际，以官话最普通。至于人民生活，所穿的多是土布，多数褴褛不完，所食的多是菜蔬，贫者以包粟粥，或麦片粥过活；平民非是年节，甚少开荤。住的方面，除街道住房稍可观睛外，

---

[1] 陈志良：《广西特种部族的新年》，载《公余生活》，1940年第3卷第8—9期，第46页。

乡村民户，住的为木搭泥糊的高栏……砖屋亦不多见。行的多是走崎岖的山路，费两条腿去奔波，能骑马骡代步，可算是社会的中流人物。"[1]

根据梁泽任的记录，20世纪40年代的镇边县生活条件艰苦，包括"黑衣壮"在内的少数民族都过着拮据的生活。此外，梁泽任还观察到本地少数民族的趋同性。今日我们之所以认为少数民族服装差异很大，主要是因为被刻意强调和改造了的节日"盛装"误导，其实少数民族的日常服装并没多大差异。梁泽任记录道："普通服饰，均无甚差别。惟偻人服装，其裤织有花边，衣则对襟钉扣多行，并饰以锡制的花朵，此为男装；若女子则加木皮裹腰部，苗装：男服与城市无异，女子短衣短裙，有类女学生装，惟衣裙多尚白色，故有白苗之称。傜（蓝靛傜），衣尚黑色，女子则以红绒结球饰于胸，至若黑衣一种，以所服纯尚黑得名。"他这段话记录"黑衣"这一特殊族群的特征，即他们之所以得名"黑衣"，乃是因为他们所穿的服装纯然是黑色。

不过梁泽任并没有特别区分出"黑衣壮"，而是根据镇边少数民族在文化方面有较大共同之处的特征，按照民族文化趋同性的原则介绍当地少数民族。实际上，当地的少数民族之间除了趋同性，还有一定的差异性，并非全然是以相同的习俗生活。梁泽任这样笼而统之的记录，有些泛泛而谈的缺陷，如没有特别说明"黑衣壮"的族群习俗是哪些。尽管如此，他还是记录下了一些值得注意的细节。比如当地人在婚恋形态上的朴素和实用主义

---

[1] 梁泽任：《镇边风土记》，载《中央周刊》，1946年第8卷第13期，第118—119页。

("情投意洽的，多贻赠土产，甚少粉饰虚伪")，当地巫术风俗的盛行("向多崇奉无稽偶像，道巫，风水")等。[1]

（三）"黑衣壮"的民歌资料收集

这方面包括几个部分，一是谢曼萍的《广西特族歌曲介绍》，二是汪英时的《特胞歌谣介绍》，三是颜林的《黑衣人的歌唱》，四是陈志良的《广西特种部族歌谣集》。

由于彼时正值歌谣整理运动方兴未艾之际，在顾颉刚等人编辑整理出《吴歌甲集》《吴歌乙集》等代表性辑集的鼓舞下，到广西少数民族地区任教的这些年轻学者们也尝试在教学之余，搜集、整理这些具有广西少数民族独特韵味的歌谣资料。此外，正如当时年轻学者谢曼萍所提到的那样，他们整理"特族歌谣"还有另一个更加具有现实性的时代背景，即当时如火如荼开展的"新音乐运动"。在抗日救亡大潮的推动下，中国艺术界开始思考如何从中国传统中寻找自己的精神资源。用当时学者的话来说，就是"在音乐运动中，接收过去遗产，和推进时代性的艺术"，以及"中国的新音乐运动，毫无疑问的都是求其合于时代要求，

---

[1] 特别值得一提的是梁泽任提到当地人"多演唱粤剧，木偶戏，舞狮，舞龙等"，其实包含了颇多的信息。木偶戏跟当地巫术仪式有着千丝万缕的联系，有些"壮剧"正是以木偶戏的形式来加以表演。而彼时粤剧、舞狮、舞龙是粤文化具有代表性的文化符号，这些粤文化的产物在镇边的盛行，展现彼时广东客商及广西泛粤文化区（粤人在桂通婚的后裔，奉粤习俗，操"白话"）客商顺着"西江—郁江—邕江—左右江"水道到达百色地区的历史。由于邕剧在被下四府粤剧同化后，又被省港粤剧排挤，其戏班曾以"过山班"的形态沿着邕江向百色发展，而一般人如果不特别注意，常常不加以区分。因此梁泽任有可能在无意中记录下了早期邕剧戏班在百色的流动。

求其大众化而适宜于普遍,这一总的原则丝毫不可以动摇"。[1]而对他们而言,在"礼失求诸野"的理念下,民间歌谣就是可资借鉴的良好的创作素材。

谢曼萍在《广西特族歌曲介绍》一文中尝试以人类学的角度思考广西少数民族民歌。[2]她介绍说:"今天我所以特别要把特族歌谣介绍出来的理由是:特族歌谣有一个最大的优点,这个优点正是目前新音乐运动所遗忘的,特族歌谣可以说是真正大众化的歌曲,在僮区里面流行最广,传播最快,不论男女每人至少懂得数首以上的歌谣、舞蹈。"[3]

谢曼萍不但注意到了"特族歌谣"的大众性,而且她发现当地其实还有更加重要的文化遗产因为信息不流通而被遮蔽了,那就是当地的多声部歌曲。值得一提的是,彼时中外音乐界曾长期存在一种观念,认为多声部歌曲是西方所独有的,乃是西方文化的专属精粹。[4]而谢曼萍在采风过程中意识到,在这里她可能发

---

[1] 林翼:《介绍西洋音乐与发展中国新音乐运动》,载《艺丛》,1943年第1卷第2期,第32页。
[2] 谢曼萍提到:"音乐因为是人类感情的象征,于是它就表现了某一时代人类的生活、风俗、思想、习惯、语言等,我们很容易看得出来,某一个时代的人类,必然会产生有能代表其时代生活的大众歌谣,特种民族是进步很慢的民族,他们歌谣当然是很单调,谈不上什么合理的组织,他们也有器乐,不过其构造是十分简单,而且完全是利用自然界的材料构成。"见谢曼萍:《广西特族歌曲介绍》,载《音乐与美术月刊》,1940年第10期,第5页。
[3] 谢曼萍:《广西特族歌曲介绍》,载《音乐与美术月刊》,1940年第10期,第5页。
[4] 卡尔·波普尔虽以倡导开放社会而闻名,但也有自己封闭意识的盲点。他曾言:"像科学一样,复调音乐是我们西方文明所特有的。……它可能是包括科学在内的我们西方文明的最史无前例的、独创的。确实是非凡的成就。"〔英〕卡尔·波普尔著:《无尽的探索:卡尔·波普尔自传》,邱仁宗译,南京:江苏人民出版社,2000年,第55页。

现了中国的多声部歌曲:"作者是最近刚从傜区回来的,曾听过不少使人惊异的歌谣,有独唱、齐唱、对唱,甚至有近似二部合唱的旋律曲,由两个以上不同的音响而和谐起来,歌音倩雅优美,引人入胜。说到他们的器乐,也是使人赞美的,虽然他们乐具构造粗陋,音阶组织简单,然而集体演奏,声音可以震撼空间,使人感到其器乐的伟大,并不逊色新器乐的感慨。"[1]

由于谢曼萍把"黑衣壮"也归类为瑶族,因此她在这篇文献中所提到的"傜区"可能还包括"黑衣壮"所处的区域。比如,她这篇文章收录的第一首民歌,就是当时教师汪英时记录的"镇边黑衣"颜朝彬同学歌唱的《相思歌》:

> 男唱:久不见妹断了情,哥想问妹讲一句。
> 又怕你妹心不开,好子也要先生教,好花也要剪刀裁。
> 有心恋各过来耍,早淋落雨花更红,两人交情得两年。
> 蛟龙浮代天上飞,飞到天上慢慢想,今也不得后世恋。
> 想妹多来想妹多,想妹食茶当食药,想妹食饭当食水。
> 山高也有人开路,水深也有渡船人,哥今无妻望妹恋。
> 哥田也近妹门口,风吹禾苗也相逢。
> 女唱:昨夜三更得一梦,分明梦见我大哥,
> 不知我哥身何样。
> 不知我哥何办法,上无桥来下无船,哥哥不知水深浅。
> 通到江中须显容,一口仙丹都是尺,未曾食茶先送杯。

---

[1] 谢曼萍:《广西特族歌曲介绍》,载《音乐与美术月刊》,1940年第10期,第5页。

未曾落雨先动雷，未曾同哥讲一句，夜夜睡梦想哥来。

在这首歌末尾，作者标注道："（注）这是一首镇边黑衣傜的民歌，久别重逢时所唱，每二句为一节，词句不拘多少，唱完一节，再添上词句照原谱读唱。"虽未说明此歌为二部合唱，但看此歌的形态，完全可以用二声部合唱。

这首歌在汪英时的《特胞歌谣介绍》一文中已有介绍[1]，但汪英时将之标记为"黑衣相思歌二首"，估计是汪英时撰文时也弄不清到底这些"黑衣特族"同胞的民族属性，只能将之模糊标注为"黑衣"。

颜林的《黑衣人的歌唱》一文还将"黑衣族"歌谣细分为四种类型，包括"结婚时唱的应酬歌""长辈生日""造屋唱的"和"恋爱歌"。从现在的学术分类来说，颜林这一在1940年的分类显得有些经验主义色彩，如果能分出大的类型和细化的项目，比如分为宗教（巫仪）类、史诗类、日常类等，而宗教类再细分为日常祭祀项、婚俗项、巫仪项等，或许可使得歌谣的分类更具备条理性。[2]

来到"广西省立特种教育师资训练所"参加学习的少数民族同胞都是年轻人，他们喜爱乃至谙熟的当然以恋爱和婚俗类歌曲为主，颜林以青春正好的年轻人为采样对象，当然会导致他搜集

---

[1] 汪英时：《特胞歌谣介绍》，载《公余生活》，1940年第3卷第8—9期，第72页。
[2] 不同学者对此有不同的分类方式。比如农冠品先生将壮族民歌分类为日常事务歌、古歌、苦情歌、农事歌、花果歌、猜谜歌、建房歌、爱情歌等类型。见农冠品：《也谈壮族民歌的分类》，载《广西民间文学丛刊》，1982年第4期。

的歌谣以与爱情有关的歌谣比重最大。然而在这些爱情歌谣之外，应该还有更多具有文献价值的史诗类、宗教（巫仪）类的歌谣，由于不在年轻人熟知的范围之内，就没能进入颜林的学术视线里，故而仅仅零星提到若干所谓"长辈生日"和"造屋唱的"类型。

  不过值得一提的是，颜林对"黑衣壮"歌谣进行记录时具有他的独到之处。他不但记录歌谣，而且将整个唱歌的仪式过程全部记录下来，让他的记录具有现场感和具体性。他提到"第一是结婚时唱的应酬歌"，他介绍道："因为嫁女时，有被窝，蚊帐，面盆、脚盆、手巾、衣服、鞋袜、茶罐，及牛马等倍（陪）嫁而来。同时送亲人之中，也有几个会唱歌的男女，到男家来唱，男家也准备了会唱歌的男女来答歌，唱时主先客后，男唱女答，女唱男答。女家所唱的《配礼歌》男家所唱的《谢礼歌》"；"在结婚的那天，亲戚朋友，都有酒米银子相赠，大家齐来帮忙，同时来饮喜酒，主人馈请男女唱歌来答谢也是男唱女答，女唱男答歌大意是说：承了亲友很多的礼物，招待不周，还礼不及所以用唱歌来表示感谢。"[1]

  这些看似零碎的记录，其实具有相应的思想史意味。笔者注

---

[1] 其他还包括："第二是长辈生日，亲戚朋友都来饮酒恭贺，主人公和亲友们也都唱歌，饮食中途，大家跪在长辈的前面敬酒，男女老少大小跪在一地方，齐声寿者献酒，这是恭祝老人长生保命的意思，歌词的意义多相同""第三是造屋唱的，某人要建造新屋，乡村中各个乡人来协助你做工，同时又拿酒米木料来帮助，主人每天不过煮了饭给大家吃，到新屋做成的那一天，主人再请酒，请乡村中帮忙的人来饮酒，那晚饮酒时主人也唱歌来答谢大家的力量，帮助他造成了新屋"以及"第四是恋爱歌，男女发生了爱情，无论甚么时候甚地方都可以用唱歌来表这爱情……"

意到，西南少数民族的习俗之间，既有差异性也有趋同性。昔日民国学者为了符合"新桂系"政府推行"移风易俗"的政策，偏重于强调趋同性；而今日学者出于某些原因（如强调自己研究的学术价值，或者在地方政府"文化搭台、经济唱戏"因素的诱使之下），则片面强调某个民族或者民族分支与其周边相应群体的差异性。具体到"黑衣壮"，据笔者有限的调研，其实他们除了在诸如服饰等少数方面与当地整体文化有一些区别之外，其实大部分习俗与周边各族无甚差别。但在一些研究者的笔下，"黑衣壮"仿佛成了隐居深山、与周边文化时空隔绝的极具特色的族群，这与事实有一定出入。

在今日许多学者的叙述中，西南少数民族的文化仿佛是与汉族一样以持续线性的维度不断发展演变的，但实际上并非如此。少数民族的文化在传承上，既顽强，又脆弱。由于在1949年前，西南少数民族在本民族或族群内一直没有体系化的文献保存机制，因此他们的文化在传承、发展过程中就不断经历着"文化断代"：祖辈的文化经常会由于自然灾害、战乱、迁徙甚至虫蛀发霉等原因忽然散失，后辈对前辈的文化经验和积累只能凭借残存的只言片语甚至是想象而构建出来，"再创造"出据说是来自祖辈的"文化传统"。[1]

从颜林的记录看，彼时"黑衣壮"的习俗并没有那么与众不同。或许"黑衣壮"有独特习俗，但在颜林的观察中，没有看到特别特殊之处。在他所提到的记录当中，"黑衣族"较为独特之处，是其"风流街"一年有两度。所谓"风流街"，即今日所称"三月三"，属于男女对歌以娱乐、择偶的盛会。

第一场"风流街"，"在三月十九到三月二十八日几天内"，这场与其他少数民族的"风流街"差异不大。颜林叙述说，这时的市面上"全是青年男女唱歌交际的公开场所，可以自由选择对象，唱歌达意，双方合意时，或者定婚，或者恋爱，都是极容易的，男的就买三斤糖，十枝子丝，手钏两个，金戒两个，送与女子，女子则用头包一张，衣服一套，鞋子一双脚绑一对，送给男

---

[1] 明代谢肇淛所撰《百粤风土记》里提到："粤西不毛之地，土瘠民贫，不事力作。五谷之外衣食，上取给衡、永，下取给岭南。中人已下之家，株守度日而已。官署曹橡而下，皆短衣履，或跣足着高屐，无襟袴。"从这段带着些许贬义的叙述中，可以管窥彼时我们广西读书环境之恶劣。谢肇淛还撰《五杂俎》，其中载："岭南屋柱多为虫蠹，入夜则啮声刮刮，通宵搅人眠。书籍蟫蚛尤甚，故其地无百年之室，无五十年之书。"到清代康熙年间桂林府通判汪森所编《粤西丛载》卷十八再引用此段话。至嘉庆五年谢启昆修，胡虔纂的《广西通志》里仍引用此文。其中原因，除了中国史籍喜欢援引前人之外，恐怕最重要的是因为他们都觉得此段极为真切地描述了他们所目睹的现实场景。在森林密布、潮湿多雨又没有现代化的保存措施的情况下，广西在本地保存典籍方面存在着很大的困难。"回南天"一到，纸张吸饱了空气中的水分，容易迅速霉变朽坏。"无五十年之书"一说虽然有些夸大，但多少反映了在当时环境下书籍保存之艰难。西南少数民族特别看重唱歌，主要原因之一就是试图通过传唱来传承民族历史。比如广西和贵州等地的苗族一直以来就专门挑选那些具有较高悟性和较强记忆力的青年小伙来学唱史诗，为的就是用人这种"活的载体"来记录本民族的历史文化。

子，表示相爱之意"。第二场是八月十五日，属于前一场"风流街"的延续。当天青年须购买中秋月饼送给自己的情人。

颜林提到，"黑衣族"人在"风流街"有两种歌唱方式：个人独唱，或两人合唱。若是两人合唱，则彼此配合，一人唱"天声"，另一人唱"地声"，"不分男女，都要用这样唱法"。他记录的歌谣为《恋爱歌》。此歌为男女见面时所唱，以表示亲爱之意：

哥田也近妹门口，风吹禾苗也相逢；
去到南山请情话，青松树下透风凉。
能有几多十八岁，老来几多好同年；
唱弟唱哥也是歌，白鸟下塘也是鹅。
一条河水去悠悠，好朵鲜花水面浮；
有情有义跟花去，看花落在那滩头。
青天白日起狂风，风吹桃花满地红；
哥哥走过花园内，水泡阳桥路不通。
一把扇子两面风，画妹英雄在扇中；
代妹英雄在扇里，打开扇子又相逢。
高山岭顶起凉亭，有砖无瓦做不成；
妹你有心买瓦盖，五湖四海传妹名。
哥十三来妹十三，莫要有人再十三；
三个十三三十九，两个十三一个单。
山歌好唱人人爱，哥恨山歌唱不来；
大船难过小河海，骑马难过尖石崖。

时隔一年，陈志良在《广西特种部族歌谣集》里辑集了汪英时的《特胞歌谣介绍》、颜林的《黑衣人的歌唱》等文章，书中许多段落甚至与汪英时等人文章里的完全一样。这种辑集他人文章又不注明出处的行为，或许是彼时尚未形成今日这样完整严谨的学术规范所致，又或许还源于他们彼此熟悉，认为此书是集体创作的结晶，故而未加计较。此书以收录和研究广西少数民族歌谣为主旨，其中收录了四首"黑衣壮"的歌谣，"结婚歌""送亲酒""恋爱歌""抗战歌"各一首。其中，"恋爱歌"这首的字数最多，2700多字。可以说，《广西特种部族歌谣集》是20世纪前半叶对"黑衣壮"歌谣记录最为详细的一本辑集。

结语

对新对象的研究，总有一个从初始到逐步完善的过程。对"黑衣壮"的研究亦不例外。相对今日系统化、分类化研究而言，20世纪前半叶的相关研究还只能算是较为初级的探索。当时的学者还没能意识到对"黑衣壮"进行专题研究的重要性，更没能采用现代技术和方法进行深入调研和记录分析。尽管如此，他们作为"黑衣壮"研究的先驱，毕竟为今日相关领域的艺术思想史研究提供了重要的原始材料，以文字形式保存下了一份宝贵的文化记录。通过这些文献，能够直观了解"黑衣壮"在20世纪前半叶的生活状况。而对比"黑衣壮"从当时到现在的变化，也能更清晰地还原"黑衣壮"文化的发展流变史。

第二章

20 世纪前半叶舞狮习俗文献考

作为一项具有浓郁节庆色彩的民俗，舞狮有着悠久的历史传统，对舞狮习俗的记录也屡见于官方文献和私人笔记小说，但这些传统方法与现代学术研究还有相当差距。20世纪前半叶是中国舞狮习俗获得现代学术记录的起始时期。彼时正是现代民俗研究崛起的时期，舞狮习俗得益于这一历史契机而进入学者视线，并且得到较为详细的记录和研究。在彼时内忧外患的特殊历史语境下，舞狮作为一种传统民俗和民间体育运动，被赋予了唤醒国民的时代意义，这种"睡狮当醒来"的思潮也深深影响到彼时的舞狮活动和相关记录之中。

作为一种具有延续性的民间习俗，舞狮其实不应当被定义为作为"过去式"的"遗产"（Heritage），而应当视为活态的"资产"（Properties）运用到民俗实践过程中，不断为当今时代文化的发展创造出新的价值。可以说，舞狮习俗从近代以来一直深度参与了塑造中国的"文化性格"的过程，是构造民族"想象的共同体"的一支重要的力量。而且它之于域外的传播也具有一种文化符号意味，能够作为一种代表中国文化精神的意象走入全球文化对话之中。

一、20世纪前半叶舞狮习俗文献记录概述

今日舞狮习俗已经获得了学科化的系统研究，相关研究论著

颇为丰富，但对 20 世纪前半叶起始时期的相关文献进行梳理的论文还较少，故而对这段时期的文献进行系统地追溯和梳理非常有必要。[1] 梳理这一时期关于舞狮习俗的相关文献，不但有利于提升今日舞狮习俗研究的完整性和系统性，而且能通过对其"内在理路"的把握，理解这些文献所包含的丰富的历史人文内涵。

目前留存下来的 20 世纪前半叶舞狮习俗文献记录包括两大类，一类是关于舞狮习俗的新闻和随笔，另一类是针对舞狮习俗展开研究的专题文献。从整体上看，彼时关于舞狮习俗的新闻和随笔并不少，目前笔者搜集到的就有近百篇，但能从学科化视角开展研究的专题文献却很少。这其实也反映了特定学术选题起始阶段的普遍特征：一部分学者意识到了这个选题的重要性，但参与研究的人数偏少且零散，彼此之间是缺乏联系的"学术孤岛"，没能构成可以彼此呼应互补的群体，亦尚未能以学术共同体的形式开展具有一定规模的系统性研究。

此外，历史上舞狮是一种普遍流行于全国各地的习俗活动，不过从 20 世纪早期开始，舞狮这项习俗流行的范围开始逐步集中在中国南方地区，特别是广东、广西、四川、江西这一片区域，而且这一时期关于舞龙舞狮的记录主要还是关于两广地区的。舞

---

[1] 笔者曾经就 20 世纪前半叶舞狮习俗中具体的舞狮形貌、队伍构成和舞狮表演步骤等相关问题进行探究，文章见《民国时期舞狮习俗谈》(载《文史知识》，2018 年第 10 期)。本文在此基础上进一步立足于 20 世纪前半叶相关的文献对舞狮习俗进行综合研究。另，舞龙舞狮活动具有相似性，不过舞狮相对舞龙而言，直接表演人数更少，尚武精神更重，舞狮在表演过程中加入诸多武术的内容，场面更加热闹和"火爆"，发展出的流派和习俗细节也更多，故而这一时期对舞龙舞狮的记录实则集中在舞狮方面，至于舞龙则往往是一笔带过。

狮习俗的这一流传特征的有趣之处就在于，它呈现出一种地域性和"超地域性"共存的独特状态，它本已经从一种全国性的习俗活动逐步收缩到两广地区，但在文化认同上依旧保有其作为一种"超地域性"的全国性民俗活动的地位。这有似于今天的京剧，京剧的受众虽然主要集中于京津地区，但并不妨碍它以"国粹"的面貌出现。只不过京剧的地位在相当程度上是由各种复杂的政治因素造成的，而舞狮的地位却跟它本身的大众性有着深刻联系。

在关于舞狮的文章中，有的是关于舞狮习俗的随笔，如张亦菴的《元旦所见·舞狮子》（载《文华》，1930年第7期）、简又文（笔名"大华烈士"）的《广东人过新年记》（载《逸经》，1936年第1期）、冯节的《〈广东人过新年记〉补订》（载《逸经》，1937年第21期）等。有的则是报道舞狮的新闻，如行云的《舞龙跳狮之国民二军》（载《晶报》，1926年1月27日第2版）；新闻社所刊《舞狮比赛：桂省当局通令筹办提倡武化唤醒国魂》（载《浙江民众教育》，1936年第4卷第1期）；新闻社所刊《师区模范队舞狮募款慰劳新兵》（载《肇清兵役》，1942年创刊号）等。此外，在1935年出版的娄子匡编著的《新年风俗志》以及1937年出版的《南宁社会调查》这两本书中，也有片段谈及南宁的舞狮活动。还有几篇关于舞狮的诗歌，从中亦可片段性地了解彼时舞狮的状况，如锡金的诗歌《舞狮》（载《当代诗刊》，1935年第1卷第1期）；焦桐的诗歌《舞狮歌》（载《永安月刊》，1943年第53期）等。

《良友画报》对舞狮有过零星的报道，且皆为图片配上文字类型的新闻，如1929年第34期的新闻《舞狮》，1929年第41期的新闻《国庆纪念：吡能华侨国庆日舞狮之热闹》，1931年第59期的新闻《醒狮》，包括《美国旧金山华侨国技团之舞狮》和《华侨舞狮时声震远近之鼓乐》两张照片。《良友画报》上《舞狮》这一则新闻配的舞狮活动俯拍照片，虽然是黑白照片，而且未能正面拍摄狮头，但毕竟是关于此民俗图配文的开篇之作。不过比较遗憾的是这一照片实际上是由《纽约时报》记者拍摄的，所拍摄的也不是国内的舞狮，而是纽约华侨在当地的表演。另外几篇所附照片也都是国外的而非中国本土的舞狮活动照片，但这些新闻照片至少说明中国人在远渡重洋后也把舞狮习俗随之带去，以具体的民俗表演在美国展现了中国精神。简又文的《广东人过新年记》配有舞狮的正面照片，正好弥补了《良友画报》的缺憾。其他新闻里也有舞狮的照片，如《广义童子军团舞狮》（载《上海童子军会汇刊》，1927年第1期）等，但这些刊登的照片多不够清晰，加上采用的是远景拍摄，所以看起来就更模糊了，整体质量都逊于《良友画报》。

任何叙述都是基于某种视角而发出的，故而文本本身就包含着某种期待视野和意识形态。我们如果细致考究这些社会新闻和随笔在谈及舞狮习俗时所聚焦的问题，就会注意到其中所包含的一条值得注意的文化线索：在时代剧烈转化的大背景下，原本是一种普通的、大众化的民俗——舞狮习俗，开始跟时代政治搭上关系，它的现实作用使之能够在慰问、募捐等社会活动中作为"中国精神"的意象走入强调"社会动员"的新语境之中。虽是传统民俗，却在一定程度上具备了新的时代精神。特别是当这种习俗漂洋过海到国外演出时，它热闹奔放的表演过程就是一种传播中国文化和中国风范的过程,这种特别具有感染力的表演传播构建出了一个积极精进的正面形象,让西方国家的民众看到中国人时不再联想到所谓"东亚病夫"的负面形象,而是联想到中国人民努力奋进、蓬勃向上的精神面貌。

尽管如此,针对舞狮习俗展开研究的专题文献仍然偏少,笔者目前只觅得共计9篇,包括张亦菴的《狮舞》(载《文华》,1930年第7期),曾维慎的《舞狮之意义》(载《北洋画报》,1932年第18卷第862期),黄芝冈的《谈两广人的舞狮》(载《中流》,1936年第1卷4期),廖苹庵的《舞狮的艺术》(载《逸经》,1936年第7期),双石山人的《舞狮》(载《民间旬报》,1936年第12期),周天骥辑录的《桂省年节中的舞狮会》(载《边疆》,1937年第2卷第3—4期,此文末尾标注:"节录自民国二十六年二月十日《大美晚报》怡怡著《点缀新年的桂省的'烧狮'风俗》。"笔者目前尚未寻到《大美晚报》原文,故暂以周天骥此文为准);珊的《舞狮:歙县新年游戏之一》(载《礼拜日周报》,1938年第1卷第3期);绍虞的《广州之舞狮》(载《民意周刊》,1941年第15卷第185期);静观的《谈高跷与舞狮》(载《湘桂黔旬刊》,1948年第3卷第5期)。这显示出了彼时作为现代学术记录起始时期的某种准备不足,毕竟,虽然舞狮习俗在古代一直被零星记录,但这种记录属于"前学科化"时期的产物,而所谓现代学术记录中的"现代"范畴,不是单指已经从古代进入现代,而更关键的是指开始以现代的科学化、规范化、体系化的研究方法开展记录工作。

当然,虽然存在各种不足且数量偏少,但这9篇起始时期的早期文献仍然显得弥足珍贵。诚如学者高小康所言:"每个独特文化群体及其传统所传承的集体记忆、价值观念、地方性知识和社会认同,都是通过象征符号体系的构建和意象表达,从而成为特定文化群体的感知、体验与叙述等审美经验。"[1]这9篇关于舞狮习俗的史料既是对舞狮民俗的记录,是彼时文化现象的重要记录,同时也是中国现代早期民俗的珍贵文本,具有历史和学术的双重价值。

二、20世纪前半叶舞狮习俗文献对舞狮状况的相关记录考

20世纪30年代前后这段时期乃是舞狮活动又一个繁盛期,故而有必要对文献进行梳理,从而还原这一段时期舞狮活动的样貌,进而作为今日研究所需的具体佐证和历史参照。回顾20世纪前半叶对舞狮习俗的记录,可以看到彼时在内忧外患的特殊历史语境下,舞狮既是一种传统民俗和民间体育运动,在一定程度上也被赋予了唤醒国民的时代意义,与此时国民的心理状态具有一定的契合度。当然,这段历史里也存在一定的缺憾,那就是虽然当时的有识之士和政府当局都注意到舞狮对鼓舞人心的直接作用,但始终没能把舞狮习俗推广到正规的体育运动范畴,为之建立一套行之有效的行为规范,舞狮也依旧停留在通过表演来盈利

---

[1] 高小康:《非遗美学:传承、创意与互享》,载《社会科学辑刊》,2019年1期,第179页。

的民俗层面，其发展随着社会商业的兴衰而起伏，缺少自身的相对独立性。

具体说来，该时期舞狮习俗的文献重点记录了两个部分：

（一）舞狮形貌和队伍构成

关于舞狮的形貌，简又文在《广东人过新年记》有所涉及。他记录道："舞狮之习，吾粤最为特色，不得不特别详细写出来。广东省城以及各乡之祠堂，或社坛，或武馆，或街坊，每自有狮子一头。狮头系以竹签扎成，以纸糊其外，涂各种彩色，双目双耳及口舌均能活动。狮头大者径阔至四五尺。狮身多以五色线为之，另有长毛狮尾。狮头多挂白须，鲜有敢用黑须黑角者，盖以黑色表示年少力强精壮勇武有向其他老狮挑战之义；一遇铁角黑须狮子，靡不械斗随其矣。"他还进一步记录表演者的服装和具体姿态："舞狮者均穿彩服，足裹色布而腰系绉纱带"，"舞法为一人在前舞狮头，一人蜷伏狮身之末舞狮尾。另有一人击鼓，一人鸣钹，一人敲锣，以作节拍。人员时时更替。舞者双手举狮头循锣鼓节拍而舞动摇摆，上下作势，左右逢源，手足并举，表演活狮种种动作神态，惟妙惟肖，而舞狮尾者亦随同进退动止"。[1]

而同时代的另一位记录者廖苹庵亦从胡须方面加以区分："狮有白须、有黑须、有长须、有短须。白而长，主老劲，如垂暮的英雄；黑而短，主粗鲁，像横暴的少年，若夫须如鞋刷，而又青鼻，这还了得，正是预备生事的呵。"[2]廖苹庵的记录过于简短，

---

[1] 大华烈士：《广东人过新年记》，载《逸经》，1936年第1期，第28页。
[2] 廖苹庵：《舞狮的艺术》，载《逸经》，1936年第7期，第43页。

但也可从这一对舞狮外形轮廓性的描述中可以看到，当时舞狮队出于增加舞狮活动可观赏性的需要，已经在狮子的角色上根据功能设计了数种类型。其实舞狮作为一种民间活动，其脸谱区分在各地有一定差异，实际上除了黑须和白须，瑞狮还有红须的。不过其基本种类以黑、白两须即可区分。

黄芝冈从文献考据出发，结合具体调研对其所目睹的狮子外貌进行了探讨。他注意到狮子有"有角"和"无角"两种。他对两广地区"有角"狮感到颇为好奇，记录到这种狮子"狮头顶上会生出一枝独角，围在角旁边有四枝更短的角，这好像是'辟邪'"。然后他认为这实际上是犀牛的变形，"犀牛既是交趾、邕管、南海一带产物，在两广会留下很多的遗迹神话，外国的猛兽到两广不但中国化了，而且地方化了"。他的证据来自文献《容县志》，其中载："由元日迄下弘止，各乡竞为狮鹿、采茶、鱼龙等戏，凡舞狮曰跳犀，舞马曰跳马鹿，总谓之跳故事。""无角"的包括"蚂拐狮"和"猫狮"。"蚂拐狮"因头形极像蛙头而得名，这种狮子"将下嘴和上唇相抵触时会发出咯咯的声音"。"猫狮"是一人独舞的小型狮子，因头形似猫而得名。黄芝冈补充说："但这样的狮子在两广是不常见的。"[1]

关于舞狮队伍构成，郭绍虞（笔名"绍虞"）在其文中有所涉及。他提到舞狮队在行进时，前导举着标明各家帮会名称的旗帜，然后还有持枣木棍来开道的成员，由于舞狮首最为吃力，因此狮旁随待五六个壮汉，作为备用劳役。再往下是乐师，除了伴

---

[1] 黄芝冈：《谈两广人的舞狮》，载《中流》，1936年第1卷第4期，第238页。

乐，更重要的职能是用锣鼓来给舞狮者鼓劲。最后是茶水担和点心担，以提供相关饮食。此外，还有帮派的首领尾随在舞狮队后面，路上遇到问题时，出面交涉解决。[1]虽然郭绍虞介绍的只是广州这一地区的舞狮队状况，但是两广地区的舞狮队构成也大致如此。

周天骥辑自《大美晚报》的《桂省年节中的舞狮会》对此所言颇简，其中谈到："广西地方每值废历元旦元宵，市镇必有舞狮会之举，做此项游戏者，多是年壮的工人及小贩，另由本街商铺捐资作舞狮之一切费用。到了晚饭后，便集合了个人担任舞狮，领队、收封包录、掌锣鼓、拿灯彩等职务，就预定之路径燃炮出发，灯色灿烂，锣鼓喧天，舞着狮子前走……挨户敛钱。"[2]

马鹤天在《新广东教育考察日记》中提到他在广东的游记，其中包括目睹了观音山当地舞狮团的游行。他说，首先见到一女子"古装骑马"而过，一身"平时婚丧所用"的装束，然后走来是举起旗帜屏幛的人员，上书"武术精绝""技艺超群"等字样。接着是拿着兵器的人员，手持诸如大刀、长矛和戟之类，或者背有大斗笠，犹如古时人物一般。这批人走过，又来敲锣打鼓的人员，还有两头舞狮。作者说这些人不少都是游民，"据说他们有社，凡系游民，喜打拳的，多加入"。作者还提到这些舞狮队伍有人员混杂的问题，有的归属社团，有的属于临时加入："有名'和慎堂'的，有名'群艺堂'的，平时无事的，也往往晚间

---

[1] 绍虞：《广州之舞狮》，载《民意周刊》，1941年第15卷第185期，第15页。
[2] 周天骥：《桂省年节中的舞狮会》，载《边疆》，1937年第2卷第3—4期，第25页。

游街，也有大帽武士随行，可说全是野蛮时代风俗的遗迹。"[1]他的记叙显然带着某种偏见，把舞狮队伍作为落后时代的遗存来看待，但其记叙也说明两广各地的舞狮队伍出行的结构并无严格的规定，各地自有差异。

以上提到的这些记录，都只是记录者对自己所目睹到的内容的记录，这些记录缺少宏观的分析。实际上，队伍构成的简与繁，跟当地的经济状况有着深刻联系。通常来说，当地的经济状况较佳，就会对舞狮队的表演有较高的要求，舞狮队的表演就愈丰富，队伍构成愈繁。反之，在舞狮队表演所收到报酬不丰的地方，队伍人数就会因为收入分配的原因被加以控制，表演内容也酌情减少。这就正如同样是粤剧，在城市内演出的省港班的规模相对较大，演员表演也愈加细腻，侧重唱腔，而下四府的粤剧则大多是"过山班"，深入乡村表演，以锣鼓喧天和南派武打等吸引乡民的内容取胜，这都是因演出环境而发生的演变。

（二）舞狮表演步骤

关于舞狮表演的步骤，郭绍虞有所提及但并不完整。他重点谈到"叼青"这部分，提到考验舞狮者的"奇技"都与攀高有关，一是狮子上楼台，然后又发展出"叼青"（"叼青"，原文写作"刁青"），所谓"叼青"就是"抢青"的一种衍生表演，有舞狮者经过时，商铺会以青菜或青草加一个小红包挂在"三五层之高楼"，"中实十元二十元不等"，然后让舞狮队叠成人梯，"狮乃附之而上"，把"青"叼下来。这一方面是来钱的活计，另一方面也是一场场考验，因为如果"青"叼不下来，这一支舞狮队的声誉就

---

[1] 马鹤天：《新广东教育考察日记》，北京民国大学，1924年，第53页。

将遭受大挫，甚至可能导致日后没了立足之地。[1]郭绍虞这里提到的舞狮表演，乃是"猫狮"最为擅长的部分。

黄芝冈以玉林为例，提到舞狮分为六段表演。[2]第一，"出山"（又名"拜神"）。"狮"从山洞出来，当先得神的允许，于是向神灵拜跪祈请。这时舞狮者将狮头一俯一仰，一举一落，朝落"烧狮"的人进行，"舞狮尾的只跟着狮头舞弄，共进退三四次"。这一段是铺垫性的表演，故而锣鼓声的节奏绵密而和谐。第二"抢青"。"狮子"拜完神，腹中饥饿，就开始觅食，于是"抢青"戏就开始了。根据黄芝冈这里的记录，"猴子"和"大头和尚"相继出场。在两者的戏弄下，"狮子"先跳去抢"猴子"的，而"猴子"爬到树上后，"狮子"再跳回抢"大头和尚"的。在这个过程中，"狮子"张牙舞爪，长毛直竖，凸显舞狮者的表演功夫。第三是"舔须"，这段表演展示的是"狮子"吃饱之后的动作。第四是"瑞狮"（又名"睡狮"）。表演到一段落后，"狮子"开始入睡，"舞狮头的一面将狮头微微颤动着，一面挤近狮尾，作成睡状。这时的锣鼓只轻轻地敲着"。第五是"翻身"（又名"醒狮"）。"猴子"和"大头和尚"戏弄睡狮，"当青叶触到狮的身上，狮张着银铃似的眼，盯着戏耍他的，先摆两下尾，于是挺直了腰，竖起了毛，怒吼一声，又跳起来"。这一部分把整个表演推向高潮。第六是收尾的"收山"部分，表演"狮子"的"拜神"，以首尾呼应。黄芝冈记录的广西玉林的六段式舞狮表演在其他地方

---

[1] 绍虞：《广州之舞狮》，载《民意周刊》，1941年第15卷第185期，第15页。
[2] 黄芝冈：《谈两广人的舞狮》，载《中流》，1936年第1卷4期，第238页。

略有增减，但程序大致如此。

对照简又文的记录，广东的舞狮也基本是这六段步骤，可见两广舞狮的同质性："舞狮与锣鼓俱有一定法度，基于武术真工夫，非内行不善为也。更有特殊表演，如起狮、睡觉、过桥、滚球、采青、上楼台等，如演戏剧，极为可观，非老于此道者不能办。"两广舞狮表演的步骤大同小异，内容也差别不大，简又文对其中"采青"的介绍最为详致："'采青'为最常见之技，系由人家预备生菜一棵系以'利是'一封（即赏金）悬之门上或高处。舞狮者先演种种动作张牙舞爪表出欲噬欲噬的态度，然后由二三人以藤牌举起舞狮头者，（或立在一人肩上）采了生菜，即跳下来伏在地上慢慢嚼而吞之。斯时锣鼓声忽转，或急或慢，或大或细，紧随狮子动作而传声。迨生菜吃尽则又'得—洞—长'一声'起鼓'，狮子起舞前行矣。凡邀请狮子团体演技者，除现金外，有另置锦标，银牌为犒赏者。狮子出游，先摆队伍，参加者各穿一式彩服。最先者为一顾绣长幡，上书'×××（或馆，或堂等）狮子'，即有一人紧随手持'×××狮子'之大红名片分派与有关系之团体或社庙为谒见礼。跟着便有旗帜、锦标、刀枪、藤盾各种武器。"[1]实际上在两广地区，舞狮队跟武馆有着密切的关系，武馆必以舞狮来显示技艺，故而许多舞狮队本身就是由武馆人员构成的。

在前述黄芝冈的记录中，还补充了"猫狮"的舞法，这种舞法以跳掷为主，包括"只由一人手托狮头，再将狮身下部和尾穿

---

[1] 大华烈士：《广东人过新年记》，载《逸经》，1936年第1期，第28页。

过胯下，系向体前腰间，所以它便于跳掷"。在其舞法当中，"跳台"是最具刺激性的。他的记录具体为："先用方桌砌成高台，由小鬼翻筋斗上第一层桌……再而三，三而四，直将猫狮引上最高一层桌子，小鬼便再用筋斗翻身而下，直到平地，和罗汉做饮酒贺年的玩意儿了。猫狮在最高一层桌上，脸朝天做睡的样子；一会又徒然惊醒，来一个'鲤鱼翻身'。像这样一连几次，才从桌上跳起，然后跳跳舞舞，到最后用一个'猛虎下山'的姿势，由最高一层直跳到平地。"黄芝冈还将这一表演与汉代"角抵戏"联系起来。

在周天骥辑自《大美晚报》的《桂省年节中的舞狮会》一文中，对广西的舞狮"叼青"亦有记录："市镇上比较富裕的人家，往往放几块银元封以红纸，悬在瓦檐下，距地约有二丈高下，要舞狮的上去取下来，如取得即以为酬，此乃看舞狮最精彩的一幕，那时属于狮会的人一齐集合起来，拿一根长竹竿作中心，许多的人们围在竹竿四面作下层，其余若干人踏在下面人的肩膊上为第二层，又有若干人再踏上他们的肩膊上作第三层，怎样垒上去到所悬的封包取得为止，此外又有若干人于旁边垒成阶级状，俟一切预备好了，舞狮的（有两个人，一舞头一舞尾）便一面舞，一面往上爬，情形是十分危险，非技术纯熟的不敢如此，到了上面，就从狮口内伸手把封包摘取，到手之后，舞狮子者下来，所叠之人亦散，舞狮子者向大众拜谢，便走去了。"[1]

可见在两广地区最受观者欢迎的是最显热闹和刺激的上梯

---

[1] 周天骥：《桂省年节中的舞狮会》，载《边疆》，1937年第2卷第3—4期，第25页。

"叼青"表演。与平地上的"抢青"表演相比,"叼青"以其对技术难度的要求让这一具有挑战性的表演成为两广地区舞狮活动的标志性项目,观者以这种简单直观的技术挑战来评判舞狮者的表演水平。舞狮表演的冒险性融入审美性之中,既满足观众心理需求,又彰显岭南尚武精神,这也是舞狮表演在本地长盛不衰的一项重要原因。

三、20世纪前半叶黄芝冈等学者的舞狮习俗专题研究

如前所述,20世纪前半叶针对舞狮习俗展开研究的专题文献偏少,真正具备学术底蕴的又更少了。其中,民俗学家黄芝冈1936年所撰的《谈两广人的舞狮》是当时关于舞狮习俗文献中最具有现代学科视野和系统性的一篇。此文与其他偏重于随笔式的记录不同,黄芝冈以其专业底蕴出发,不但包括对当时两广地区具体舞狮习俗的记录,而且以史学逻辑为脉络,上究此俗的历史沿革,下录表演的具体流程。

黄芝冈依据其对文献的考证,将舞狮习俗追溯到唐代。因为中国古代开垦农田的缘故,有虎豹犀象等兽类被从北方赶到了南方,但狮子并非中国本土兽类,据《后汉书》记载,这种西域猛兽直到汉章帝章和元年(87年)才由安息国作为贡品献到中国。而舞狮也并非中国杂耍项目,据白居易《西凉伎》一诗所述内容,当来自西凉:"西凉伎,西凉伎,假面胡人假狮子。刻木为头丝作尾,金镀眼睛银帖齿。奋迅毛衣摆双耳,如从流沙来万里。紫髯深目两胡儿,鼓舞跳梁前致辞。"黄芝冈认为中国的舞狮形式

和由此产生的习惯习俗，应当是在漫长岁月中古代西凉舞狮在中国境内不断传播和改良的结果。[1]实际上，跟黄芝冈同时代的学者邓之诚更早从《西凉伎》中考证舞狮习俗，在他民国十五年（1926年）交由北京富文斋、佩文斋印刷的《骨董琐记》卷二中提到此诗，并补充说："今世俗有舞狮子者，其制与乐天所咏者同予在蜀粤屡见之。"[2]但邓之诚仅寥寥数语就收笔，考证远未有黄芝冈详细，不过邓之诚所述也可侧证彼时的舞狮习俗已经呈现出集中在岭南、西南地区一带的态势。

两广地区在舞狮活动中，用以引狮的角色有两种，一为"猴子"，二为"大头和尚"，黄芝冈认为这实际上跟白居易《西凉伎》提到的引导舞狮者（"假狮子"）的"胡儿"有着继承关系。今日的引狮者（"胡头"）的角色，实际上就是源于西凉舞狮表演中的"紫髯深目两胡儿"。西凉舞狮在中国本土的演化过程中，跟中国巫术仪式发生联系，比如南北朝梁宗懔所撰《荆楚岁时记》记录了胡头面具在巫术活动中所起到的"逐疫"仪式功能。因为西域胡人多"紫髯深目"，所以"胡头"演变为"狮猁"，再变成两广地区的"猴子"，也是具有逻辑上的合理性的。黄芝冈为增强自己论述的文献可考性，提到了《友会谈薮》所记录的宋时舞狮情况："京师货药者多假弄狮子狮猁为戏，聚集旁人。供俸者形质么麼（"么麼"，小吏之谓也——笔者按），颐颊尖薄、克肖狮猁，复委质于戏场焉。韦绳贯颈，跳踯不已。"不过黄芝冈此处的论

---

[1] 黄芝冈：《谈两广人的舞狮》，载《中流》，1936年第1卷4期。
[2] 邓之诚著，邓珂点校：《骨董琐记》，北京：北京出版社，1996年，第296页。

述还有可以商榷之处，如"大头和尚"不一定跟西凉舞狮的"胡儿"角色有继承关系，此角色可能还有其他起源，因为浙江宁波民俗中有"大头和尚"跳"哑舞"的表演形式，在此表演形式中，只有"大头和尚"表演而并无舞狮。两广地区舞狮活动中的"大头和尚"角色可能有多重源头，这正如"瑞狮"实际上是狮子、麒麟等诸多动物、神兽的集合体一样，"猴子"和"大头和尚"也可能是各种民俗原型在历史演变中最后汇集而成当下的形式。

此外，娄子匡编著的《新年风俗志》（商务印书馆，1935年）作为民俗史志类书籍，也记录了若干广东彼时的舞狮状况。该书首先提到"了新年"习俗：新年闲着不做工，叫作"了新年"。而民众在新年期间的娱乐就包括"舞狮凤"，这些表演者开始着手到各村户去揾钱（"揾钱"即"挣钱"之意——笔者按）。而舞狮凤的时间段大约从大年初四起到十五止。"十五过后，'大正'（'大正'指元宵节——笔者按）已开，谁也没有心来看，自然挣不到钱了，如果远地来的江西狮，当做例外。"他还提道："舞狮的，是些学拳棒之人，人数自七人至十四人，穿一样的衫裤鞋帽，束一样的带，很是威风，刀、棒等都齐备。还有一个纸糊的'狮头'，因其形不同，而有'猫头狮''鸡公狮''斗牛狮'之分。眼鼻口舌具备，画着彩色，饰着绒线鸡尾兽毛等，煞是好看。另有四个假面具，二个猴形，叫'孙猴子'，二个笨伯，一个是唐僧，一个是沙僧。舞时，随着滚动跳走，饶有兴趣。舞罢，演习拳棒，至汗流浃背才止。'拜帖'上写'狮报兴隆''狮报宏发'等吉利语。还有人家赏给的红旗子，一手擎去闹威风。什么'勇冠三军''披甲全球''武艺救国''唤醒黄魂'。"[1]

娄子匡这里的记录比较奇特的地方是，他提到舞狮表演加入了《西游记》中的人物，但没有猪八戒形象，而是两个"猴形"。不知是他所目睹的的确如此，还是记录有误。这里值得注意的是，娄子匡提到韶关翁源这些舞狮队伍的构成时，特别指出他们是从江西来的。娄子匡此处的记录缺少完整性，没有详细说明是指当地舞狮队伍主要是由江西人构成，抑或指其中"打江西狮的"演技最为精湛，只是现象性地谈及这些江西舞狮队伍"人数较少，技术较精，能挟孩登十数张台子的上面"，他们以表演的高难度和危险性取胜，"演种种戏法，以人命为儿戏"，"虽过于残酷，但是民众却对他很表欢迎，所以搵钱亦易"。由于迎合了彼时两广人的尚武好斗风气，因此这种高危表演相当受欢迎。

除了舞狮，还有今天已很少见的"舞凤"和"夜鼓狮"。娄子匡记录道："也有两个纸糊的纸凤头，使小孩蒙着，成寻食，挺翼，生卵的状态，孩子们看了，也很觉有趣。可是他们到底主要耍技术，却是打八音，弄弦索（胡琴、二弦、三弦、月弦、管子、笛……）唱调子搵钱。"不过舞凤的受众比舞狮的要少，"不会欣赏的老百姓们，老是不欢喜舞凤的，而爱那舞狮"，依照乡间的受众欣赏口味，尚武的表演远比尚文的更受欢迎，这或许也是舞凤式微的原因。而所谓"夜鼓狮"，其实类似花灯出游，"舞牛舞马，舞龙，舞鹤，舞鲤鱼等各操所糊的牛马等，伴着锣鼓旗帜灯笼，多于夜间出行舞弄"又云，"舞时，有的扮女子，有的

---

[1] 娄子匡：《新年风俗志》，北京：商务印书馆，1935年，第90—103页，第128页。

扮丑角，互相向难歌唱，以锣鼓相和，恒使人满意的失笑。歌词多为四句一首，或以十二月为题，或以立春、雨水等节期为题，或以牛马为题，说到人世的辛苦女人的难做，着实是声调委婉凄楚耐人寻味"。依据他这里的描述，"夜鼓狮"跟原生态的秧歌巡走仪式亦有形式上的一致性。

四、20世纪前半叶舞狮风俗流传地发生变迁的社会动因

如前所述，涉及舞狮活动的文章中，无论是新闻、散文、诗歌还是专题论述，其所提到的舞狮活动虽然涉及全国，但最繁盛的区域还是集中在华南地区，特别是两广。其中，《良友画报》所转载的纽约华侨恐怕也是广东移民。

黄芝冈等作者的文章虽然注意到清末民国初期的舞狮活动集中在两广地区，但没有进一步解释是何种原因导致了这一状况。倒是绍虞在其文《广州之舞狮》里尝试追溯其中原因，但他依据的并非文献，而只以口述史的形式叙述。他注意到舞龙舞狮这种表演形式具有"寓武术于游戏"的重要特征，然后他叙述，舞狮习俗原本盛行于湘鄂，旁及江浙赣皖川黔等省。不过由此引发的斗殴争夺事件太多，特别是光绪二年（1876年）时，武汉因为舞龙之事死亡数十人，导致官府下令于正月十八日后不准舞狮，以致"湘鄂之间舞龙之风乃渐衰"。而且作者对此说法也不敢确证，只是录此作待考之用，所以他在叙述完之后，在这段的末尾以一句"此为余闻之于先慈者"作为总结，言下之意为：这些都是我

从我母亲那里听来的,具体是否如此我就不敢确定了。[1]

此处绍虞认为中国南方的舞狮习俗流行的版图逐步缩减,跟官府禁止有关,此说虽可作为其原因之一,但关于舞狮习俗为何最终集中在两广地区,笔者认为还与另外两个更重要的因素有关。

第一是契合了当地民风,故而具有深厚的群众基础,这是最重要的。[2]根据关于两广地区的史料和现实风情,粤文化地区不但喜欢舞狮,而且把舞狮当成本土重要民俗内容。而且两广地区的民众确有强烈的尚武精神,由于历代各种族裔的移民不断聚集于此,因此彼此之间在交融的过程中也伴生着剧烈的冲突。在戏剧方面,早期粤剧中武戏比例颇大,又以四府粤剧的形式传导给广西的邕剧,使得邕剧的标志性特征就是"南派武功"。舞龙和舞狮在两广地区以包含打斗内容的舞狮为最盛,也是出于同样的道理。

粤人双石山人在1936年的《舞狮》一文中提到他所目睹的乡中舞狮场景,他说,那一个个"舞狮的朋友"都是"乡中的好汉",平时就喜欢舞刀弄棍,如今有机会出场献艺,更是兴奋不已。排场练习时,"赤着肩脖露出一身铜筋铁骨,粗皮蛮肉"。因此他感慨在民间提倡这种"务求得胜,务求博彩"的舞狮奋斗精

---

[1] 绍虞:《广州之舞狮》,载《民意周刊》,1941年第15卷第185期,第15页。
[2] 广州等地一度发布禁令,如广州市公安局于1923年以局长那其仁的名义发布公告,强调"禁止耍狮舞龙,如违拘罚不贷"。然而这一禁令在民众汹涌的舞狮需求勉强维持不了多久就废弛了。(广州市公安局:《广州市公安局布告(中华民国十二年二月十四日)》,载《广州市市政公报》,1923年第69期,第52页。)

神是值得赞许的。[1]

另外,《北洋画报》新闻里也提到,旅津广东音乐会专门设置舞狮专项活动,为的就是"发奋尚武精神"。作者还以激越而悲愤的心情写道:"狮为兽中之王,一鸣而百兽惧;但当其睡也,虽蝼蚁之小,亦敢撄之。吾国物博地大,文化垂数千年,实无愧乎为狮;然受人欺凌,是正犹狮之鼾然酣睡也。若欲使其雄震天下,歼彼丑虏,则必待吾民族之觉醒。予观某影片,曾见十九路军于杀敌之际,尝高舞纸制之狮,殆亦欲借其以唤起民众,鼓励士卒,俾免受睡狮之讥耳。"[2]此话当中包含一个显著的信息:当时的舞狮活动并非单纯的民俗这么简单,而是在其中寄予了发自内心的"唤醒睡狮,振我国威"的深切愿望。

第二,与政府推动有关。这在广西方面最为突出,起到了推波助澜的作用。据当时《大公报》的"南宁通讯"所提:"桂省当局,素重尚武,最近又决定实行一种新的政策,通令全省村庄,每村组织舞狮队一队,每队约三十人,有人造狮子一条,并将废历元宵节,改称'舞狮节',借以提倡武化,唤醒国魂,一雪东亚睡狮之谓。广西全省共有二万五千个村庄,即可出狮子二万五千条,倘若集合作整个之聚舞,民族斗争之精神,自可发扬伟大。兹将推行舞狮政策之办法,略述如次:(一)由政府明令规定废历一月一日至十五日,为全省舞狮运动日期。(二)每条狮子,应有名称,即以村庄名之,如村庄叫某名,狮子即叫某

---

[1] 双石山人:《舞狮》,载《民间旬报》,1936年第12期,第14页。
[2] 曾维慎:《舞狮之意义》,载《北洋画报》,1932年第18卷第862期,第2页。

名。(三)狮之状况,务求雄壮,并须力求逼真,如狮身应用毛皮制造,不要单用一匹红布。(四)每狮须附设炮队,乐队,救护队。(五)一月一日至三日,各狮在其本村本庄,或往附近之村庄活动。五日至七日,各狮集合县城赛舞。选出制作及武技超群之狮,为县代表狮,出席省会舞狮大会。某县选出之狮,即以该县县名命名。(六)十三日至十五舞狮比赛运动大会,比赛成绩优者,日,在南宁举行全省赐以'广西狮王'之荣誉名称。(七)比赛之时,须注重'斗',而不注重'舞',甲狮能将乙狮打倒,则甲狮胜乙狮败。(八)斗狮之时,应施放量炮火,使火花等于机关枪之扫射,炮声犹如密集之枪声。火树银花之情景,一似枪林弹雨之战场云。"而其他地方报纸转载此消息时,还配上了标题"桂省当局通令筹办提倡武化唤醒国魂",以凸显"新桂系"政府此举的政治目的。[1]

今日看来,"新桂系"政府这样将民俗活动与政治目的挂钩,实在有点过度消费民俗精神资源之嫌,把正常的舞狮活动变成了民俗外壳的军事演习,民众自发的活动变成了行政命令直接干涉的对象,虽以"唤醒国魂"为名,实则失之于官僚功利主义。尽管如此,"新桂系"政府的这一举措却影响颇大,在日寇步步紧逼、日日蚕食中国的历史背景下,这种矫枉过正的行为还奇特地引发了其他地方的共鸣,如浙江绍兴就试图模仿广西的举措,在次年也就是1937年时,在当地新创的"卧薪尝胆节"的活动内

---

[1] 本刊记者:《舞狮比赛:桂省当局通令筹办提倡武化唤醒国魂》,载《浙江民众教育》,1936年第4卷第1期,第6页。

容里增加了"斗狮"比赛。并且认为"斗狮"有三层意义:"第一,斗狮是历史的,第二,斗狮是艺术的,第三,斗狮是激赏的。"[1]不过由于缺少两广地区那样深厚的舞狮民间文化土壤,因此绍兴的"斗狮"比赛没有持续下去。当然,虽然舞狮习俗在广西长盛不衰,但"新桂系"政府将传统习俗改为军事演习这一厢情愿的举措也同样未能持续,舞狮习俗在被挪用的数年之后,依旧回到原本的状态。只想利用舞狮活动的鼓舞作用,却没能将舞狮活动发展成为较为规范的民间体育活动,是当时的"新桂系"政府当局具体举措上的历史局限性。须知,舞狮队历来有自己的运营模式,需要通过与商铺节庆活动联动且从中获利才可能延续,像"新桂系"政府这样按照军事演习模式来操作,收益必然大打折扣,民众自然不会真心主动按照政府的行政命令去开展这种变了味的舞狮活动。但凡缺少历史传承作为基础的"人造民俗"活动,一旦社会生态发生变化,行政命令难以延续时,这种活动就必然式微,甚至无疾而终。只有那些能够真正实现"在地化",能跟当地文化建立血肉联系的民俗活动才有可能真正实现落地和扎根,乃至持久、深刻地影响当地文化生态。作为历史教训,"新桂系"政府这种只想利用旧民俗而不懂得培育民俗新精神的举措必然失败,其正好跟延安将旧秧歌成功转型为新秧歌的举措形成鲜明反差。

此外,舞狮习俗以"超地域性"的形态获得了全国民众普遍认同,其中原因跟当时国内民众的精神期待有着直接关系。可

---

[1] 本刊记者:《卧薪尝胆斗狮舞龙》,载《月报》,1937年第1卷第4期,第814页。

以说，舞狮习俗是传统文化的延续，但通过舞狮而构建文化认同却是20世纪前半叶的新兴文化实践。回顾20世纪20年代后期到30年代前期的国内报纸，常有将中国以"睡狮"为喻，力图唤醒国人，让中华复兴做"狮子吼"的热切期待。如1926年作者"春伯"在《哀睡狮》一诗中疾呼："我可爱的睡狮啊！霹雳一声！几千年不曾开过的门栏，一朝被人冲破！无数如狼似虎的妖魔，一齐涌进来了。……你也该痛极了呵！怎么还在酣睡不醒？"[1]1931年时还有作者"佛缘"以《睡狮》为题，写诗呼唤："睡狮！睡狮！现在有人来唤你，你快些醒来哩！努力！努力！"[2]用词虽然浅稚而缺少诗歌的韵味，但渴望唤醒民众的拳拳爱国之心在诗歌中洋溢。另有不少文章，也是以"睡狮"为文化符号，表达自己面对国家危亡的焦虑和痛心，以及呼吁大众觉醒以救亡图存。如1932年上海《中华周报》的社评《睡狮之国》[3]，1933年作者章寅的《睡狮到底醒不醒》[4]，1934年作者问笔的《醒狮还是睡狮》[5]等。

清末民国初期正是国内面临内忧外患的多事之秋，清末报纸多以"睡狮"形容中国，于是舞狮活动在彼时语境下就带有激励和鼓舞国人当自强，将中国从"睡狮"唤醒为"吼狮"的文化政治象征意味。希望中国这头"东方睡狮"早日醒来，几乎是那个

---

[1] 春伯：《哀睡狮》，载《自强》，1926年第1卷第3期，第106页。
[2] 佛缘：《睡狮》，载《大众医刊》，1931年第9期，第55页。
[3] 社评：《睡狮之国》，载《中华周报》，1932年第9期。
[4] 章寅：《睡狮到底醒不醒》，载《晨光》，1933年第1卷第41期。
[5] 问笔：《醒狮还是睡狮》，载《论语》，1934年第59期。

时代国人的共同心愿，因而舞狮活动在象征意义上符合彼时民众的心理诉求。

五、广西独特的"烧狮"风俗及其后续发展

全国性的民俗文化往往是普遍性与特殊性的统一体。一种具有大范围影响力的民俗文化在其流传到全国乃至国外的过程中，必然会发生某种程度上的"在地化"现象，即该民俗文化会跟本地原有文化结合，形成一种"混血"民俗文化。舞狮活动也不例外，它虽然是全国性的民俗，但在不同地区常带上当地的特色，当它到了岭南、西南地区，特别是到了广西，就跟本地民众喜欢燃放鞭炮的习俗结合起来，变成了"烧狮"活动。

前述1936年，"新桂系"政府为了"提倡武化"，要求各地"斗狮之时，应施放量炮火，使火花等于机关枪之扫射，炮声犹如密集之枪声。火树银花之情景，一似枪林弹雨之战场云"[1]。这种要求虽然有行政当局为达到自己的政治目的而不惜操控民间节庆活动的问题，但其实也有改造、利用广西本地"烧狮"风俗的因素。广西历来民风彪悍，乡间更喜爱带有一定刺激性的活动方式，"烧狮"就是在这种本土社会意识当中发展出来的一种风俗。

周天骥所辑《桂省年节中的舞狮会》一文里提到，广西民众所舞的狮子共有两种，一种属于表演性质（作者称之为"只舞来

---

[1] 本刊记者：《舞狮比赛：桂省当局通令筹办提倡武化唤醒国魂》，载《浙江民众教育》，1936年第4卷第1期，第6页。

好看的"），这种狮子与广东的舞狮一样，制作十分讲究，"狮头"是竹片铁丝扎成内壳，且用油纸裱过，外面又裱以各种颜色的丝绸。"狮尾"也是用颜色丝绸扎成一大幅，缝在"狮头"的边沿，非常精致，更用细麻缝入，做毛状。此类狮有一定的舞法：无论向前、退后、左右、蹲高伏低，都有度数，鼓声也跟着舞狮的转动作高低快慢之音，随狮而行，灯彩则走在狮前。此外，还有一种特别的舞狮道具，这种是属于狂欢性质的，专为"烧狮"而制作。这种"烧狮"用的道具制作较简略，以泥和草纸等敷成台基式的，头上稍像狮形，尾端连以价格低廉的花布便成了。作者提到："其实所谓烧狮，即是烧人，被烧的人约有十五六个，皆赤上身，戴竹帽护头，穿短裤，打脚绑，草鞋，只一人拿狮而行，不舞，余都跟着，如各店人家有炮仗花筒等放时，便以身来受，如太熟了便避开，而第二个又补上，轮流不息，直到烧完才去，毫不觉痛苦，并且还有人家烧完之后，大叫：'还有吗？再来'等叫笑。"

　　作者补充说："当民国九、十年之交，各商店营业景气，年终盈余不少，于是彼此抽出一些红利出来，买花炮，作烧狮之戏，大商店往往拨出二三百元以备大烧特烧，'烧狮'到时，店内的人站满在楼上楼下，大燃炮竹，花筒等向狮——人——身上射去，他们如前所述，轮流来受，泥狮子也跟着被射，但已于先前喷下冷水，虽烧至极度也不会弄焦了，炮仗多的，能烧几点钟而不定，浓烟满街，药气扑鼻，炮声挟着锣鼓，极为雄壮，有时，被烧者不能忍受，便可以派人说情，表示服输，即熄彩灯掩鼓回去，但这样会给观众讥笑的，所以被烧的虽皮屑焦黑，仍忍受着，亦有新加入代替已被烧者的，烧完之后，又轮到别家，一直到深夜，才回来，未走过的路径，等第二晚再去，非要游遍全市才完。"[1]

这段叙述所提到的"烧狮"样态，与近些年兴起的广西宾阳炮龙节有着极高的相似性。宾阳炮龙节据称已有三百多年的历史（另一说是北宋时期即有），但这种当代民俗节庆最早出现在文献中也只是近十余年的事情。而在当地自称该节庆出现的那些年代里，无论是广西本土官方地方志，还是笔记小说，皆未有过直接或间接的记录。该节庆原本只是在宾阳老街等街道小规模实践，属于本地乡民的节庆狂欢，后来在全国节庆风起之后才开始扩大影响。或许宾阳炮龙节依据的民俗资源即与民国初年的广西"烧狮"风俗有关，比如从民国时期的"烧狮"活动中获得某种启发而创造出来，是"烧狮"传统的一种延续。

根据文献可知，广西的"烧狮"活动离不开当地商铺的支持。作者提到，"近年来因各业不振，此项烧狮用的钱已没有人肯出了，所以大规模的烧狮也很少见，只是一些小花炮点缀点缀罢了"。不过"烧狮"的风俗仍延续了一段时间，直到广西解放之后，由于社会生态已经发生改变，这种活动才逐渐消失。而宾阳炮龙节在20世纪90年代末才出现在历史舞台，也是因为当地文化机关推动的"文化搭台，经济唱戏"之缘故。这些都说明了此类活动与经济活动之间的密切关系。

目前笔者能找到的跟现代宾阳炮龙节最接近的史料，除了"烧狮"，也仅有娄子匡编著的《新年风俗志》（商务印书馆，

---

[1] 娄子匡：《新年风俗志》，北京：商务印书馆，1935年，第128页。

1935年）提到的四川成都的"烧龙"。娄子匡提到："龙灯有摆龙、双龙、火龙三种；摆龙和双龙，都是白日出来的，用五彩锦绸扎成的，前面用一个红绸扎的元宝来领导，雇一些锣鼓吹打的在先开路。火龙那就不同了，他是夜间出迎的，造法很简单，用九个竹龙，拿粗绳联系着，外面再披着麻布；头上略施点画，就成一条龙了。它出迎的时候，前面有玩'流星火球'的开道，尾后接着的是鼓乐。它到的地方，人家都燃着爆竹来欢迎，还有一种特制的火花烧着。龙灯出迎的期间，到元宵的晚上完了，所以十五的晚上是特别的热闹，照例晚上不关锁城门，任它自由的进出，各机关的办事处，更预备大批的爆竹和火花来烧龙。"[1]

娄子匡此处所描述的成都"烧龙"活动，与广西宾阳炮龙节相似度极高，基本可以视为同一种活动。或许现代宾阳炮龙节的雏形就是基于诸如"烧狮""烧龙"之类的民俗仪式而建构起来的，形成时间大约在清末民国初。只不过现在当地在重构该活动时为了增加其分量，以传说替代史料，才往前追溯到所谓"宋皇祐五年"的"狄青突袭昆仑关"事件，而且看到"非遗"成为当代旅游文化主流后，又打出"是汉族、壮族文化融合共生的综合

---

[1] 娄子匡：《新年风俗志》，北京：商务印书馆，1935年，第128页。

性民间节庆"的牌子。[1]当地这样重构历史之后，虽然让宾阳炮龙节具有了"悠久的历史、深厚的文化底蕴和独特丰富的民俗风情"，但也遮蔽了该活动真实的根源。这些也是我们需要反思的

---

[1] 20世纪末以来，西南地区各地针对旅游而建构的"具有悠久历史"的新节日颇多，比如最近几年又有某公司策划出了一个"巴马七夕祭水节"，这一在2011年才横空出世的节日被叙述为"已有数百年的悠久历史"。其他地区这类"历史悠久"但在历代通志都找不到的"传统节庆"也在20世纪末到21世纪初这段时间里应运而生。有些地方为了抬高本地区这些新造"传统节庆"的地位，还煞有介事地在宣传册中声称该节庆在明清时曾由官府参与甚至组织。比如某地区的霜降节就在宣传册中称"在清代，这种祭拜活动不仅百姓要参加，而且州官也必须身着朝服率领百姓进行"，殊不知正是这一句外行话让这个"传统节庆"露出了马脚。因为这些缺少专业背景的策划书撰写者不知道一个基本常识：任何有官方背景的当地节庆活动，一定会在官修地方志上有记录。而某种节庆如果不能在地方志上反映，比如这一霜降节，说明它在当时等级森严的统治氛围中就属于"淫祀"。朝廷官员未获得上级批准的情况下，参与地方势力的集会活动乃是重大禁忌，更何况还是亲自组织参与"淫祀"，若被人举报，后果不堪设想。敢杜撰"州官身着朝服率领百姓"去参加"淫祀"这种场景，只能说是显示出了策划书撰写者的无知无畏。地方节庆活动有利于增强本地的文化凝聚力和吸引游客，但也不应为了经济目的而过度透支民俗传统，扰乱当下乃至日后民俗学者的研究工作。不过这类新造"传统节庆"亦可成为当代民俗学者研究的题材，就其产生的背景、其所反映的复杂心态，以及这种造节的具体机制等问题开展细化研究。

"商业策划对历史的重构"问题。[1]

结语

综上所述,中国舞狮习俗在20世纪前半叶走入其获得现代学术记录的起始时期,这些记录不仅以文献形式叙述了彼时舞狮习俗的具体样貌,而且本身包含了关于那个时期文化政治的丰富信息。于是这一段时期的舞狮民俗研究也依旧超越了一般意义上的纯粹知识范畴的研究,而成为那个年代风云际会在这一习俗之中的审美折射。

我们在继承和发展本民族的文化传统时,需要在理念和表达

---

[1] 文献学角度的历史研究是需要严格考证的,但"口述史"角度的历史研究却往往很难取得实物证据,而更多的是依据当事人的口述。"口述史"角度的研究,本应当是一种对文献学角度的研究的重要补充,但现实却是"口述史"被某些个人或团体有意或无意地滥用。这种滥用在民间文化研究领域尤其明显,自从"口述史"开始获得普遍接受之后,某些别有用心者发现一个窍门:过去要编造一段历史,需要伪造文本证据来加以支撑,这种伪造需要很高的技术和很大的成本,而且还颇容易被识破。但"口述史"是不需要物质文本证据的,全凭当事人口述即可,话都是他说的,哪怕信口雌黄,只要找不到漏洞,就无法辩驳、证伪。如果当事人不专业,他那冒牌的"口述史"倒还能被识别出来,但如果有具备专业背景的不良专家参与进来,凭借其丰富的专业知识进行造假,如,不是将完全不存在的历史编造出来,而是基于部分真实的历史碎片,按照某种预设目的将其拼接在一起,那么这样的专业造假一旦进入"口述史"就非常难以识别。而当这些"历史"被口述之后,即可以所谓"口述史"的形式推出系列论文、著作,然后这些论文、著作就成了"重要的历史证据"。最后,这些"学者"开始用此类似文献形式呈现的"重要的历史证据"来佐证自己的猜测、观点和论证,以此为基础创造出各种新造民俗"历史悠久"的神话。结果"口述史"这种重要的研究方法由于很可能成为学术作伪的工具而在近些年被诟病。

上关注那些具有锚定意义的"文化符号"和"精神标识"。[1]正所谓"真正融于日常生活的民俗艺术是感性而有温度的,生活化的呈现与展演赋予民俗艺术脉动的生命力和蓬勃的传承力"。[2]舞狮习俗不但包含了易于接受的情感认同,而且也内在包含了中国民众对本土传统文化的深层价值认同,以一种文化意象的方式持续指引和确证着我们作为中华民族一分子的内在身份。

因此,在艺术思想史的视域下通过文献追溯的研究方法,去研究作为现代学术记录的起始时期舞狮习俗文献,不但是一种承前启后的文献梳理工作,而且也是一种对中国民间习俗文化资产的深度把握和温情关怀,有利于我们更真切和深刻地理解蕴藏在其中的历史意义和文化价值。

---

[1] 刘海鸥:《人类命运共同体构建的儒家伦理底蕴》,载《广州大学学报(社会科学版)》,2019年第1期。

[2] 黄龙光:《民俗艺术田野调查与艺术民俗志书写》,载《艺术探索》,2017年第2期。

第三章

陈志良所录民国时期民俗文献考

作为一位对广西现代民俗研究方面有着重要贡献的学者，陈志良（1908—1961年）在20世纪30年代末到40年代初赴桂担任"广西省立特种教育师资训练所"培训教师期间，广泛收集诸多广西地域民俗文化资料。由于他在广西民俗学研究上做出的历史性贡献，今日学者韩海彬将他誉为"民国广西研究第一人"。[1]虽然这个称谓有些过誉，因为跟时任"广西省立特种教育师资训练所"所长的刘介（刘锡蕃）相比，陈志良对广西研究的深度和广度都略逊一筹。

刘介的《岭表纪蛮》虽然比陈志良的系列论文更有体系性，但刘介的思想中总有一种浓烈的自我文化中心主义论的气息，相形之下，陈志良在当时更具备现代民俗学意识。而且在陈志良记录的民俗现象中，有一些随着时代的发展已经丧失存在的文化土壤，逐步式微乃至消失，另一些虽然在今日广西乡镇还能见到，但已经是变化后的样态，因此他在20世纪40年代的记录就显得弥足珍贵。在广西任教期间，陈志良从学者的职业高度出发，以极高的热情为接受教育的少数民族学生服务，同时采集各种少数民族民俗资料，为后人留下了宝贵的文献资料。

由于时代风云的变幻，陈志良后半生的际遇让他几乎被埋没在历史的尘埃中，直到近些年才逐步被学术界发掘出来。关于他

---

[1] 陆晨虹:《寻找湮没的〈东报〉》，载《文汇报》，2015年10月5日第4版。

赴广西的记录很少，如今大多只能由他当时的自述来回溯。如他在其著《广西特种部族歌谣集》"序一"中谈到："良不敏，生平无他嗜，惟好读书，旅行，电影与闲谈，以及可以助长智识，增进阅历。其中以民族民俗，与古代社会，尤感兴趣。然半生劳顿，局处沪滨，旅行全国之举，有志未竟！江南沦陷，沪滨难安，走港来桂，方悉广西之有省立特种教育师资训练所，学生均系桂省特种部族之优秀青年，心向往之；承雷教厅长宾南，刘所长锡蕃之盛情，如愿而往特师授课。授课之余，爰作民族民俗学上之采访。"[1]据学者陆晨虹考证，陈志良1908年出生于上海陆家嘴，毕业于上海文科专修学校国学系，师从文化学者卫聚贤，曾主编上海浦东早期地方报纸《东报》。1937年淞沪抗战爆发后，陈志良经香港前往大西南，辗转到广西，被聘为"广西建设研究会文化部"研究员。1958年陈志良在东北大学被划为右派退职回上海，1961年在贫病交迫中死于上海提篮桥监狱，享年53岁。[2]

陈志良作为广西现代民俗文化学的重要开创者之一，其留下的记录对我们今日还原20世纪前半叶广西民俗，以及厘清广西现代早期民俗学研究发生发展的内在理路都有着重要的意义。本文特此以他记录的"放阴"和"看花"这两个民俗做探讨。[3]

---

[1] 陈志良：《广西特种部族歌谣集》，南京：中央银行经济研究处，1942年，第1页。
[2] 陆晨虹：《寻找湮没的〈东报〉》，载《文汇报》，2015年10月5日第4版。
[3] 本文所引"放阴"和"看花"两个民俗内容，出自陈志良《广西异俗记——西南采风录二》一文（载《旅行杂志》，1943年第12期），以下不再赘述。

一、来宾乡村的"放阴"民俗

陈志良记录的这一"放阴"民俗,在 20 世纪 30 年代末就已是"新桂系"政府在移风易俗运动中打击的对象,到了 1949 年后,亦因其与新社会的现代文明格格不入而被排斥,到了科技快速发展的当下,更是彻底失去立足的文化土壤。笔者试图在当代文献中查找与"放阴"相关的田野调查,最终一无所获。或许若不是有陈志良的这则记录,恐怕这则可在人类学视域下研究的重要文献材料早已在岁月中不留记录地湮灭。

所谓"放阴",又被称为"赶阴圩",是一种在广西来宾乡间盛行的法术。信众中以妇女为主,以之作为申冤解苦的良法,时常三五成群、公开或秘密地开展此项活动。按照当地人的说法,是通过此种仪式让自己的灵魂到"阴间"一游。而实际上这只是一种本地的"土法催眠",即通过仪式性的"法事"来实现精神引导和精神控制的目的。

具体说来,"放阴"的实施需要集体参与,由两个以上的信众约定时间,在活动时备上香烛、纸钱。接着将盛了米的米筒,以及两只盛了水的碗作为基底,用纸钱架在上面当作一座桥。两只水碗架桥,象征阴间的奈河桥。做法事时,由"催阴者"主导全场,通过念咒语和营造氛围(如烧纸或掷米粒于"下阴者"的头上)的形式引导"下阴者"实施"入阴"行为。仪式开始后,"下阴者"伏在桌上作瞌睡式,然后听"催阴者"坐在其旁念咒。陈志良记录了咒语原文:"大路堂堂放阴阳,阴阳去了阴阳回。三妹有姑爷,四妹有姑爹。手动动,脚动动,手摇摇,脚摇摇。

老奶带我姊妹过桥看花开。"他提到，这一咒语虽然不文，但由于"催阴者"不断低声呢喃，加上全场气氛庄严寂静，因此能营造出较佳的催眠效果。

除此之外，在"入阴"之前，"下阴者"还要在肢体行动上配合"催阴者"的催眠，在听着"手动动，脚动动，手摇摇，脚摇摇……"的咒语时，双手在桌上移来移去，双脚也跟着一齐摇动，直到实现"入阴"状态为止。

"入阴"后，这些"下阴者"冥游之处各有差异，有的见到去世的故人，有的去阴司探听情形，还有的到各处游玩，总之状态都是恍恍惚惚。他们在所谓阴间与人的对话，此时也在口中即行说出。此时"催阴者"还需继续引导这些"入阴"后的"下阴者"，根据"下阴者"的精神状态来实时控制他们的精神，暗示和命令他们去寻觅和会见何许人。"下阴者"在这样的引导下，恍惚中见到自己已死的父母，禁不住痛哭流涕、各诉别怀。有些"下阴者"由此触动情感，在强烈刺激下马上醒来。而有些因为过于思念这些逝去的亲人，不能或不愿醒来的，就要设法催醒他们，方法包括呼叫这些被催眠者的名字，或在他背上拍拍，或用冷水喷面等。

陈志良以现代心理学来分析"入阴"仪式，提出"所谓'放阴'，其实就是心灵学上的催眠作用。乡人不识，信为神奇。所以入阴的难易，亦有一定的方式"。他细化列举了七种情形，包括："（一）信仰施术容易入阴；（二）年龄小的比年龄大的容易入阴；（三）女子比男子容易入阴；（四）有服从性的人容易入阴；（五）心神不定，思想复杂的人，较难入阴；（六）有嗜好的人较难入阴；（七）施术者之地位人格，高于入阴者，受术者容易入阴。"

将巫术纳入现代心理学角度进行分析，陈志良并非首创，广东学者卢可封在这方面早有研究，1917年卢可封就以《中国催眠术》为名撰写文章，将诸如扶乩、祝由科、降仙童等道术置于现代心理学框架下加以系统和科学的分析。[1] 但从心理学分析广西的民间巫术，陈志良确为先驱者。从陈志良的七项分析中可显著看出，越是精神上缺少独立性的人，就越容易进入被催眠的状态，因为这类人的人格就包含接受被人引导的特征。作为补充，陈志良还以自己作为上海人的经验提到，诸如上海乡间的"走阴差"以及江北的"童子"等，其实跟来宾乡村的"放阴"同属一种性质的仪式。

"放阴"仪式虽然在本质上是一种迷信活动，但也反映了彼时乡民对死后世界的想象。而且在他们对阴间的叙述中，也可以管窥外来文化在流入后是如何被当地文化吸收和改编的。按照当时来宾乡民的叙述，人死后的世界为"阴间"，其中的首领就是"阎王老爷"，在最终抵达阴间之前还需渡过"奈河桥"。这一叙述表明来宾乡民对死后世界的想象是在中原地区文化的影响下被覆盖了的。由于两种文化相遇时，后发文化往往会受先进文化的影响，因此来宾乡民原先对死后世界的想象就被更为精致具体且具有说服力的中原地区"阴间"观念覆盖了。但任何文化都不会无条件接受外来文化的影响，人都是立足于既有的文化理解去接

---

[1] 卢可封：《中国催眠术》，载《东方杂志》，1917年第2期。

受外来文化的,所以中原地区的"阴间"观念在来宾乡间的具体叙述中又发生了流变,来宾版本进入"阴间"程序是这样的:"通往阴间需经奈河桥,桥头有一位老奶和两只恶狗,一个人死后常将糯米饭两团放在棺中,预备过桥时给狗吃的。桌上的两碗之间的一顶,就算奈河桥。……阴间的花园里,阳间人都有一盆花种在里面。人有病时,花就不放,人死了花就枯萎。入阴者就可到花园里去探看其花的情形。"

此处叙述的"老奶"乃是"孟婆"形象在广西来宾的变种,孟婆原本只是一个负责消除亡魂生前记忆的具体执行者,属于作为地府官员序列的一般阴吏。但来宾乡间是在原有花婆神信仰的思想底色下接受孟婆形象的,因此在来宾乡民的阴间想象中,孟婆更近似于本地的管事老奶奶形象,亡灵通过奈河桥时也没有喝能使人忘却过去的孟婆汤的程序,对应的则是诸如广西乡间常见的看门狗和少数民族祭祀所用的糯米饭这类本地事物。在此处的叙述中,花婆神信仰和中原地区流入的阴曹地府观念在来宾发生了奇妙的融合,出现了"阴间花园"这种具有中国西南地区特色的概念。

在由姆六甲创世传说演化而来的花婆神信仰中,花婆神掌管人世轮回,负有在花园里管花、佑花、送花等工作职责。[1]尘世间的每个个体生命都在花园里有对应的花朵,红花为女子,白花

---

[1] 关于花婆神信仰,刘介的《岭表纪蛮》已有记载,在其书第二十二章《节令》:"僮俗祀圣母,亦花婆。阴历二月二日,为花婆诞期,搭彩楼,建斋醮,延师巫哗诵,男女聚者千数百人,歌饮叫号,二三日乃散。谓之作星。"刘介在这里谈的就是花婆诞期节庆的具体内容。

为男子。[1]凡人死后肉体将腐，但魂归花园后重新为花，等待下一次循环轮回。因为凡人的本体是花园里的花朵，所以来宾乡间的女性巫师就将"入阴"探视"花"本体的情形来作为判断的依据。"入阴"虽然荒诞不经，但在民间信仰的逻辑中是顺理成章的。

此外值得一提的是，在广西少数民族信仰文化中，神界跟人间有着绝对的隔阂，所以凡人"入阴"进入神界的"花园"一般是难以想象的事情。民国初期来宾乡间之所以出现"入阴"的说法，很有可能是受到中原文化里的"游冥"概念影响后的产物。"游冥"一说，从唐代开始频繁出现在文言小说之中，随着佛教故事在社会上的兴盛，中国人对另一个世界的想象也由此获得了丰富的精神资源。入明清之后，"游冥"情节更是反复出现在各种小说、传说之中，无论是"三言二拍"还是"四游记"，抑或《何典》之类，无不充斥着这种游走冥界，看到异域状况的内容。在民间书籍中，还有最具代表性的《玉历宝钞》，其书中叙述的即为活人入游冥界的故事，该书正是通过讲述在地狱所见惨状来达到劝善积德的目的。同样，广西民间信仰将这种"游冥"内容融入巫术活动，也是一种试图通过仪式沟通人间和冥界的方式，建构起对异域亡灵世界的想象。而作为现实的直接促因，"游冥"内容在广西民间巫术活动中的出现，与民间巫师们需要通过"游冥"这种超越现实的活动来展现其超越常人的法力有关，故而来

---

[1] 关于红、白花对应的究竟是女或男，现在学术界常有矛盾的论述，有的认为红花对应女子而白花对应男子，也有的认为是反过来。本文以"黑衣壮"说法为准，他们从原生态生殖文化思维出发，注意到所谓女性会分泌"红"而男性分泌"白"，因此红花对应女子、白花对应男子。

宾的"入阴"仪式可被视为"游冥"的衍生版本。

二、桂林海洋乡"看花"民俗

关于桂林海洋乡"看花"民俗，陈志良在《广西异俗记》里有相对详细的记录。他提到当地人"凡遇疾病死亡，诉讼等事，都有看花之举。尤其是疾病，首先的医法就是看花，请郎中和吃药，还在其次"。这里值得注意的是，陈志良在记录诸如"看花"这类民俗时，采用的是"价值悬置"的态度，即只记录与研究对象相关的内容，而不对对象的习俗及背后的信仰体系进行价值判断。这种态度的逻辑基点，在于承认不同地区的人是生活在不同发展时间阶段上的，有的先发展，有的后发展，先发展地区的人群在研究后发展地区的人时，不可用前置的居高临下态度对待对方，而应当尊重对方当下的状态，因为对方可能正处于其自身脉络上的某个早期时间阶段。

陈志良注意到"看花者"基本是女性，"男子看花的只占百分之一而已"。在年龄阶段上，三十岁以上的占多数，二十岁左右的较少。陈志良这里的记录，跟1949年后民俗学者的调研基本吻合。在桂北地区，从事巫事者其实有着显著的性别差异。男性一般以道公、师公身份出场，他们在举办巫术活动方面更具主动性，外出的巫事基本由他们承揽；而女性从事巫事者则往往较为被动，其巫术活动一般是局限在特定场所开展。而且陈志良似乎对广西的花婆神信仰并不熟悉，因为他没有意识到，"看花者"之所以基本是女性，其实跟"看花"所依托的花婆神信仰有关。

花婆神作为母性创世神，按照当地人的思维习惯，女性巫师在性别上与之有同构性，更适合实现人神之间的沟通。

看花的法式有"卧式"和"坐式"两种，两者程序差异不大，都需要相同的仪式道具，包括"三炷香（三根为一炷），数张纸钱，一对油烛，一筒米"。陈志良在其下注明："从前是三百六（十）钱（即十八个大铜元）或二百四（十）钱（即十二个大铜元），最少是六个铜元。这些米和钱都是看花的代价。看花的人无非和鬼瞎谈了一次话，使人获得无证据的安慰而已。"陈志良这里记录的仪式道具是广西民间巫术仪式最基本的种类，实际上即便到了现在，这些道具依旧是做法时的基本构成，只是跟他的记录稍有区别：他记录的"纸钱"指的是活人用的纸钞，而笔者所见的"纸钱"为祭烧所用的冥币，具体费用还需另付。笔者所见仪式之中大米主要是用少许以祭神，他注明这"一筒米"是给做法者的费用，或许是当时桂林海洋乡的风俗。今天桂北民间仍然有道公仪式，道具依旧大致是这些要件：香烛用以迎请神灵，纸钱用以作为买路钱，祭符是传达心意的载体，而大米（还包括绿豆）则是迎神的基本粮食。因为岭南的民俗是"生双死单"，所以供神需用单数，以三根为一炷。不过不管怎样，这些仪式其实本质上都是一种心灵的慰藉（陈志良所称的"无证据的安慰"）而已。

按照陈志良的记录，当地所谓"看花"仪式可分为"看阴花"和"看阳花"两种：

（1）"看阴花"又称为"问神"。即当活人有病或其他事情时，就请"看花人"在做法过程中以灵魂进入鬼神之域，从而探知凶吉，如遇到不吉，则寻觅逢凶化吉的办法。这种"看阴花"的巫术仪式实际上跟其他地方的占卜属于同一性质，只是在花婆神信仰地区，以"看花"为内容。

陈志良提到："例如有人生了重病，而看花的人他撞着某种鬼，如四山兵马，山神土地，冷塘香火，社公大王，精鬼，屋檐童子，白虎等等。要请道士把这些鬼送出去了，病势才能痊愈。"他这里列举一连串称呼，正好记录了当地人认为可以作祟的妖精鬼怪名称，让我们也可一窥其中的民间信仰内容。只是可惜他没有进一步注释出这些精怪名称的内涵，比如"冷塘香火""屋檐童子"究竟对应着何方神圣。

（2）"看阳花"又称为"太平花"。在当地民间信仰中，其程序正好跟"看阴花"需要巫师入冥相反，乃是让鬼魂附上巫师之身，从而实现亡灵与在世子女的沟通。陈志良记录到，通过这一仪式，巫师就在这样的过程中化身为"已死的老人"，而该亡灵的子女则可以通过与被附身的巫师交谈来询问最近身边发生事情的凶吉，以便"及早防备"。据陈志良记录，作为巫师的"看花人"在所谓让亡魂附身之后，往往能以这家人先辈的口气，与其儿女孙媳辈大谈其家常之事。"看花人或哭或笑，家中人跟着她哭笑。"这可见"看花人"对现场气氛具有较强的把控能力，能按自己的情绪去影响和控制自己的受众。

依据陈志良记录，有时这种"看花"仪式是信众在其亲人死了七七四十九日时请巫师去做法事，这个日子的算法大致对应着中原民间信仰中所谓"做七"（按照中原民俗，亲人去世后按照七天为一期，"头七"是逝者方知自己已死，灵魂归家探视之日，相对的是第四十九日的"满七",这天是亡灵的魂魄在尘世间散尽之日)。从逻辑上说,其实当"看花"作为丧葬民俗时,其举办的最佳时间应当为亡魂归家的"头七"之日,而民国初期,海洋乡却是在魂魄尽散的"满七"之日举行,显然与中原还是有相当出入,这也说明处于桂北地区的海洋乡虽然吸收了外界的民间信仰,但仍然以自己的逻辑惯性来开展仪式性活动,并非简单复制中原民俗模式。

举办这类巫术活动需要相应的花费,没有一定经济基础就难以开展,陈志良将此概括为:"送鬼大者是'动锣',中则'拜石宝',小则请鬼师公送,贫穷者则自己送。"这种区分类似今日服务提供商设置的"套餐服务",不同的价格对应着不同的服务。"动锣"所需人工最多,程序最烦琐,因此价格最高。而"拜石宝"则较为简单,"鬼师公"不打锣鼓而是敲小铃,按照程序是等到半夜时需吃夜宵,然后开始送鬼。送鬼活动结束后"鬼师公"不能再转回这信众的家,必须返回自己家里去,无论"鬼师公"家距离此地远近皆如此。

当地信众认为家人得病是各种鬼魅作祟的结果,于是需要请巫师"看花"驱邪。有时遇到信众家人的病势较重,往往一次驱邪(即所谓"看了一朵花")之后,还要举办第二次(所谓"看两朵花")。第二次仪式比第一次繁复,陈志良原话如下:"请了道士到家里挂了奇形怪状的画图,烧了香烛,家人派了一人跟着道士,摇铃作揖,道士则一边唱,一边摇铃;有时又吹牛角。另有数人在旁敲锣击鼓。其音动听,令人兴奋。"实际上由于陈志良并非民俗学科班出身,对广西民俗也不甚了解,因此他的记录与真实情况有一定出入。比如这里他记录的"道士",实则是"道公"或"师公"。严格说来,广西乡间并没有纯正的道教,只有在道教影响下产生的作为广西本土衍生版本的"道公"民间宗教组织。当代学者杨树喆提到:在乡村文化中,"师公"们认为道教只诵经不跳神,故称之为"文教";而"师公教"除了诵经("唱师"),还要戴面具扮神表演("跳师""调师公"),并且需要具备一套诸如"上刀山""下火海"之类的法术,故又自称为"武教"[1]。

如民国二十四年(1935年)韦玉岗编《邕宁一览》记载:"过废历年,……各乡村间,恒以每年规定一日以宴集远来亲友,名曰'大排',大都各于其村昔时所奉之神诞期为之,是曰'庙会',舞狮龙,或唱师公。……乡村则向以调师公为娱乐,近则逐渐禁少矣。"这里就提到了"唱师公"和"调师公"(跳师公)的仪式性表演活动。

具体到陈志良此处的记录,一般中原的道士在主持丧葬仪式时,在流程上会通过唱经和摇铃等音乐性活动来营造气氛,而在桂北乡间则增加了具有当地特色的"吹牛角"。这种"吹牛角"具有地域局限性,因为同样是丧葬仪式,"吹牛角"在桂东南相当少见,而在桂北少数民族中则较为常见。如清道光十年(1830年)朱锦纂《白山司志》(白山司是旧土司名,旧属隆山县辖地,今为马山县属)之卷九《风俗》载,当地人"病不事医药,惟召

---

[1] 杨树喆:《桂中上林县西燕镇壮族民间师公教基本要素的田野考察》,载《文化遗产》,2008年第4期。

巫跳鬼，鸣铜钲、吹牛角，喧闹彻夜。幸而愈，益信其神；不愈，则委之于命，此积习之难返者也"。这里谈的内容与后来陈志良记录的基本相同。

陈志良谈到，在海洋乡这种第二次驱邪仪式的流程中，最核心的是晚上的"动锣"。该仪式从入夜开始，半夜时逐渐进入高潮。此时需杀猪一头以祭鬼，同时由"道公"做法事。到流程的最后，道公开始"赶鬼"，在信众家里每一个角落都敲过一圈锣及敲打各种能响的东西，同时口里大呼"啊喉！啊喉！"之声。此时更令人惊心动魄的是"道公"所展示的技艺："口里一片烧红的铁犁头，口含桐油喷在犁头上，即起火。即使不迷信的人，见了道士口含烧红的铁犁不伤，亦不能不为之咋舌。"

乡村和城市民俗相比而言，乡村在文化倾向上更侧重"声响效果"和"异能展示"。以粤剧为例，在20世纪初分为两大流派，其中省港班走的是大都市演出路线，故而强调唱腔和舞台美工，而下四府粤剧主要在乡间演出，故而侧重于锣鼓等打击乐器和南派武术。广西邕剧深受下四府粤剧影响。据老艺人说，以前邕剧在乡村演出，敲动大锣时发出的声响在数里之外仍可听见。而旧时下四府粤剧、邕剧所展示的"绝活"包含难度极高的杂技成分，其中诸多技艺已随着老艺人去世而逐步失传。这类高难度技艺是乡村演出所必需的内容，其所构建的"异能展示"是表演者迅速建立自己威信的关键部分。所谓"异能展示"，就是演示者一定要展示出一般观众无法具备的"特异能力"。文化层次不高的乡民在心理上最崇尚这类具备"特异能力"的"能人"，所以表演若想迅速抓住这些乡民的注意力并且获得他们发自内心的敬佩，

"异能展示"是最快的切入途径。

陈志良所记录的"动锣"巫术在倾向上也遵循着这种侧重"声响效果"和"异能展示"的乡村文化逻辑。"赶鬼"时由敲锣打鼓产生的此起彼伏的巨大声响,在效果上极具声势,能给参与者极大的心理震撼和情绪带入感。这种口含烧红的铁犁却不受伤的"异能展示",则最能直观地展示演示者的威慑力。在乡村里,无论是演出还是巫术活动,如果缺少"异能展示"部分,就往往意味着"不专业",很有可能导致演示者在乡民面前出现"合法性危机"。因为在乡民朴素观念里有一条不成文的规矩:赏钱的多寡与演示的难度或繁复程度直接挂钩。由于繁复程度会增加演示者的成本,因此演示者本能地倾向于在难度上下功夫。

三、"道公"和"师公"的异同

本文涉及"道公"和"师公"这两个概念,笔者认为有必要专节进行一番梳理,探讨它们产生和衍化的内在理路。实际上陈志良当时已经目睹了"道公"和"师公"的微妙异同,但由于他没有对广西本土文化进行长期专门研究的实践经验,因此他只是对之进行了经验主义的记录。在他的记录中,他称为"道士"的,大致对应着今日在礼仪展示上更为正式的一类"师公",而他称为"道师"的,则属于乡土气息更重的那一类"师公"或"道公"。除此之外,他记录的"南无佬",亦可大致对应着吸收了更多萨满巫术和佛教内容的"道公"。

比如他在"永福的迷信"一节里提到,永福罗锦乡当地的打醮由"道师"负责主持，每隔三年就要打醮一次。在"道师"主持下，当地民众将九月十九日的打醮变成了具有乡民娱乐性质的集体活动，全镇的妇女穿着五花八门的衣服，手拿纸钱香炮，成群结队地向月山进香、求神、取经、算命，具体活动包括"唱古戏"、舞龙、舞狮、跑灯牌、行抬阁等。遇到天旱求雨之类的事情，"道师"还担负着念经求雨的责任。他还记录了当时"道师"职业的子承父业仪式：作为"道师"的父亲在将法术传授予儿子之时，需用四支高竿拉着白旗，将儿子放在其上，父亲念着经，将儿子推下。为避免跌伤，推下之处下面垫有作为缓冲的棉被。经过此仪式，儿子就可以做道师了。

在另一节"怀集的南无佬"里，陈志良记录了怀集的巫师"南无佬"。作为一个民间组织，"南无佬"会招收许多徒弟以开展职业活动。他的"徒弟"性质有所差异，有的以此为职业，有的是业余性质。徒弟满师的时间也不一定，依据对仪式活动掌握程度的高下而定。学满出师时会举行盛大的集会，届时要宰杀许多猪牛。徒弟们身穿红色大袍，跪在师傅面前，接受一条"一丈余而特制的稀奇古怪的鬼神画像"，作为满师的凭证。从此之后，他们就可以担任乡中巫师了。按照陈志良的记录，"南无佬"相当于巫师组织的头人，该头人死后的丧仪也跟常人大异："出殡前一小时内，道友们都聚集了，在特别响亮的锣鼓声中，将棺材放在二张凳子上面，在死者家属的环绕之下，尊严的双手将死者的道师凭证贴在棺材的侧边。这时在平时不容易被人见到的东西可以一览无余了。此时又互相围绕，抱头大哭又念着经咒，然后将棺材抬出安葬。"诸如这类隆重的仪式性场景，表明广西乡土的巫术宗教组织具有一定的集群性，有着包括上下线的延伸型组织结构，而且这种组织结构还具有持续的生长性，可以通过招收徒弟，不断学满出师来动态发展下线，从而构建出一个既相对独立又彼此联系的集体。

据笔者查阅的广西各县市的地方志记录，"师公—道公"活动（包括由此衍生出的巫术艺术合一的表演形式"师公戏"）在1949年前几乎遍布广西的每一个角落，其社会服务功能大致相当于今日负责婚丧嫁娶等事的服务公司，并且在那个生产力欠发展的时代，巫术的"驱鬼"在形式上也具有今日的"卫生服务站"的功能（当然，"驱鬼"巫术本身并没有信众所认为的那种医疗功能）。

如民国二十六年（1937年）莫炳奎纂《邕宁县志》卷四十提到："元宵，比户悬灯，放爆竹。自初十至十六日，一街坊演扮灯景，嬉游以为乐。乡间则于元宵前三日，举行春傩，演尸公，放花炮，甚喜若狂，然皆在庙宇行之，现庙宇既废，此事已打消。"而清康熙四十四年（1705年）张邵振纂修《上林县志》之《土风》条目提到："三月三日，玄帝诞辰，建斋设醮，或俳优歌舞，乐工鼓吹三日夜，谓之'三三胜会'……或遇疾病，不服医药，辄延鬼师歌舞祈祷，谓之'跳鬼'。"此外，隆安、桂林、临桂各地都有相关记录，在此不再赘述，可参见《广西傩艺术论文集》"附录"部分。[1] 县志里所谓"尸公""鬼师"，其实就是"师

---

[1] 广西艺术研究所编：《广西傩艺术论文集》，南宁：文化艺术出版社，1990年，第268—287页。

公"和"道公"。

由于"道公"和"师公"只有具体特征上的差异而没有完全严格意义上的绝对分别，在实际演化过程中常出现合流的现象，有时巫师本身都没能区分自己究竟是"道公"还是"师公"，因此对两者的区分也只是在宏观上的大致区分。在研究实践中，民俗学者中的学院派往往倾向于给不同的研究对象赋予直接对应的概念（Concept），并且认为不同的概念之间有着显著的界限。但他们这种想法从一开始就陷入精英主义思维的误区，是在用现代学院派的思维，将"界限"强加给民间的对象。须知，在民间文化里，许多范畴本来就是含混不清的，并非可以截然区分。比如在广西乡间的演出中，其实很多时候"曲艺"和"戏剧"之间只有相对的界限，只是由表演者根据参演人数的多寡而发挥主观能动性调整而已。本文所谈及的"道公"和"师公"之间的界限也不是绝对的，严格说来，两者之间的差异是功能性的而非概念性的。[1]

---

[1] 道教在东汉年间就开始传入广西，然后开始与本地原本的诸原始宗教开始了长期的融合过程。道教在中国西南地区的传播几乎可谓"势不可挡"，不但在西南地区因为与本土原始宗教融合而深深扎根，而且还进一步传播到了东南亚。比如笔者在美国访学时偶然在华盛顿大学东亚图书馆看到一本由越南社会科学院韦光寿（Vi Quang Tho）和郑克强（Trinh Khac Manh）编撰的《越南少数民族汉喃书目集》第一卷（Thu mục sách hán nôm các dân tôc thiêu sô Viêt Nam, Tap1），这本书收录了1519本（册）目前越南方面搜集到的汉喃宗教类文献的摘要。这里面绝大部分的文献应当都是从广西、云南等地流传到越南的道教书册，如《依教奉行造宅安龙谢土地》《送终族人三夜科》《送凶法》《天机喃鬼秘密》等。从这书中收录得如此丰富的道教文本就可管窥当时"泛道教"在中国西南乃至东南亚的渗透之深，也可管窥明清到民国初期广西"道公"和"师公"等"泛道教"活动之盛。

按照一般的说法，所谓"道公管死人，师公管活人"，指的是"道公"主管超度亡灵之类的"白事"，而"师公"主管诸如禳灾纳吉、驱鬼治病的日常之事。但这种分工并不绝对，比如西燕镇师公教的教法属红、白事兼作。[1]这也是"道公"和"师公"都是在乡村从事民间信仰工作的服务提供者的角色定位决定的，作为祈福禳灾、祛病延寿、酬神谢愿、超度亡灵等祭祀法事的具体承担者，"道公"和"师公"都必须根据客户需要随时调整和扩展其服务项目。就笔者的直观感受，两者功能重合之处要大于差异之处，只是"师公"相对而言更侧重仪式性表演，而"道公"更偏重于巫术内容本身。从道具到演示内容，"师公"因为重视审美性而更"雅化"，而"道公"则相对给人以"土俗"的印象。按照笔者依据文献的推测，或许在最初的发展阶段，"师公教"是民间道教进入广西后融合了广西本土巫术而衍化的产物，"道公教"则是广西本土巫术吸收了传入广西的民间道教内容而发展出来的改良版巫教。但随着民间道教的"广西化"，以及广西巫术的"道教化"，这种区分就已经很难看出了。

四、交织着想象和误读的"扬州"信仰

陈志良在广西期间，记录下了诸多颇具本地独特性的文化现象，其中"扬州"信仰就是最具代表性的一项。这里"扬州"不

---

[1] 杨树喆：《桂中上林县西燕镇壮族民间师公教基本要素的田野考察》，载《文化遗产》，2008年第4期。

是具体的地理位置，而是"阴间"的代名词。

按照广西民间信仰，人死后的归宿有几种说法。一种是"飞升入太阳"。铜鼓的中心即太阳，环绕其外的是护送魂魄的白鹭，再外围则是接引灵魂的巫师羽人。另一种是"飞升入天上花园"。这一说法源自花婆神信仰，该信仰认为花婆神掌管人世轮回，花园的花开后，她会送花到人间，白花变为男，红花变为女。人死后灵魂回归花园，等待下一次盛开和送入人间。此外，还有一种奇特的说法，即所谓"魂归扬州"。

陈志良在1940年所撰的《漫俗札记》一文中"扬州"词条中记录："扬州是江苏省长江北的县名，禹九州的扬州地望，也在东方。在盘徭系徭人的歌谣里，常有提起扬州的名词。榴江的板徭，以为人死后，魂到扬州，有条河不能渡过，烧了纸钱，死人才花钱过河，管理鬼是阎罗王，徭语为 ni lu hong（音为尼罗河，记得顾颉刚先生在古史辨里主张'阎罗王'与'尼罗河'有关，后为别人驳倒。然徭语与'阎罗王''尼罗河'音既相近，单词孤证，不敢肯定其相互间的徭系也值得注意）。照我目前在风俗方面的感觉，徭人与长江下流的风俗，有许多是相同的，扬州这名词是东方的，徭人从东方来的可能性是很大的。"[1]

瑶族分支众多，陈志良这里所谓"阎罗王"在瑶语中发音为"ni lu hong"，恐怕只能是某瑶族支系恰好如此，"阎罗王"与"尼罗河"之间就算发音相同也缺少内在关联性。这些因素综合起来，他觉得有趣的这些片面的例子实在不能作为严谨的学术例证。这

---

[1] 陈志良：《漫俗札记》，载《说文月刊》，1940年第9期。

里比较可惜的是，陈志良已经敏锐注意到瑶人歌谣里常提起"扬州"一词，但他没有进一步详细搜集这些歌谣。或者有可能他已经收集了，但毁于日军敌机对桂林的轰炸。[1]

笔者比对他所编的《广西特种部族歌谣集》，里面只有两首涉及"扬州"的板瑶歌谣。迁江盘瑶的《叹情歌》里唱了人生十二种忧愁，其中就有涉及"扬州"："七愁怕有寒风病，八愁手着价钱求；九愁为人无几久，十愁不久到扬州。"修仁板瑶的《苦情歌》里有一段提到："夜里迷床浮沙泪，五魂六影到扬州；流落世间逃秋难，淘沙含泪化街游。且游修世扬州过，阴王十殿诉因由；几多结配成林杵，亏苗世上手荒秋。"

这里显然，"扬州"就是"阴曹地府"的代名词。陈志良没有考证"魂归扬州"的民间信仰究竟是如何形成的，这可能是因为相关问题的确难以问出个所以然，至今学界同仁也没能确定这一奇特信仰的源头。笔者倒是推测此信仰或许源于外省传来的诗歌和信仰的杂糅。古代诗歌中关于"扬州"的意象颇多，比如"腰缠十万贯，骑鹤下扬州""人生只合扬州死"之类，地处偏远的广西少数民族对"扬州"带着浪漫主义和神秘主义的想象，再结合汉族民间信仰中关于阴曹地府的描述而以讹传讹，最后演变

---

[1] 陈志良在1940年12月18日完成的《僈俗札记》开篇即谈道："笔者来桂林一年有余，曾在广西省立特种教育师资训练所教过苗瑶僮侗伶夷族青年的书，因兴趣之所近，从事收集材料研究，所得歌谣2500首，已编就专辑外，其余文稿材料不幸于5月29日被炸！今兹所述，为回忆摘录，及继续搜求所得之鳞爪。"

为这一奇特信仰。[1]

陈志良提到这一信仰的发生范围为榴江区域，但实际上这一信仰的范围比他想象的还要大，涵盖了今天柳州到百色这一大片区域（榴江县位于广西雒容县东，洛清江入柳江处。1951年与雒容县、中渡县三县及修仁县第二区合并成鹿寨县至今）。21世纪以来，当代学者海力波在广西那坡县"黑衣壮"聚居区进行了调研，他撰写的调研报告里也涉及"扬州"这一"死后世界"的意象。据他访问的当地人口述："这个世界上有天，天堂，中间是人间地上，地下面有'扬州大地'，上下我们看不见的，只看得见中间地上。人死了魂不上天，还是在人间，地上。天上是天堂，看不见，道公才晓得，天上是玉清、上清、太清三个最大了，他们下面还有丞相，兵马，天上主要是他们三个了。'扬州大地好风流，千年万载不回头。'扬州大地是个好地方，祖宗死了，就送去，和我们人间隔山隔海隔水，再也回不来了，扬州大地在哪里？就在埋祖宗的地方，坟下面就是扬州大地，死了埋在哪里，哪里地下就是扬州大地。扬州大地也可以说就在地上，和我们人间是一团团的，但是要分开，就叫扬州大地。""人死后肉都

---

[1] 笔者扬州大学同事王旭曾就笔者的话题提到，在唐代天宝初年，韦坚曾任水陆转运使，负责转运漕粮和各地土特产至长安，其中就包括始安郡（治所在桂林），而货物的集中地就是扬州，桂林是有机会通过运河经济而与扬州相联系的。桂北"魂归扬州"的风俗或许还可能与此有关。"扬州"作为富裕、美好、遥远的地方，在广西山区被以讹传讹为一个类似"天堂"的意象，加上各种关于扬州的诗歌从汉语转化为少数民族语言时发生的偏差性演化，再加上漫长时间的推移，"扬州"这一"天堂"意象与同属"死后世界"的"阴曹地府"联系起来，成为大致在桂北一带的少数民族的民间信仰内容。

烂了，肉不要紧的，死了就烂了，肉不重要，所以死过后三年要道公'安龙'，把骨拣出来，用木炭熏得干干黄黄的才好，封在坛子里封得好好的，由我们道公送到'扬州大地'。……人死了魂就飞回家里面的神台，不过要三年脱孝后才回，没有脱孝以前魂就在家外面，在寨子外面由'社令''社弄'管，回到神台后就自由了，由自己的祖宗管（'社令''社弄'是'黑衣壮'人的民间信仰中，掌管寨子周围的田地和更为僻远的荒野的地位低下的小神）。"[1]作为"死后世界"的"扬州大地"存在于地底某处，与人间有河流相隔。因此在"黑衣壮"的丧葬法事中，道公要杀一只黑鸭子送给死者，在黑鸭子的托载下，死者的灵魂得以渡过宽阔的河流到达"扬州大地"。海力波进而认为，"黑衣壮"干栏建筑的"呢嘎""迭真""登栏"三个层次恰恰与他们宇宙观中的"天""地""水"这"三界"形成对应关系。

依据这些资料，我们可以获得一条线索，即无论是瑶族还是壮族、侗族等其他少数民族，"扬州"这一"死后世界"的意象都是由道公主持的仪式性活动传承下来的，与道公信仰密切相关。而且海力波在21世纪采集到的"黑衣壮"民俗信息与陈志良在20世纪三四十年代采集到的瑶族民俗信息显然具有同构性，逝者到达"扬州"都必须经过河流，这或许暗示此信仰的形成就如王旭推测的那样，与唐代以来的河运文化有关。

陈志良搜集到的迁江盘瑶《叹情歌》中的"十愁不久到扬州"

---

[1] 海力波：《美之文化与文化之美：人类学视域下的审美与文化》，北京：人民日报出版社，2013年，第11页。

一句，在吟唱者这里"扬州"已经被作为相当口语化的词汇来运用，这意味着将"扬州"作为"死后世界"的民间信仰在陈志良的时代已经是发展成熟期了，这一奇特信仰发源的时间无疑比陈志良的时代更早。虽然现在资料有限，难以追溯广西少数民族地区的"扬州"民间信仰究竟始于何时，但这一信仰的独特性还是颇具文化价值的。

作为中国现代早期民俗学者，陈志良的研究还是略显粗糙，他所开展的具体调研还有经验主义的内在缺陷，所研究的内容不是依据研究对象本身的发展脉络和内在逻辑，而是根据他自己的视线。他观察到什么内容或者采集到什么素材，就按照自己的观察和采集线索撰文。对于他所未能详细目睹或采集到的空白，以及那些他所不了解的内容，都没有进一步补充挖掘，也没能在现代民俗学和艺术人类学框架下进行系统化、理论化、学科化的归纳总结，这才会导致他记录下诸如"一条一丈余而特制的稀奇古怪的鬼神画像"这类模糊不清的描述，"鬼神画像"究竟包括哪些谱系的神灵鬼怪也语焉不详，这种记录属于口语性质的日常用语而非具有科学性、明晰性和体系性的学科语言。

同样是记录"亡魂"内容，陈志良只统称为"鬼"，没有从更详细的细节上观察和记录。而作为对比，当代学者则会细化到这些"鬼"的不同分类。比如海力波在调研那坡县"黑衣壮"时，就注意到同样是"游魂"，当代人会将"夭折而死的"称为"毗摆"，将"因意外或暴力事件而非正常死亡的"称为"毗松"，而且这两种游魂都没有接近寨子的资格，只能永远在荒野中游荡，听凭"社弄"和"社令"的摆布。[1]文明向现代的进化,必然伴随着诸多传统文化的退化。马在古人生活中起着重要作用,所以关于马的称呼就非常详细。如膝以上全白的马称为驛;膝下四胫全白的马称为騴;四蹄全白的马称为首;前足全白的马称为騱;后足全白的马称为翑;右前足白的马称为启;左前足白的马称为踦;右后足白的马称为驤等。[2]

但现代人对马的称呼只有简单的白马、黑马、斑马之类。"鬼"也是一样,对现代人而言,鬼就只有"鬼"一种称呼。但在生产力不发达而巫术繁盛的时代,对"鬼"的称呼是相当细化的。身处现代文明的陈志良对此存在"文化盲点"也是可以理解的。

五、民国初期若干广西民俗记录

除了"扬州"信仰,陈志良所记录的一些民俗也值得一提,特别是他留下的诸如"抢红圈"等文献,是目前关于此类广西民间体育活动最早的专题记录。在他之前的诸如《广西通志》等地方志,都是只言片语式的零星记录,而他则是试图立足于现代民俗学研究的视域来对之加以叙述。

广西的民间体育基本围绕"斗智斗勇"的主题展开,目的都是借助这类活动来激发乡民的斗志,锻炼青年人的体力和脑力。

---

[1] 海力波:《美之文化与文化之美:人类学视域下的审美与文化》,北京:人民日报出版社,2013年,第129页。

[2] 胡奇光,方环海撰:《尔雅译注》,上海:上海古籍出版社,2012年,第396页。

陈志良专门记录了柳城县的"抢红圈"民俗,他提到:"柳城县在柳州西北百余里路,人口稀少,智识闭塞,生活朴素。'抢红圈'是当地的特异风俗。"[1]

陈志良提到,农历二月初八是网山开山寺的"佛爷节"。此时附近各县的善男信女便聚集到此进香求签。"抢红圈"活动在下午一时左右开始,此时民众聚集在寺后的草坪上,由主办人放三次炮,接着把红色的铁圈向空中抛去,当铁圈一落下,聚集而来的众人便开始争抢("千百个人挤在一起,抢着打着")。而且按照本地风俗,即便有人抢到了,游戏也没有结束,因为其他人仍然可以再从抢到的人手中抢走红圈,直到主办人放了停止的炮才能停下来。此时谁抢得了就双手举起,向主办人叩一个头,以示他的胜利。陈志良注意到这种此人抢到"红圈"后,彼人仍然可以夺取的游戏规则,但他没有进一步论述,其实这种特征正是本地所谓"民风彪悍"的尚武风格的表现。广西的民间体育活动多寄托着某种精神内涵,"抢红圈"这一规则的实际寓意是:切勿因暂时的成功而自满,因为只有坚持到最后才是真正的胜利。

作为本地民俗的仪式性过程,这位胜利者还需要再到佛爷前叩九个头,上九炷香,以表达谢意。到下午五时散场,此时主办人把大镜屏、九瓶酒、三只鹅、一只猪和三丈布匹赠予胜利者,以作鼓励和恭贺。主办人一年一换,到第二年二月初八时,上一届的主办人会把铁圈交给新主办人。按照陈志良的记录,在还圈时,"须向佛爷隆重地叩头,并要贡献物品。否则交出大洋十元,

---

[1] 陈志良:《广西异俗记》,载《旅行杂志》,1943年第12期。

由主办人代办"。但陈志良的记录并不严谨,没写清楚主语,读起来不知道这个"还圈"者究竟是抢到"红圈"的胜利者还是新一届的主办人。笔者按照其他地区的文献考据,这里的"还圈"者应当是抢到"红圈"的胜利者。

在这段的最后,陈志良补充记录:"按广西'抢圈''抢炮'之风颇为盛行,阳朔白沙乡春季有抢炮之举,融县也有'抢炮头'之俗,见拙稿漫俗扎记。"[1]陈志良是上海人,对岭南地区的文化并不是特别熟悉,他在此采集的柳城县"抢红圈"民俗,实际上在整个岭南地区都相当风行。

以南宁为例,民国期间就有"烧炮会",对此雷正兆老先生在其《忆白沙旧事》一文中有详细记录。[2]1937年出版的《南宁社会概况》亦有此记载。对此的记录甚至可以追溯到明代,如《南宁府志》就记载:"三月三日各坊建醮,为大爆以享神,经一二尺,高四五尺,饰以彩,声如雷。拾得爆首者,明岁复以大爆酬神。重阳祭墓或有赛神者。"[3]

除了"抢红圈",陈志良还记录了广西一些有趣的习俗。比如在农历初一至十五,广西边区上金县的乡民举行的"龙王下田洞"节庆中有"走象棋"和"抛绣球"活动,以祈祀本年风调雨顺、五谷丰登,故而这一祈祀也成了本地一年一度最热闹的集会。"走象棋",即在坪地上画出象棋格子,两边各有十六名男子和女

---

[1] 陈志良:《广西异俗记》,载《旅行杂志》,1943年第12期。
[2] 雷正兆:《忆白沙旧事》,载《南宁史料》,1981年第12期。
[3] [清]谢启昆修,胡虔纂:《广西通志》,南宁:广西人民出版社,1988年,第2808页。

子，分别手执一面纸旗，上写着兵车马炮等标记。"两边有人敌对作战，移动人马，指挥进退，但见他们与她们，往来冲杀，犹如战士的冲锋陷阵。"此习俗今日已佚，考虑到彼时"新桂系"政府常有将军事训练寓于民间节庆的举措，这可能是当时某一时段"打造出的习俗"，当政府的推动停止之后，这类"习俗"旋即消亡。类似的习俗还有"新桂系"政府推动的"舞狮军事训练化"。

"抛绣球"是当时青年男女参加的趣味竞技活动，活动规则大致是青年男女带着自制的绣球，男女各一边，都朝着几丈高的竹竿顶端的圆圈抛去，抛入圆圈者得奖。"所以只见红红绿绿的绣球，上下乱窜，好比彩燕纷飞。"这一活动其实也有"新桂系"政府组织的背景。彼时"新桂系"政府正推动"移风易俗"运动，其中就包括试图将旧俗"革新化"。广西少数民族抛绣球的活动古已有之，但都有着直接寻觅异性的功用目的，像陈志良描述的这种趣味竞技只能是在政府推动下才能维持。

宋代周去非所撰《岭外代答》卷十《蛮俗门》就提到绣球（"飞驰"）："交趾俗，上巳日男女聚会，各为行列，以五色结为球，歌而抛之，谓之飞驰。男女目成，则女受驰而男始已定。"宋人朱辅在《溪蛮丛笑》中也提到："土俗岁节数日，野外男女两朋，各以五彩针绣裹豆粟往来抛接，名为飞驰。"在岭南地区的用语中，习惯将"一团"称为"一坨"，而绣球的确是"一团"的样子，或许这就是当时绣球被称为"飞坨"（"飞驰"）的原因。

民国刘锡蕃《岭表纪蛮》第七章《婚姻与丧葬》的记录最为详细："若凤山、那地山乡之蛮族，则多行'抛球婚姻'。其法：

青年男女，各于正二三月之'子日'，于一定之地点，分为两队，各持红绿色带结成之圆球，互相抛接，接后解球复带，度其长短，如彼此尺度相合，即成配偶。此种纯为形式上之动作，实际上带之长短，男女预先已有密约，不过借此以为过渡办法耳。"[1]

刘锡蕃还提到，镇边、恩隆、奉议等县亦有抛绣球之俗。"球为土布所制，径二寸，形椭圆，面绣花，中实棉子或小豆，系以小铃或绵绳数十缕，以带引之，带长二尺许。抛时，男女先分行唱歌，次由女性择男性中所爱好者向其抛掷，男如不惬意，则让开不接，是为和局；接而获者，为胜球；不获，为负球。胜球者，须将原球还掷向女，女不接，或一接即获者，皆为和局；接而不获，为输球。是时，各以佩物相交换，由是缔交好，或订白头之盟。"

刘锡蕃的记录非常清晰地描述了绣球的制作工艺、外在形貌和婚恋功能。青年男女虽然以抛绣球的形式为择偶手段，但实际上"男女预先已有密约"，抛绣球的男女往往之前就已经彼此熟悉，只是借助这一形式来确定关系。

如前所述，少数民族的习俗往往都有着直接的功用性，如祭祀功能、婚恋功能等，纯粹娱乐的趣味竞技只能是现代体育范畴下的产物。抛绣球只是对歌之后的后置行为，对歌还有着潜在的婚姻对象考核功能。陈志良也注意到广西民众唱山歌的普遍性，他以"荔浦平乐柳州一带"为例，发现不论农工水手都非常喜欢唱山歌。"在乡村里走动，随时可以听得嘹亮的歌声，喔喔之音，

---

[1] 刘锡蕃：《岭表纪蛮》，上海：商务印书馆，1934年，第72页。

声震山谷。他们唱歌,没有底本,毋需学习,触景生情,随口而出。一面做工,一面唱歌,悠闲自然,其乐无比。而且也有韵有调,纯出天籁。有时互相对唱,棋逢敌手,唱上三天三夜,不为奇。有时为了唱歌而打架,以至引村与村打,乡与乡打。"

陈志良注意到了唱山歌的现象,但遗憾的是他没有深入了解此现象背后的深层原因。实际上,广西人以对歌来择偶,除了对歌在当时娱乐活动匮乏的乡野是最好的消遣方式的原因,还有着更为曲折的功能性考虑。对歌并非只是两人或两组人对唱,它还包括了对异性智力和体力的曲折考核。对歌的歌词就是一种对异性知识结构和应变能力的综合评价,没有足够聪明的才智,很难"见招拆招"地将一问一答、一来一往的对歌持续下去。而持续唱歌也是对体能的考验,特别是连续数个小时的对歌,没有良好的体魄是难以坚持到最后的。通过对歌,青年男女能大致在众人中选择出最能为自己创造较佳生活和生育出优质下一代的对象。因此对歌实际上包含着广西民众择取合意伴侣的积极筛选机制。

民间文化的发展流变有其自身的逻辑,如果不能理解其让人觉得奇异的逻辑,而仅以自己的纯学院派思维去搜集、整理和阐述民间文化,那么虽然可以得出严整的体系化的结论,但其实并没有真正把握民间文化的内涵,还有可能从正确的方法论出发,得出有偏差的结论。因此必须立足于现代民俗学体系,又理解民间文化本身的特征,按照民间文化的内在理路去展开研究,这样才能真正得出既是现代的,又符合民间文化逻辑的学术成果。

独特的"扬州"信仰背后,是民间社会的"俗文化"对文人阶层"雅文化"重新阐释的结果,而"抢红圈""走象棋"和"抛绣球"活动则是民间社会与官方理念之间进行博弈后的时段性形态。陈志良记录的价值在于将这些 20 世纪三四十年代的广西民俗现象进行及时记录，而缺陷在于他并没有对现象进行深入分析，也没有扩展到邻近领域，这都是我们今日重申陈志良对广西民俗的记录需要思考的问题。

结语

作为现代早期民俗记录者，陈志良的局限性较为明显。对于调研到的广西民俗，他大多只是进行文字记录，而没有再以调研记录为基础开展理论研究，所以他的研究多未能深入民俗现象的深层结构，而仅停留在现象层面的资料辑录上。尽管如此，陈志良毕竟是广西现代民俗学研究的开创者，他在广西现代民俗学的初始时期具有不可忽视的重要学术地位，他记录下的相关民俗，为我们保存下了珍贵的广西乡土文化记忆。通过他的文献记录，能让我们回溯诸多民俗在 20 世纪初的样貌，对今日研究有着相当重要的参考价值。

第四章

《岭外代答》所涉服饰文献考释

《岭外代答》[1]是南宋地理学家周去非（1134—1189年）所撰的历史地理文献集成。周去非为永嘉人（今浙江温州），宋孝宗隆兴元年（1163年）进士，他曾经历仕为桂林尉、钦州州学教授，且在淳熙五年（1178年）任静江府通判。[2]因为他的职务主要是对广西各地方官进行监察管控，而他本人对区域历史地理又颇感兴趣，所以将当官的过程同时变成学术研究的过程。他借助自己在广西搜集资料、调查研究的便利，编撰合计10卷的《岭外代答》。虽然该书存在大段直抄《桂海虞衡志》等问题，但文献价值颇高。甚至有学者认为该书是"广西地方古文献中的压卷之作"[3]。

一、文本细读之下的文献研究

该书中"服用门"部分的内容涉及当时广西、西南乃至东南亚等国家的服饰文献。目前出版的《岭外代答》校注本有若干版，本文以杨武泉先生校注的中华书局版《岭外代答》的版本为准，

---

[1] 本文所引用的《岭外代答》内容为杨武泉先生校注的中华书局2000年版，以下不再赘述。
[2] [宋]周去非著，杨武泉校注：《岭外代答校注》，北京：中华书局，1999年，第5页。
[3] 卢斯飞，杨东甫，黄权：《广西地方古文献中的压卷之作——对〈岭外代答〉的重新审视》，载《广西师院学报》，1996年第2期。

读他的《校注前言》可看出其文献研究功底之深厚和视野之广阔。只有立足于巨人肩膀之上，我们才能看得更远。

但是我们必须意识到，即便是优秀的校注本也不一定能完全满足我们阅读的全部需求，我们仍然需要在此过程中发挥自己作为读者的主观能动性。比如中华书局版《岭外代答》"安南绢"一则中提道："安南使者至钦，太守用妓乐宴之，亦有赠于诸妓，人以绢一匹，绢粗如细网，而蒙之以棉。交人所自着衣裳，皆密绢也，不知安南如网之绢何所用也。余闻蛮人得中国红绝子，皆拆取色丝而自以织衫，此绢正宜拆取其丝耳。"在该文中，由于宋人笔法简略，周去非这句话带有歧义，让人搞不清楚赠给诸妓绢一匹的主语到底是安南使者还是太守，而杨武泉先生的校注中也没有指出。在笔者主持的一堂课内讨论环节，有学生认为按照语言顺序，太守用妓乐宴之，亦有赠予诸妓，所以赠绢给诸妓的是太守。但笔者提醒，这样一来全文就出现逻辑问题，因为该文侧重谈的是"安南绢"，作者周去非之所以开辟此一则来讨论，正是因为他想由此探讨"安南绢"的特点，如果是太守赠的中国绢，那么就没什么可谈了，故而应当是安南使者赠给为其演出的诸妓的"安南绢"。可见研读原著并非只是简单地去理解文中本身的内容和观点，这不但需要读者具备一定的学术积淀，而且还考验着读者的思维推理能力。

所有的文本其实都内置着作者、编者的先在视野，周去非之所以侧重提到"安南绢"，或许与这种绢"绢粗如细网"有关。他谈到的"红绝子"，按注为红色粗绸。他此句其实引自《桂海虞衡志》"志器"中对"黎幕"的记载："黎幕，出海南黎峒。黎人得中国锦彩，拆取色丝，间木棉挑织而成，每以四幅联成一幕。"黎族人将中原所产的锦彩拆解之后，又将其中的色丝与本地木棉结合起来，制成幕布。这一行为在当时中原地区来人眼里，可能就像今日看见部落人将小汽车拆卸之后，将汽车配件作为马车的装饰一样。因为在中原人眼里，锦彩和黎幕有高低等级之分，他们并没有从本地人的角度去"在地化"地看待当地艺术。

实际上，当时由于技术落后，中国西南和东南亚等国的纺织技术要逊色于中国中原地区。周去非带着文化先进地区的优越感，其话语叙述中显著地带着一种所谓"文化中心主义"的色彩。我们如果从他在此书中收集的资料切入，可以逆推出其关注的重点：他对这些织物之粗糙颇有一种轻视感，又对这些他没见过的新奇事物带着一种猎奇的态度。笔者在给学生解释的过程中，特别强调在现代条件下，我们一定要带着民族平等的态度去开展民间和少数民族服饰文化调研。当时的人尚未有民族平等的概念，撰写这本《岭外代答》的周去非也不例外。但是我们作为处于当代语境中的今人，必须有超越他们局限性、主动的学理意识。不同区域之间存在着"文化时差"，切不可以此作为歧视他人的因由。

周去非在"毻"（"毻"即"毡"，本文以下用皆用"毡"字——笔者按）一则中提到："西南蛮地产绵羊，固宜多毡毻。自蛮王而下至小蛮，无一不披毡者，但蛮王中锦衫披毡，小蛮袒裼披毡尔。北毡厚而坚，南毡之长至三丈余，其阔亦一丈六七尺，折其阔而夹缝之，犹八九尺许。以一长毡带贯其折处，乃披毡而紧带于腰，婆娑然也，昼则披，夜则卧，雨晴寒暑未始离身。其上有核桃纹，长大而轻者为妙，大理国所产也，佳者缘以皂。"

"毡毲",指西北和西南少数民族所穿的毛织服装。此词带有一定的贬义,甚至在特定的文本语境中被作为落后文化的代称。如《隋书·西域传》就谈到:"被以采章,复见车服之美;弃彼毡毲,还为冠带之国。"这里的"弃彼毡毲,还为冠带之国"就有"与落后文化告别,回归中华文明"的意思。西南地区虽然跟西北地区气候有别,但西南地区冬季的湿寒也颇为难耐,所以毡毲成了此地御寒服装的标配,有"无一不披毡者"的现象。

而即便是毡毲这种被中原文明看不起的服装,在彼时的西南地区也有等级之分。"蛮王"所穿的毡毲有锦衫作为里子,毡毲披在外面,而"小蛮"就只是披着毡而已。周去非提到,跟西北地区的毡毲相比,西南地区的毡毲用途更广泛,白天可以披在身上作为衣服,到了晚上还能作为床用来睡觉。不过他这里实际上引用的是范成大《桂海虞衡志》里的叙述:"蛮毡,出西南诸蕃,以大理者为最。蛮人昼披夜卧,无贵贱,人有一番。"不过与范成大认为的"蛮毡无贵贱"不同,周去非注意到了"蛮王""小蛮"所用毡毲的差异。

直至清代,羊皮和"毡"等依旧是西南地区少数民族重要的服装,但随着中原文化逐渐深入西南地区,中原服饰文化也深刻影响了西南地区的服装。如清乾隆《丽江府志》记载:"男子头总二髻,旁剃其发,名'三搭头'。膝下缠以毡片,四时着羊裘;妇人结高髻于顶,前戴尖帽,耳坠大环,服短衣,拖长裙。覆羊皮，缀饰锦绣、金珠相夸耀。今则渐染华风，服食渐同汉制。"[1]
从这段叙述可以看到羊皮在纳西服饰中的重要地位（"四时著羊裘"），也可以看到与宋代时的粗糙相比，他们在清代乾隆年间已经发展出一套较为成熟和相对精致的服饰文化。

二、文化地理学视域下的邕州织造

所谓文化地理学，即从区域地理位置的角度切入对其历史文化的研究。[2]该城邑的文化发展很有可能因为其所处的特殊地理位置而受到深刻的影响，尤其是作为文化中心或者交通枢纽之地，这种影响就更加显著。广西在数千年历史中一直是所谓"瘴疠之地"，而桂林由于气候凉爽成了瘴疠区域的"绿洲"，所谓"五岭皆炎热，宜人独桂林"（杜甫《寄杨五桂州诗》），又言"瘴，二广惟桂林无之。自是而南，皆瘴乡矣"（范成大《桂海虞衡志》），故而桂林历代一直是管控广西的文化中心。但南宁（邕州）的地理位置正好是广西的交通枢纽，所以南宁地理位置的重要性早在宋代文献中就已经凸显出来。

桂林在广西政治、文化格局中的重要性，源于其独特的地理位置。秦始皇以灵渠将珠江水系和长江水系贯通起来，让中原王朝得以借助桂林地区控制广西一带。但到了宋代，原本作为前沿

---

[1] 方国瑜主编：《云南史料丛刊》（第十三卷），昆明：云南大学出版社，2001年，第372页。

[2] 简圣宇：《文化地理学视域下的邕剧渊源史》，载《广西科技师范学院学报》，2018年，第2期。

阵地的桂林演化为后方，更远的邕州开始发挥原本由桂林发挥的地理作用。特定区域人口密度的增加，将推升本地区竞争的烈度，特别是在四通八达的交通枢纽，业者如果无法在竞争中占据优势地位，则很可能迅速被竞争对手淘汰。在这些人口密度高的地区当中，总有行业翘楚冒出来，改变行业的格局。这就是为何宋代文献中开始大量出现关于邕州物产的记录。因为这座城邑提供了辐射全广西的物流平台，新的种植和纺织技术在这里也有较大的发挥空间，从业者有更大的更新技术的竞争压力，也有更大的区域优势和更广阔的背景资源。

杨注引用《建武志》提道："大理毡，以皂缘者为上。（邕）州人染青，尤佳。"这里提到了"大理毡"以边缘是黑色的为贵，这大约是用天然黑羊毛为原料，而南宁地区的人将毡染青，则是试图用人工手段来调控服装的颜色。此记载或可说明在贸易的驱动下，当时南宁地区的人已经开始进一步提升服装制造技术。宋代，中原政权在广西的治理集中在桂林（静江府），但相关文献多次提到邕州，这或许说明每个省的交通要道的重要性都会在贸易和战争的洗礼中逐步凸显。笔者提醒学生在阅读文献时需要以"文化地理学"的视角去看待这些历史变迁中暗含的文化玄机。[1]

相对府治所在地的桂林而言，邕州（南宁地区）是一个较为边缘的地方，但由于交通便利，这里的文化发展却颇为迅速。在

---

[1] 由于赵构曾任桂州静江军节度使，故将桂州升格为静江府，全权管辖广南西路 25 州，兼理 72 个羁縻州及邻近诸小藩和交趾、大理等属国有关事务。治所静江府辖临桂等 12 县，额定贡品银和桂心。主官知静江府兼广南西路经略安抚使，由朝廷挑选有权威的文官任职。（獃子：《桂林旧事日志》，北京：光明日报出版社，2016 年，第 74 页。）

《岭外代答》"服用门"部分，周去非数次谈到邕州的布匹。如在"緂"一则中提道："邕州左右江峒蛮，有织白緂，白质方纹，广幅大缕，似中都之线罗，而佳丽厚重，诚南方之上服也。"这里所谓"緂"，范成大《桂海虞衡志》首先使用："緂，亦出两江州峒，如中国线罗，上有遍地小方胜纹。"杨注为"线绒织成，后世称土锦"，认为"緂"字古时并无丝织品的意义，可能是当时方言。跟中原的丝织品相比，邕州"緂"在花纹上更为繁复，有小方胜纹，而且手感更厚重，这种厚重其实与邕州左右江的少数民族彼时制锦技术尚待升级有关。这种宋代的邕州"緂"今日早已不可见，但桂北地区还有少数民族地区在织类似的土彩锦，笔者还专门在采风时购买了一些作为资料保存。这种土彩锦厚重而缺少弹性，作为服饰给人的舒适感肯定较差，反推邕州"緂"，笔者怀疑它虽然是"南方之上服"，但穿着时的感觉多半不如中原地区的同类织物，所以周去非才会特别指出它的"佳丽厚重"特征。

另在"布"一则中，周去非提到"广西触处富有苎麻，触处善织布，柳布、象布，商人贸迁而闻于四方者也"。"柳布、象布"，即柳州、象州所产的布，而"触处"是宋代口语，"到处"的意思。杨注提到，古时麻葛等质料粗劣的纺织品称为"布"，苎麻作为一种半灌木植物，茎皮纤维被作为纺织原料。这种原料制成的布匹在穿着的舒适度上多半也较差。但本地人在长期使用的过程中逐步掌握了苎麻的改造技术，对照该书"练子"一则能更清晰地看到这种技术进步。

所谓练子，本为粗麻织物，但邕州人已经发展出将之精细化的纺织技术。周去非提到："邕州左右江溪峒，地产苎麻，洁白细薄而长。土人择其尤细长者为练子，暑衣之，轻凉离汗者也。"纺织者选择苎麻中最白细的部分来制作织物，不但颜色洁白，而且清凉舒适，可以作为暑夏的衣服。练子当中的精细品价格并不便宜，"稍细者，一端十余缗也"。这些精细品质地相当柔软，"卷而入之小竹筒，尚有余地"。宋人戴复古在《练子》一诗中写道："雪为纬，玉为经。一织三涤手，织成一片冰。"有学者以考古证据提道："长沙马王堆一号汉墓出土三块保存完整的练子，为出土文物中质量最精细的苎布，简直可与丝绸相媲美。"[1] 当时的人出于审美的缘故，还给练子着色，如染上"真红"（石榴花色）等色彩。

另外值得一提的是，《岭外代答》表明早在宋代，广西人民在苎麻处理方面已经实现了技术升级。在进行苎麻纤维剥离的加工过程中，需要对纤维表面那一层带着胶质的外皮进行脱胶处理。以往比较原始的方法，是将苎麻浸泡在富含微生物的水中，通过腐烂时微生物的分解作用来实现自然脱胶。但这一方法在具体使用过程中受自然进程影响较大，不太容易达到标准化程度，而且由此产生的腐烂气味相当糟糕，影响工人的身心健康。而根据《岭外代答》的记录，广西人民很早就已经将苎麻的纤维提取过程提升到了可以开展产业化加工的程度。虽然原料和方法仍然非常原始，但制作的流程已十分先进，实现了从经验主义摸索向相

---

[1] 施亚，王美春主编：《历代纺织诗解析》，北京：中国文史出版社，2004年，第141页。

对系统化的所谓质的飞跃。

三、技术进步对服饰审美时尚的推动作用

审美时尚的发展与技术的进步密切相关，每当服饰技术有阶段性进步，审美时尚都会随之发生改变。无论是在中原，还是在少数民族地区都是如此。先进的新技术总让享用者产生一种获得感和优越感，而这类感觉正是推动审美时尚发生发展的重要心理原动力。在带领学生对《岭外代答》进行文本研读的过程中，必须让学生从现代时尚审美的学科专业角度，理解时尚跟技术发展之间的关系。

周去非记载了西南地区的"徭斑布"："徭人以蓝染布为斑，其纹极细。其法以木板二片，镂成细花，用以夹布，而熔蜡灌于镂中，而后乃释板取布，投诸蓝中。布既受蓝，则煮布以去其蜡，故能受成极细斑花，炳然可观。故夫杂斑之法，莫徭人若也。"

此处提到的即被称为"夹缬"的染布技术，这种技术盛行于唐宋，后随着刺绣、缂丝等技术的广泛推行而衰落。笔者推测，夹缬技术在唐宋的盛行或许与同时代雕版印刷的流行有着内在的联系。夹缬其实相当于雕版印刷在布匹印染上的推行，只不过其中加入了蜡染的技术。可以说，印刷术发展的同时也促进了服装艺术的发展。彼时西南地区的蜡染技术属于粗放型工艺，染出的花纹较为粗略，而此文提到的瑶族同胞的夹缬技术则已经是"其纹极细"的细致型工艺。

关于蜡染技术的发源有几种说法：一说是源自中国西北少数

民族地区；也有说是源自中原地区，由苗族迁徙到以贵州为中心的西南地区后再带到当地；还有说是西南少数民族地区的原生产物。其实各种说法都无直接证据可考，只能凭借零星的考古片段来推测。笔者倒是觉得可从多源汇流的角度视之，只要具有染织技术而且有蜡染原料（树脂、蜂蜡等）的地方都可能是其发源地，随着不同地区文化的交流，这种蜡染技术很可能因为能够在各地区之间多元汇流而得到升级。

据清朝康熙《古今图书集成》载"药斑布"："宋嘉泰中，有归姓者创为之。以布抹灰药而染青，候干，去灰药，则青白相间，有人物、花鸟、诗词各色，充衾幔之用（《古今图书集成·职方典》卷六八一《苏州府部》）。"[1]宋代中原的蜡染技术已经比这里提到的"徭斑布"更升一级，民间开始使用石灰和豆粉调浆，作为防染剂，以代替蜡，又用桐油竹纸代替镂空花木板，使花纹更加精细。[2]中原技术的进步让其与西南地区的"夹缬"染布技术出现分野，之所以宋人周去非会对"徭斑布"感到新奇，是因为相关技艺在他原本所处的中原已经转换为其他新的形式。

时尚本质上是一种借助审美威慑力而实现其"区隔"目的的社会行为，或者说这是一种"品位"等级的争夺战。各个阶级、阶层皆试图通过服饰划定和占据特定的社会空间。每当一种审美时尚获得社会广泛认同的时候，时尚的制造者就会想方设法换另一种，将自己与大众区隔开来，并再次引领审美时尚，让自己始

---

[1] 陈振主编：《中国通史第七卷》，上海：上海人民出版社，2015年，第468页。
[2] 吴沁江：《云裳钗影》，上海：上海古籍出版社，2015年，第52页。

终处于时尚金字塔的顶端。夹缬原本是一种新兴技术，它新潮的外观及其在彼时所处的技术前沿地位，让它具备引领时尚的资格。但当刺绣、缂丝等具有更高技术含量和审美特征的技术发展起来之后，夹缬相对就显得落伍了。夹缬再精细，也只是在平面上受局限的染色技术。刺绣、缂丝能构造出有凹凸立体感的造型和纹路，而且能将色彩精细到所用的丝线，特别是缂丝技术制造出的那种具有尊贵感的色彩和质地是夹缬所无法达到的。因此在技术不断翻新的中原，夹缬必然走向没落。我们要理解周去非在撰写《岭外代答》时对"徭斑布"的关注，就必须结合这一时代背景。从文本互证的视角观之，结合宋代其他书籍能更清晰地理解周去非的视野。

在南宋洪皓《松漠纪闻》中提到汉化的回鹘人将金线融入织绣的工艺："又善结金线相瑟瑟为珥及金环、织熟锦熟绫注丝线罗等物，又以五色线织成袍，名曰克丝，甚华丽。"[1]南宋庄绰所著《鸡肋编》更加详细地描述了定州缂丝："定州织刻丝，不用大机，以熟色丝经于木棦上，随所欲作花草禽兽状，以小梭织纬时，先留其处，方以杂色线缀于经纬之上，合以成文，若不相连。承空视之，如雕镂之象，故名'刻丝'。如妇人一衣，终岁可就。虽作百花，使不相类亦可，盖纬线非通梭所织也。单州城武县织薄缣，修广合于官度，而重才百铢，望之如雾，着故浣之，亦不纰疏。"[2]在张应文著的《清秘藏》一书中说："宋人之绣，针线细

---

[1] [宋] 洪皓：《松漠纪闻》，上海：上海古籍出版社，2012年，第45页。
[2] 王世襄：《髹饰录解说》，北京：文物出版社，1983年，第80页。

密，用线仅一二丝，用针如发细者为之，设色精妙，光彩射目。山水分远近之趣，楼阁得深邃之体，人物具瞻眺生动之情，花鸟极绰约喋喋之姿，佳者较画更胜。"[1]从这些记录足以见宋人的缂丝和刺绣技术所达到的高技术水准。

由于"文化时差"，广西的纺织工艺到清代才达到了相当的水准。尽管如此，广西的织造技术在发展过程中也逐步形成了自己的特色，在质地上厚实耐用，在色彩上以五色彩为特征。清代文献就谈到壮锦："嫁奁、土锦被面决不可少，以本乡人人能织故也。土锦以柳绒为之。配成五色，厚而耐久，价值五两，未笄之女即学识。"（清乾隆《归顺直隶州志》）"壮妇手艺颇工，染丝织锦五彩烂然，与缂丝无异，可为被褥。凡贵官富商，莫不争购之。"（清沈日霖《粤西琐记》）"壮人爱彩。凡衣裙巾被之属，莫不取五色绒以织布，为花鸟状，远观颇工巧炫丽。"（清张祥河《粤西笔述》）[2]

四、《岭外代答》中显露的记录者好奇心理

诚如美国学者海登·怀特（Hayden White）所言："一种历史叙述的意识形态维度反映了历史学家就历史知识的性质问题采取特定立场的伦理因素，以及对过去事件的研究所包含的对理解现

---

[1] 达㸌：《荷室随笔》，北京：中国文联出版社，2013年，第240页。
[2]《当代广西百色地区》编委会编：《当代广西百色地区（1949.12—2002.10）》，北京：中央文献出版社，2007年，第10页。

在事件的意义。"[1] 人总是对自己鲜见的事物格外关注。同样，周去非对广西诸多与中原差异较大的土产、土法都有着强烈的好奇心，并且对相关资料加以收集整理。归纳起来，他特别关注和辑录的西南织物文献资料有如下几种：

（1）水绸。文中谈到："广西亦有桑蚕，但不多耳。得茧不能为丝，煮之以灰水中，引以成缕，以之织绸，其色虽暗，而特宜于衣。在高州所产为佳。"

照此记载，宋代广西的桑蚕技术尚不发达。一般人还没掌握用茧制丝的方法，仍然是用制布的方法，将之泡进草木灰沸水（由稻穰心烧灰，然后置入水，煮成碱性溶液）中，再织造成绸。尽管技术粗糙，制作出的绸色调灰暗，但质感颇好，质轻柔滑一如流水，故而得名"水绸"。

（2）虫丝。文中提及："广西枫叶初生，上多食叶之虫，似蚕而赤黑色。四月五月虫腹明如蚕之熟，横州人取之，以酽醋浸而掣取其丝，就醋中引之，一虫可得丝长六七尺，光明如煮成弓琴之弦，以之系弓刀纨扇，固且佳。"

这里提到的是一种特殊的虫丝，来自樟蚕。依据杨注，樟蚕与桑蚕不同之处在于其茧不能缫丝，该虫以樟树、枫树、柳树等树的叶子为食，其产地居民常剖取熟蚕丝腺，然后浸泡在浓醋当中，拉长成线，可作为外科缝线和钓鱼丝。

《舆地纪胜》曾引用《岭外代答》这部分的内容，其中"光

---

[1]〔美〕海登·怀特（Hayden White）著，陈永国，张万娟译：《后现代历史叙事学》，北京：中国社会科学出版社，2003年，第63页。

明如煮成弓琴之弦"这一句为"光明如琴弦","煮成"或为日后抄本的衍字。而且在《舆地纪胜》引用的文字当中，还有一句话为"土人卖与海上渔蛮子为钓缗"。这句话应该在原文当中有，但在传抄过程中佚失了。从文本间性的角度出发，将另一文本中涉及此文本的内容提取出来，两者互证，从而作为对照阅读的重要研读材料。

（3）水蕉。此记录谈道："水蕉，不结实，南人取之为麻缕，片乾灰煮，用以织缉。布之细者，一匹直钱数缗。"蕉类植物的茎含有丰富的纤维，早在晋代就有学者嵇含在其著《南方草木状》中提到："牛乳蕉，其茎解散如丝，以灰练之，可纺绩为缔绤，谓之蕉葛。"[1]东汉学者杨孚所撰《异物志》也提到："芭蕉茎如芋，取镬煮之如丝，可纺绩为缔绤。"[2]所谓"缔绤"，即葛布服装的统称，"葛之细者曰缔，粗者曰绤"。从这些记录可见，中国古人在漫长的历史时期当中，曾经就地取材尝试了各种植物作为制布的原料，连蕉类植物都曾在其列。今天我们看到的相对稳定的布匹质材，在历史上都有过长期的探索过程。特别是在可凭借资源有限的区域，任何可能用作纺织质材的资源都会被开发出来。

（4）吉贝。周去非在此提道："吉贝木，如低小桑枝，萼类芙蓉花之心，叶皆细茸，絮长半寸许，宛如柳绵。有黑子数十，南人取其茸絮，以铁筋碾去其子，即以手握茸就纺，不烦缉绩，

---

[1]［晋］嵇含:《南方草木状》，上海：上海古籍出版社，2012年，第141页。
[2]［汉］杨孚撰，吴永章辑佚校注:《异物志辑佚校注》，广州：广东人民出版社，2010年，第134页。

以之为布,最为坚善。《唐史》以为古贝,又以为草属,顾古吉字讹,草木物异,不知别有草生之古贝,非木生之吉贝耶?"

所谓"吉贝",值得细述。在作为草本植物的棉花传入中国之前,中国人只知道木本植物木棉,故而"棉"字是木字旁而非草字头。后有棉花传入,为了区分两者,又将棉花称为"草棉"。

《南史·林邑传》提到"吉贝者,树名也,其花如鹅毳,抽其绪纺之作布,与纻布不殊"。这里的"吉贝"应当指木棉,而《南史·高昌国传》所提"有草实如茧,中丝为细纻,名曰白叠,取以为布,甚软白",则应当指的是棉花("草棉")。作为宋人的周去非已在试图区分这两者,而到了明代李时珍还在其《本草纲目》再次强调:"木绵有草、木二种。"

通常来说,古籍中所提西南地区的"吉贝""木棉"主要是指乔木类木棉,但周去非所谈"吉贝木,如低小桑枝",似乎又是棉花。对照沈怀远《南越志》:"桂州出古终藤,结实如鹅毳,核如珠,治出其核,纺如丝绵,染为斑布。"当时广西应该已经开始出产棉花了,这乃是一种重大进步,毕竟木棉的棉絮产量是无法跟棉花的产量相提并论的。

唐代就已经有产自广西"桂管布衫"的相关记录,如《芝田录》提到,夏侯孜为左拾遗,曾经穿着"绿桂管布衫"朝谒。我们从唐文宗问夏侯孜为何穿这么"粗涩"的服装,以及夏侯孜回答"此布厚,可以欺寒"可知,这批"桂管布衫"应当是用土棉布制成的衣服,质地较厚粗。实际上,在今日的广西,不少乡镇仍然在生产和售卖这种家庭作坊式的厚粗布匹,笔者赴隆林采风时还特地在圩市上买了一匹,作为资料保存。

虽然广西在祖国版图当中属于边疆地区，但在宋代织造史上的地位却并不低。当代学者陈振依据《宋会要辑稿》等文献统计，当时全国织造布以供两税缴纳的共有十四路，总量近49万匹，广南西路10万多匹，仅次于缴纳量最多的河东路15万多匹，这两路合计25万多匹，占总量的52%以上。[1]

（5）笠与"人字拖"。《岭外代答》提到："西南蛮笠，以竹为身，而冒以鱼毡。其顶尖圆，高起一尺余，而四围颇下垂。视他蕃笠，其制似不佳，然最宜乘马。盖顶高则定而不倾，四垂则风不能飏，他蕃笠所不及也。交阯有笠如兜鍪，而顶偏，似田螺之臀，谓之螺笠。以细竹缕炽成；虽曰工巧，特贱夫之所戴尔。"文中的"交阯"即今日越南，按照杨注，"鱼毡"指该毡面有纹如鱼鳞，而"兜鍪"大致形状如"大口釜"。

周去非提到的"西南蛮笠"今日在西南地区反而没有在越南那么常见，这种"其顶尖圆"形制的帽子今以越南所造的流通面更广，以至于在广西反而被俗称为"越南帽"。而宋时越南的"螺笠"反倒是今日广西乡间颇为常见的帽子，但不是大口釜形状，而是变形为头部为螺形，周边扁平如草帽，省外游客畅游漓江时常可见桂林渔夫戴着的那类帽子。还有值得一提的地方：为了能够经得起日常的磨损，笠的顶部和边缘都加了细竹镶边，这种镶边至今还在西南地区沿用，但这个重要特征在周去非这里并没有记录。笔者认为，这种记录的缺失或非细竹镶边在彼时尚未出现，而是周去非觉得此笠是"贱夫之所戴"，故而不值一提。

---

[1] 陈振：《宋史》，上海：上海人民出版社，2003年，第291页。

《岭外代答》还提到"皮履":"交阯人足蹑皮履,正似今画罗汉所蹑者,以皮为底,而中施一小柱,长寸许,上有骨朵头,以足将指夹之而行。或以红皮如十字,倒置其三头于皮底之上,以足穿之而行,皆燕居之所履也。地近西方,则其服饰已似之矣。"这里如所谓"中施一小柱"云云形制的鞋子,其实就是今日在两广地区常见的"人字拖",而日本至今仍在以和服搭配穿着此种鞋,只不过日本用的是木屐。宋人周密《癸辛杂志续集》"倭人居处"一则提到:"鞢则无跟,如罗汉所着者,或用木,或以细蒲为之。""鞢"即"鞋",可见这种形制的鞋子乃是习见之物,它之所以引起周去非的好奇,或许说明这种鞋子当时在中原地区已经基本罕见,正因为少见,他才会"多怪"。

中篇

在20世纪初期的文献《南宁社会概况》当中，涉及旧时南宁以及广西其他地方的带有迷信色彩的旧俗仪式，具体到本书重点论述的"迷信"内容，就分为"婚事""丧葬""灾害与危险""鬼神"四个部分。从马克思主义的角度观之，迷信是生产力发展不发达时期，人们用自己的想象来理解世界的一种精神活动。正如马克思所言："相当长的时期以来，人们一直用迷信来说明历史，而我们现在是用历史来说明迷信。"[1] 我们今日立足于辩证唯物主义和历史唯物主义的框架，对这些内容加以返视，就能够更具鲜活性、在场性地理解彼时人们关于社会、宇宙的理解方式，以及这些理解方式所涉的历史背景、信仰、仪式和生活习惯。

具体到这本《南宁社会概况》，除了其中的"鬼神"部分确属"迷信"范畴之外，其他在今日的民俗学看来，算是"民间信仰"的范畴，即"民间流行的对某种精神观念、某种有形物体信奉敬仰的心理和行为"[2]，其包含"祭祀仪式、活动场所、禁忌等宗教元素"，具有自发性、功利性、任意性和庞杂性等特征。[3] 本书谈及的文献，包括"新桂系"政府的文献、民间的歌谣和俚语等，会涉及一些诸如"鸣锣燃爆驱鬼""含银鱼""钱串幡""粮食罐"等带着旧时迷信色彩的仪式内容，以及诸如"念咒"（通过念咒语向所谓鬼神传达信息）、"回煞"（死者灵魂回家）等具有显著落后迷信内容的民间观念。但本书是出于研究的目的，持辩证、历史的态度来加以引述和阐述，我们并不认同其中的诸多反科学的思想和行为，而主要是作为研究那个时代的民间思想观念的案例佐证。特此说明。

---

[1] 马克思，恩格斯：《马克思恩格斯文集（第1卷）》，北京：人民出版社，2009年，第27页。
[2] 上海辞书出版社编辑：《辞海》，上海：上海辞书出版社，1989年，第5120页。
[3] 林国平：《关于中国民间信仰研究的几个问题》，载《民俗研究》，2007年第1期。

第五章

《南宁社会概况》所录南宁年节习俗考释

20世纪30年代末，广西省政府总务处统计室曾经编辑出版了"广西统计丛书"，其中包括《南宁社会概况》一册。这本1937年出版的书册里，分有史地、机关团体、人口、教育、卫生、劳工、社会病态、风俗习惯这八大部分。因为是统计丛书，所以内容偏于公务文书的写作风格，唯"风俗习惯"部分，谈到诸多具有可读性的内容，特别是其中年节习俗部分，不但有趣可读，而且具备重要的文献参考价值。

年年岁岁花相似，岁岁年年人不同。年节习俗也是一样，在南宁这片土地上，时代不同，节庆的形式和内容也发生着变化。从这些记录中，可见南宁作为粤文化影响的地区，曾有哪些节庆风俗。此书涉及的这些民俗，有的至今还在南宁市民的生活中延续，也有许多已经随着社会发展而逐渐消失，此中所载是其最后的珍贵记录。如果不是这本书册特意记录下来，那么这些曾经非常重要的民俗习惯可能就将湮没在历史之中。作为广西民俗重要的文化记忆，这些文献弥足珍贵。

关于南宁年节习俗，此书首先列出的条目是"除夕"，云："废历腊月三十晚，名曰'团年'。商民住户，均清理街道房室，贴春联，烧纸爆，现出新气象。而妇女辈，更忙于包粽子，蒸糖糕，制粉利及糖米花等。至夜半，则拜天地祖先，燃爆庆祝，即古之所谓'爆竹一声除旧，桃符万户更新'之意。更有昼夜不眠，名曰'守岁'（多妇女行之）即祝周年旺相之兆。"[1]

　　这里比较有意思的是"废历"一词。民国初时，为了强调所谓"移风易俗"，政府开始推动用西方的阳历（"新历"）代替中国的阴历（"旧历"）的社会运动，但实际效果并不好。阴历作为使用了上千年的历法，带着强大的民间惯性，于是两种历法同时并用的景象出现在社会生活中。为了结束这种局面，南京国民党政府在1927年确立对全国统治权后，于次年开始推行"新历"，政府将"新历"直接称为"国历"，使得"新历"带着浓重的政治色彩。在"中央通令"中，提到"普用国历为总理之遗志"，这里把使用"新历"提升到总理孙中山遗志的政治高度。通令里提到，"中华民国成立瞬已第十八年"，而民众往往"狃于旧历，犹未能一致奉行"，所以为此强调要加强宣传，从而"破除迷信恶习"。[2]

　　提倡"新历"的确有利于中国与世界接轨，但彼时南京国民党政府此举含有借此强化对全国政治控制的意味，所以推动时颇有些矫枉过正的倾向。具体到民俗中，其过激之处在于，曾试图把春节当成落伍的"旧历"一并除去。彼时"新桂系"早已准备对广西进行彻底的改造，以实现自己对广西全境的掌控，于是借

---

[1]　本文所引"年节"内容，全部出自《南宁社会概况》第120到122页，以下不再赘述。原书版权页注明："广西统计丛书，第十三种，南宁社会概况。中华民国二十六年六月出版，定价：每册法币五角（邮费在外）。编辑者：广西省政府总务处统计室。发行者：广西省政府总务处。印刷者：桂林广西印刷厂。代售者：各大书坊。"

[2]　本刊：《中央通令全国举行元旦及普及用国历宣传》，载《中央周刊》，1928年第30期。

着跟随南京国民党政府推行"国历"的机会,开始将自己的触手伸向广西各个市县乡镇。然而传统习惯哪有那么容易祛除,包括南宁市民在内的广西民众仍然以"旧历"为节庆的历法。大年初一而非新历元旦,才是民众心目中真正的一年初始,除夕和春节的节庆才是最为隆重的。

在南宁市,有以大清扫来除旧迎新的习俗,此风俗至今未变,此中强调的是"新年新气象"之寓意。昼夜不眠,守到新春到来之后才去睡觉的"守岁"习俗也在沿袭。只是过去那种"至夜半,则拜天地祖先,燃爆庆祝"的习俗已经逐渐淡化。1949年后,半夜拜天地祖先的习俗开始消逝,特别是20世纪末电视普及之后,拜天地祖先的程序一般在天黑前就走完了,然后开始吃年夜饭,接着小朋友在户外点鞭炮、放烟花,大人们一般在看春节联欢晚会。21世纪,随着移动互联网和智能手机的兴起,娱乐愈加多元化,即便没有市政府的禁令,市区里燃放烟花爆竹的人也越来越少了。

此外,南宁虽属于粤文化圈,但与广东的粤文化又有所区别。学者商衍鎏提到:"粤俗除夕,有'卖懒卖懒,卖到年三十晚'之谚。团年饭后,用纸裹饭团,领家中儿童出门,至路旁隙地弃之,谓之卖懒。"他所提到的粤文化里除夕的"卖懒"习俗,在南宁市就不盛行。在粤文化中,除夕晚宴除了一般荤素,还必有一些具有寓意的菜肴,比如生菜、慈姑和蚬肉。商衍鎏解释为:"蚬,音同'显',取显达意;生菜取生旺意;茨菇一名慈姑,意取添丁与家姑慈爱。"[1]南宁市除夕夜也上生菜、蚬肉等,但都不是必需的,可见南宁人并没有特别看重这几种菜的仪式寓意。

"除夕"条目之后是"元旦":"是日男女老幼,均新衣互贺喜语,妇女辈,多素食,希保一年安好。且新年出行,须择时辰方向,方称吉利,男子并多在元旦日赴亲友处贺年,女子则多于正月初二日至十五日行之。"

需要指出的是,这里的"元旦"不是今日通常认为的"新历"1月1日,而是大年初一。20世纪30年代关于广西的书籍里,但凡"元旦",皆指大年初一,这是彼时两套历法同时使用而造成的特定时期的名词含义混淆现象。

在南宁,大年初一有相应的习惯和禁忌,比如这天不能扫地,否则会把一年的财运都扫掉。此外,还有一些现在慢慢淡化的禁忌,如学者温松生在《南宁城区传统俗》一文中列举了数个例子:初一不劏鸡[2],老人还要吃素一天,以祈观音菩萨的保佑,一年清吉平安;不能去河边挑水,神台上的琉璃灯要长明不熄等。[3]

不过《南宁社会概况》里完全不提"发利市"的习俗,不知是否有专门的用意。在大年初一,孩子们会给长辈拜年,恭祝身体健康、万事如意、恭喜发财等,长辈则回赠以红纸包好的压岁钱,作为给孩子们的礼物。此风俗不但在南宁有之,而且全国皆然。

---

[1] 商衍鎏:《春节粤俗》,载《岭南文史》,1991年第10期。

[2] 劏鸡,即杀鸡。"劏",粤语,即"宰杀"之意,指把动物由肚皮切开,再去除内脏。

[3] 温松生:《南宁城区传统俗》,载《南宁文史资料》,1987年第3期。

此书还提到"头祃"："每月初二、十六两天，商家必备三牲奉神，名曰'烧祃祭'。正月初二是首次祃祭日，名为烧'头祃'，即保今年'事事如意'之意。"

与之对应的是"尾祃"："腊月十六日为一年来最后一次祃祭日，名曰'尾祃'。"

祃，《说文解字》云："师行所止，恐有慢其神，下而祀之曰祃。《周礼》曰：'祃于所征之地。'"。祃，即古代行军在军队驻扎的地方举行的祭礼。做祃本是汉族传统习俗之一，包括拜祭土地公和其他本地神明等。正月初二的"头祃"，意在祈求神明保佑今年平安顺利、事事如意。到"尾祃"时，则是作为对神明一年来庇佑的酬谢。

商场如战场，每时每刻都变幻莫测，商家求盈利但害怕亏本，故而在举办"头祃"时颇为郑重，必备三牲奉神。而"尾祃"则有两重意味，一是祃祭，感谢神明的，二是作为老板犒劳员工的日子，此时备各种美酒佳肴等着员工享用。不过"尾祃"可不是白吃的，常有"鸿门宴"等着你，因为这一天也是给员工吃"无情鸡"的时刻。按照1949年前粤文化的习俗，老板会在这天摆上鸡宴，如果哪位员工不幸被鸡头指着，即意味着这是老板请他吃"无情鸡"，他要被解雇了。运气好的，这位员工可以在多得一个月工资后另谋高就，而遇到刻薄的老板，只能直接卷铺盖走人。在1949年后，这种不尊重员工合法劳动权益的行为已经消失，今人也多不知道"无情鸡"的凄惨典故。此外，前辈学者温松生曾提到，南宁人在正月初二时，会一大早就起来劏鸡、热粽等以供神，叫作"接财神"。温松生先生前半生在南宁度过，他的记录应当无误,不过在笔者小时候(20世纪80年代),这样的"接财神"习俗即已式微,甚至"文革"后出生的人亦多不知晓。而且在中国民俗里"接财神"一般在正月初五,因为在古人的想象中,道路的东南西北中都有掌路神,正月初五与"五路财神"相合,于是此日用以迎接财神。如果南宁人在正月初二"接财神",倒也特别。

书中的条目还有"元宵":"正月十三、十四、十五等日,各团体组织舞狮队,于夜间游行各街,点燃各种纸扎彩灯。此外并有'添丁灯',用纸扎成宫灯式样,挂在土地祠前面,如有欲生儿女者,便抢领回家悬挂云(现因各街土地祠已拆毁,此种'添丁灯',早已无形消灭矣)。"

此处提到了舞狮队。同时期的民国学者黄芝冈也提道:"睡狮"是两广人所舞的狮子中常见的一种,但由于"睡狮"这一名称不大入耳,于是被改成"瑞狮",或者干脆叫作"醒狮"。[1]民国学者周天骥辑录的材料亦可进一步佐证:"广西地方每值废历元旦元宵,市镇必有舞狮会之举,做此项游戏者,多是年壮的工人及小贩,另由本街商铺捐资作舞狮之一切费用。到了晚饭后,便集合了各人担任舞狮,领队,收封包录,掌锣鼓,拿灯彩等职务,就预定之路径燃炮出发,灯色灿烂,锣鼓喧天。"[2]

这两位学者将舞狮的习俗和具体角色加以介绍,从中可窥今日的舞狮流程与20世纪30年代的并无太大差别,这表明舞狮习

---

[1] 黄芝冈:《谈两广人的舞狮》,载《中流》,1936年第1卷第4期,第238页。
[2] 周天骥:《桂省年节中的舞狮会》,载《边疆》,1937年第3—4期。

俗和流程在当时就已经基本定型。

在两广，舞狮习俗至今长盛不衰，虽然21世纪后这种习俗已经在市内逐渐式微，但在乡村地区仍然非常盛行，是节庆当中必不可少的项目。在少数民族地区，舞龙舞狮的文化也与本地文化相交融，比如广西武鸣，春节歌圩和"三月三"期间，都有在歌圩处邀请民间团体来舞龙舞狮摆擂台比赛的。[1]

不过有些奇怪的是，《南宁社会概况》一书称舞狮是在"正月十三、十四、十五等日"，但据笔者在南宁市生活几十年的经验，舞狮时间一般是在正月初八，各家店铺新年开门当天。而学者温松生则在其文中提到舞龙舞狮的时间是从正月初一开始。可能从20世纪30年代以来，舞龙舞狮的时间发生了一定的变化。旧时邀请舞狮队来的商家，会在商铺高楼窗口伸出竹竿，上挂"大利市"（大红包）让舞狮的师傅踩高凳去取，以寓"步步高升"，同时以此提高舞狮的难度，增加表演的可看性。

"添丁灯"之习俗，明代始盛，后多流行于客家人地区。南宁有此习俗，或与南宁作为广西重要的交通枢纽有关，各地往来的商贾带来了不同文化，其中就有"添丁灯"的习俗。"添丁灯"有不同的形式：有的是仪式性的，如娘家为出嫁的女儿在新年时送灯，以谐音"送丁"祈愿人丁兴旺；也有节庆式的，比如《南宁社会概况》提到的用纸扎成宫灯式样，挂在土地祠前面，让希望家中添丁的父母抢领回家悬挂。此习俗在南宁市衰落已久，笔

---

[1] 岑学贵：《当代民歌文化的传承与创新》，上海：华中师范大学出版社，2012年，第21页。

者曾听祖辈提到过,但1949年前都已经不多见了。《南宁社会概况》提到"添丁灯"的消亡是因为各街土地祠已拆毁,但笔者推测更可能是认同此文化的人数日渐稀少,故而导致此习俗随之消亡。这就像邕剧一样,当使用邕州官话的人群数量急剧下降,邕剧随之开始实质性消亡,只是21世纪有了保护"非遗"的意识,才苟延残喘下来。

"添丁灯"须挂在土地祠,乃是尊重土地神作为护佑神的权威。俗语有云,县官不如现管。土地神在中国民间信仰中虽为低阶神灵,但由于管辖一地之平安,因此权威性也颇大。古人认为,人死之后,亡魂不会立刻到达地府,而要先在本地土地祠中暂留,尔后才会转往他处。故而村里可以不供奉关帝、观音,但土地祠必不可少。按照民间信仰,如果没有土地神的护佑,妖邪会入界侵扰,故而村头常设有土地祠,久而久之,土地祠也具备了标识、宣示本村地界范围的实用功能,其地位就更加重要。

另,学者温松生提到,南宁过去在元宵节那天还有一个特别的习俗——"偷青":"到别人家菜地偷摘青菜,特别要偷葱、蒜和芹菜,意寓聪明、伶俐、会算、勤劳。由于按照旧时说法,如果偷菜时被人骂,那么此人身上的晦气就转到那骂人者身上了,所以被偷菜的人一般还不敢骂。制止别人来"偷青"的方法也颇为滑稽,有的是敲簸箕,试图把偷青者惊走;狠一些的还淋粪、尿,满地臭秽,使偷青者搞得一身臭。"[1]

此"偷青"习俗实际上不止南宁有,笔者在民国文献中看到

---

[1] 温松生:《南宁城区传统俗》,载《南宁文史资料》,1987年第3期。

桂南地区的贵港、玉林也有相关记录。但此《南宁社会概况》避而不记，估计是此习俗与彼时"新桂系"所倡导的良俗相悖，故而索性不予记录。可见，在一本文献里，记录什么或不记录什么，在表层结构上看，只是内容的差异，但究其深层架构而言，则在相当程度上包含了编撰者所代表的某种社会意识，特别是当这本书具有一定的官方背景时，就包含了更多当时的时代信息。

二月的条目为"二月二"："俗以二月初二为土地诞，街坊分领胙肉；并有烧炮会，如有夺得爆竹圈者，奖以时钟、镜屏、花樽、挂灯等物，以示本年"运到至灵"之意。至翌年须酬还，名曰'土地炮'（惟近来禁祀土地，因此祭土地及烧炮会，已无人再发起组织矣）。"

此处提到的"烧炮会"，今日称为"抢花炮"，方法是点燃冲天炮仗，以火药燃爆的力量将"爆首"送上高空，然后两边的年轻人去争抢，抢到者为胜利方。按照民间说法，抢到者就为本方抢到了一年的好运气。这里提到的"爆竹圈"，即"爆首"。"抢花炮"不但是南宁的习俗，而且是整个广西的习俗，壮、瑶、侗等西南少数民族地区皆非常流行，属于竞技性游戏的一种。与打油茶、对歌这类"文"的竞技相对，"抢花炮"、斗牛斗马等属于"武"的竞技项目。从学术的角度，"抢花炮"可以归入"民间体育"类。从时间段上看，"抢花炮"习俗在广东出现的时间较早，故而可能少数民族地区的"抢花炮"习俗是由于贸易关系，从广东流传进来的。传入后，开始与少数民族文化融合，产生出各种新的形式。据《南宁府志》所载，此习俗早在明代即有，作为一种祭祀的附属性仪式而举行，时间也不是民国初期的"二月二"，而是"三月三":"三月三日各坊建醮,为大爆以享神,经一二尺,高四五尺,饰以彩,声如雷。拾得爆首者,明岁复以大爆酬神。重阳祭墓或有赛神者。"[1]

关于"烧炮会",雷正兆老先生在其《忆白沙旧事》一文中有详细记录。他提到的雷庙正是《南宁社会概况》所谓"烧炮会"的重要活动地点。雷庙位于邕江南岸的亭子往白沙的中途处,坐北向南。庙前有宽广的草坪,节日时搭有戏台,日夜开台演戏,又搭有数丈高的烟花台,供放炮之用。按照雷正兆老先生的记叙,民国时期的雷庙"烧炮会"从正月十六日上午五时开始:"此时男女老少身着新衣,陆续来庙进行燃香祝福、求问吉凶,祈祷平安等迷信活动。约到下午二时,便是放炮供人夺炮的时间。此时把整万头整万头的爆竹,衔接地团团围绕在炮架上,另备十个能够射向天空的特制火炮筒,每个炮筒系着一个刻有编号的铜圈。安装在爆竹中间,当爆竹燃烧时,火炮筒便逐个射上天空,然后落下地面,谁抢夺到铜圈谁就算夺得了炮,然后将铜圈号码交给庙里主持人登记,主持人便将事先编好号的礼品派人抬到其家,得炮的人认为物品得自神授,颇感高兴。"[2]

《南宁社会概况》将南宁市"烧炮会"衰落的原因,归根为"惟近来禁祀土地,因此祭土地及烧炮会,已无人再发起组织矣"。这里涉及"新桂系"进行的移风易俗运动,此运动在力图扫荡旧时封建迷信恶习的同时,不分青红皂白地把各种传统民俗禁止了,

---

[1] [清] 谢启昆修,胡虔纂:《广西通志》,南宁:广西人民出版社,1988年,第2808页。
[2] 雷正兆:《忆白沙旧事》,载《南宁史料》,1981年第12期。

少数民族地区的歌圩、南宁的土地祭等都在被禁之列,"烧炮会"也被殃及池鱼。实际上,"烧炮会"的消亡,或许与这种"民间体育"较为粗野而且危险性较大有关,乡野之民喜好这种较为野蛮的肢体冲撞运动,总让所谓文明社会的管理者感到不安。因此在"新桂系"治下,自然要走向消亡的进程。

书中涉及的条目还包括"五月五":"五月五日为端阳节,各住宅多在门前插菖蒲及艾叶,并将香粉艾叶臭黄及臭丸等物,备小孩佩戴,名曰'挂香包'即以避免疫病之意。各街壮丁,更于是日午膳后,集合至邕江竞赛龙船,盖习古人吊屈原之例云。"

"五月五"为中国传统节日端午节,南宁也不例外。据闻一多考证:"书传中关于端午的记载,最早没有超过东汉,而事实上吴越一带的开辟也是从这时开始的。因此我们可以推测端午节可能最初只是长江下游,吴越民族的风俗,自从东汉以来,吴越地域逐渐被开辟,在吴越文化与中原文化的对流中,端午这个节日才渐渐传播到长江上游以及北方各地。"

"五月五"之后天气渐暖,潮湿闷热,毒虫瘟疫始出,各种病毒和细菌也开始滋生。古代认为"五月五"是疫始之日,实为不祥的日子,故而古人为了祈求避疫,特此祭祀瘟神。

由于疫始之日已到,毒虫蛇蟥开始出动,因此端午节时要在屋前屋后撒雄黄粉、门前插菖蒲及艾叶等。儿童免疫力低于成人,容易染疾,旧时儿科不发达,儿童死亡率颇高,故而还有给孩子"挂香包"的习俗。笔者儿时已是20世纪80年代,那时在南宁市各小学校门口还有小贩出售这种香包,到90年代末之后,由于销量急剧下降,香包只是以旅游纪念品的形式苟延下来。南宁市还有一种习俗，就是在端午节这天拿艾叶煮水，让家中孩子拿来洗澡。此习俗也日渐消亡，仅在城郊还有老人坚持施行。

旧时中国商界有一年"三节"结账的传统，即端午节、中秋节、除夕，要清算相关账目。有粤谚云："八月十五竖中秋，有人欢喜有人愁。有人楼上唱箫鼓，有人楼下叹风流。"因此包括端午节在内的"三节"这天就让许多人感到不安。"三节"里结账的传统在此本《南宁社会概况》里不载，目前笔者暂未能考证出究竟是该书编者因故不写入，还是1937年的南宁已无此俗。

另外，在粤文化地区，"五月十三"作为关帝诞辰，是非常重要的节日。因为关羽既是民间义气观念的寄托者，又被商界奉为"武财神"，所以在这天会举行非常隆重的祭祀庆典活动。然而在同属于粤文化范围的南宁市，却鲜有此民俗活动，今日没有，在这本1937年的书里也没有记录。这一空白，很可能包含某些尚待考证的民间思想史内容。

另一个条目是"六月六"："六月六日，附市农家，以夏谷已熟，收成有望，多于是日邀约亲友聚饮，并将所有衣服干晒，以免虫蚁损伤，所谓'六月六，晒衣服'之俗例，至今犹存焉。"

"六月六"原本与书有关。一说是佛教传说中，这天唐僧把掉下海里的佛经加以晾晒，另一说则是宋真宗赵恒这天声称上天赐给他天书，定这天为"天贶节"。这一与书有关的日子，在民间最后演化为晾衣服的节日。而《南宁社会概况》提"六月六，晒衣服"一俗，今日也早已鲜为人知。旧时包括南宁在内的广西各地区有一种"浆衣服"的习俗，即利用淘米水、米汤水里的淀粉，把棉布衣服浆洗得具有一定的硬度，穿上后笔挺美观，不会出现皱巴巴、松垮垮的问题。今天在隆林等少数民族地区还保留着这种传统手艺，除了浆洗还要碾压，最后在衣服的表面形成一种类似金属的色泽。"浆衣服"虽能增加美观，但也有弊处：容易引来霉变虫蚀，故而少不了要常加以晾晒。古人晾晒当然不可能仅在"六月六"，但这天会有一定的仪式感。有的家庭还以此把家中衣服展示出来，含有炫耀家境殷实之意。如今南宁市民生活富裕，所穿衣服的料子各式各样，购买的衣服也挤满衣柜，于是旧日这种"浆衣服"以美观，以及"晒衣服"以炫耀的行为现在已经基本成为历史，仅存于相关文献之中。

七月的条目是"七月十四"："七月十四日名为'中元'节，各家均设席奉祀祖先，日期，有由十一日至十四日者，有由十三日至十六日者，有独在十四日者，各依其家族向奉习惯而行之，惟以十四日为多。"

古人对仪式性的年节颇为重视，中元节的祭拜显得尤为重要。而且与清明节祭拜祖先不同，依据旧时说法，此日鬼门打开，地府里的各种鬼魂都会从阴间游出，属于阴气极重之日，必须祭拜各方鬼魂。不过需要注意的是，南宁的"中元节"从岭南习俗是七月十四日，而非中原地区的七月十五日，即提前一天过中元节。为表示区别，包括南宁人在内的岭南地区民众称七月十四日为"鬼节"，到了真正的七月十五日中元节，岭南地区民众反而平常对待，并不作为节日，亦无祭祀活动。而且中国北方地区民众往往是在七月十五日的白天烧祭品，岭南地区民众则是在七月十四日的傍晚烧，两者亦有区别。

此外，值得一提的倒是如今早已被淡忘的某些禁忌。比如笔者儿时,在中元节这天会被反复交代严禁到其他人家串门。这一不准串门的禁忌,说是别人家祖先的魂灵这天会回家,生人入内,恐将惊扰这些魂灵,而触犯魂灵是要招来灾祸的。这一天也不能走夜路,更不能在街上喊别人的名字,因为路上充满鬼魂,一不小心就会被鬼魂带走。这天傍晚的南宁街道上会有各家居民出来烧香烛纸钱,所谓"烧街衣"。其中,围绕香烛烧的,是给自家先人的;香烛之外沿街所烧的,乃是赠给路上游荡的那些无家可归、无人祭拜的孤魂野鬼的,给这些孤魂野鬼力所能及的帮助,免得他们作为饿鬼去害人。这被视为施予善行的表现,包含着老百姓的民间善意。随着科学的发展,这类风俗禁忌逐步淡化,串门禁忌和走夜路禁忌早已消失,唯祭拜习俗尚存。

与八月相关的条目是"八月十五":"八月十五日为中秋节,在节前二三日,亲友互送月饼、柚子、茶叶等,至十五夜,均在庭院内陈设芋头、毛豆、柚子、花生、月饼及点心等物,称曰'供月'。"

所谓"供月",即以各种贡品祭拜圆月。此民俗自20世纪末之后已式微,目前零零星星还有市民在八月十五"供月",但市内已经鲜见。随之消失的还有点花灯。《南宁社会概况》一书只谈到"供月",未提扎花灯的习俗。过去,每到八月十五夜之前,各家各户就开始为之准备花灯。到十五夜,孩子们就拿着父母扎好的花灯出来巡游,一方面聚集嬉戏,观看各家的花灯,另一方面也是比拼谁家的花灯华丽精致,看看谁的手巧。扎花灯是件颇费神的工作,不是每家都能抽得出时间制作,于是作为变通的方法,还有拿柚子皮制作的。柚子切四道口,取出果肉后,再用绳子串起来做"灯笼"。还有孩子直接用柚子瓣当成小船,上面点一根蜡烛,用小绳子拖着走街串巷,也是自得其乐。自20世纪末出现电动花灯,各家手扎花灯的习俗慢慢被取代,而高楼大厦的拔地而起,也让以平房为格局的南宁老街坊逐步走向终结。街上渐大的车流量让孩子们提着灯笼在街道上巡游变得不安全,于是各家孩子在十五夜聚集嬉戏的景观逐渐不复再有。

这里需要补充提到的是柚子。南宁人对柚子情有独钟,但广西最出名的沙田柚并非产自南宁,而是产自容县。柚子,谐音"佑子",广西人取其"护佑子孙"之寓意,使其在节庆和仪式性场合扮演着重要的作用。比如包括南宁在内的丧葬文化里,追悼会结束后要踏火盆和洗手,以示与逝者作别,两界分离不相扰。洗手的水中就放入柚子叶,一方面强调与逝者道别后的"隔离",另一方面强调先人对后代的庇佑。

按照中国的文化传统,除了中秋,其他诸如清明、重阳等在传统年节里也占有重要分量,但由于南宁这几个节日的节庆习俗中的本土特色并不突出,故而在《南宁社会概况》里仅言之寥寥,多为一笔带过。比如此书第十六个条目即"九月九",其中提到:"九月九日为重阳节,此日各家多祭扫祖墓,或登高,或远足旅行等等。"而第九个条目"清明"仅一句话:"清明节前后三日,为春祭期,各住户均备办酒肉红绿饭及纸钱炮竹等物,到祖先坟前致祭及修理坟墓。"

对照清初汪森辑《粤西丛载》对南宁地区文化的记载,可见清初的南宁年节文化与民国前期的差别不大。其文提到:"节物所尚,列郡多同。元日设香烛,盛服拜天、地、君、亲及尊长,乡党交贺，三五日而止。迎春日，惟郡县竞看土牛，啖春饼，外乡则否。元夜自初十至十六，各门悬灯，嬉游以为乐。清明祭墓，新葬者老幼聚哭，远年则否。五月一日至五日，为龙舟竞渡之戏，析艾插户，饮菖蒲酒，角黍以相饷，妇人制五色香囊佩之。八月中秋为赏月之会。九月重阳，携酒登高，乡落或椎牛赛会迎神。十月初一，制纸衣往墓焚化，谓之送寒衣。小除日，祀灶。除夕，扫庭户，祀神祇，家人必集燕饮，另具肴饭，以达明旦，谓之送旧迎新云。"

在文献里较显著改变的是清初的"舞春牛"（"竞看土牛"），这种曾经在包括南宁地区在内的广西各地风行的仪式性活动，到民国时已经式微，以至于在《南宁社会概况》里已经找不到相关的踪迹。另一个显著改变的是南宁文化的"粤化"，这与清后期南宁所处文化圈的改变有着直接关系。正是由于粤商的不断南下，使得原属于湘文化圈的南宁开始转而变为粤文化圈的一员，受到粤文化的深刻影响。这种文化圈的更变，在文艺上表现得最典型的是邕剧的变化。邕剧从作为祁剧、桂剧在邕州的变种，开始转而大量汲取下四府粤剧的特征，变成南派粤剧中独特的一支。尽管如此，南宁还是在各种外来文化的影响中，逐步形成了如上所述的本土文化特色。作为交通枢纽，南宁善于吸收周边地区文化为己用，从而具备区域文化的主体延续性。

结语

学者黄应贵提到，中国人所用的农历，主要是依天干地支或阴阳五行的运作而来。"它本身不只直接再现了天地人之气的运道与吉凶，更凸显了这个时间观背后的天人合一观念的基础。"[1] 民俗节日产生于民间信仰仪式活动，实际上是一种原始宗教思想的产物。然而人类文化毕竟是不断向前进步的，所以在其发展过程中往往会超越原先的既有场域，趋向往审美、伦理等范畴过渡。具体到南宁的各种节庆也不例外，强调饮食文化的南宁人在相当程度上已经把这些原本属于民间信仰范畴的年节文化，变成了伦理教化以及美食文化。但《南宁社会概况》仅仅简单停留在对这些节庆活动的具体介绍上，没有能进一步深入南宁节庆文化的存在状况和发展趋势，这是此书的遗憾之所在。而且此书目光主要集中在南宁市区，只关注粤化族群，可实际上壮族文化也是南宁节庆文化的主要组成部分，此书并未提及。

综上所述，年节习俗并非单纯的仪式性习惯，而更多地灌注着整个社会的集体记忆。《南宁社会概况》对年节的记录，既包含了编撰者搜集、整理南宁本土民俗资料的目的，也包含着彼时"新桂系"政府试图通过编撰资料而在文献层面推动"移风易俗"运动的目的。诚然，尽管由于掺杂着来自官方的意图，导致诸如"偷青"之类非主流的年节习俗被刻意剔除出此书，但这本《南宁社会概况》也在相当程度上记录了20世纪前期这一段的本土民俗状况，具有一定的学术价值。今日再将之挖掘、整理出来，对我们更清晰地追寻和还原南宁的年节习俗有重要的文献意义。

---

[1] 黄应贵：《时间，历史与记忆》，台北："中研院民族所"，1999年，第2页。

第六章

《南宁社会概况》所录饮食文化考释

笔者曾就《南宁社会概况》一书中具有代表性的内容进行过专项考释。因为该书记录的南宁饮食习俗所植根的文化土壤正在发生变化，其中有些习俗已经或者正在转化、式微乃至消失，所以这些记录作为区域文化的文献资料具有一定的历史价值。

一、开春至端午所涉南宁节庆饮食习俗

《南宁社会概况》里，提到了"送年茶"的习俗："新婚夫妇，在第一年新春时，要赴外家贺年，并送礼物；外家亦备粽子，糖糕，米花糖，油团等食品还送，名曰'送年茶'。"

这本《南宁社会概况》提到了南宁的几项迎新春风俗：包粽子、蒸糖糕、制粉利及糖米花等。受到粤文化影响，新年吃粽子是南宁市民必不可少的习俗。而糖糕（年糕）、粉利等食物带着寓意，主要是为了讨口彩。糖糕（年糕）是寓意新年高升、生活甜美，粉利、米花（南宁白话里"花"和"发"同音）则是祈望新年得利、发财兴旺。

粉利作为广西特产，外地人常误以为是"白年糕"。实际上，粉利的原料是大米，不同于年糕用糯米。粉利是用大米细磨成浓浆，筛后加水煮成半熟稠糯糊状，搓揉成型后蒸煮，冷却晾干后变成有韧性的条形物。桂北和桂南的粉利稍有区别，桂北一般制成金条一样的形状，有的还在粉利表面印上花纹；桂南则多制成

圆柱形长条，冷却晾干后切成一个个油桶状的圆柱形。南宁粉利是桂南做法。圆柱形的粉利有各种吃法。切成片后，可以水煮，加青菜、西红柿和肉片，作为一餐家常饭；也可以放油，加蒜碎、腊肉、芹菜等炒食；笔者还见过以类似煮汤圆的方法，粉利片放红糖和姜片煮成甜汤。

与端午节吃无馅的凉粽不同，春节时的南宁人强调要吃大肉粽。南宁肉粽是用绿豆粉为馅，内置半肥瘦猪肉一条，经过炖煮，肉粽的糯米吸收了粽叶的清香，而肥肉已经"嫩"（软烂）了，绿豆既能解肥肉的腻，又让半肥瘦猪肉在舌尖变得更甜润、膏腴、醇香。此处的"糖糕"，实为年糕，与中国其他地方一样，年糕取的是"年年高升"之意。南宁年糕以红糖糯米粉制成，加热后软烂如糍粑，遇冷则渐硬成块。旧时南宁人喜欢将肉粽和年糕切片，放在油锅里炸一下，把粽和糕的表面炸得金黄香脆，一咸一甜，配着下酒最佳。

与广东相比，南宁粽子种类相对少些，主要是凉粽和肉粽两种，偶尔还有豆沙粽。而广东粽子品种繁多，据《广东风物志》载："有裹蒸粽、咸肉粽、八宝粽、莲蓉粽、枧水粽、豆沙粽、豆沙枧水粽等。其中，裹蒸粽的馅最丰美，有鸡肉、烧鸭、咸猪肉、栗子、蚝豉、咸蛋、香菇等，而且油水充足，吃来香浓肥腻。裹蒸粽以肇庆最著名。莲蓉粽则以纯正的莲子搓成蓉后，用来作馅。"[1]

粗略分来，广西的米花糖有两种做法。一种是"成型后炸"

---

[1] 曾定夷：《广东风物志》，广州：花城出版社，1985年，第439页。

法,将糯米蒸好,放进模子里压成圆形,晾干后油炸成为膨化状态,以象征团团圆圆。这种只能是用纯糯米制成,不能加其他料,否则会在油炸时断裂。玉林等地采用此法制作。还有一种是"加糖切块"的做法,即将膨化之后的米花与熬好的黄糖混合,然后切块。好处是可以加入花生、芝麻等,味道更多元。南宁市即采用此法制作。

《南宁社会概况》还提到了"二月二":"俗以二月初二为土地诞,街坊分领祚肉……""祚肉",应为"胙肉",即在祭祀时用以供神的肉。祭祀之用肉,类型颇多,但在南宁地区,实际上主要指的是"五花扣肉",这可是南宁人的最爱。经过腌制和炖煮的猪肉,其中的肥肉已经酥化,肥而不腻,而瘦肉正好有嚼劲又不硬韧,肉质鲜美,乃是上乘的佳肴。南宁人常借着各种民俗节日拿扣肉作为祭品,祭拜完毕之后就可以端下来大快朵颐,配上本地米酒,饮一口酒,夹一块扣肉,实在是本地人心目中的人间极乐。

南宁作为广西的交通枢纽,集成了广西各地乃至广东的不同文化,故而所谓"南宁扣肉"实为在南宁销售的各地扣肉的总称。粗略说来,扣肉做法有两类。一种是脆皮扣,即把扣肉的外层油炸至金黄色后,保持皮的爽脆状态,重在品味脆皮的香脆,一般配以甜酸类佐料,酸菜扣肉便是其中一种。钦州、玉林、南宁这一带的脆皮扣颇为有名,至今南宁良庆、邕宁一带还以脆皮扣为本地特色菜肴。另一种是酥皮扣,即把油炸过的外皮再蒸煮一次,以品味软熟而又有嚼头的整体感觉。桂林地区荔浦市产芋头,个头大,香味浓郁。广西人将把荔浦芋切为一片片的,与扣肉相间夹着炖煮，让荔浦芋化解肥肉的腻，又让肉的油香渗透进芋片，合在一起入口，肉的酥醇和芋头的清甜交融在一起，堪称"一菜即可为盛宴"。

接下来是"清明"，据清人吴震方所撰《岭南杂记》提到，"粤俗"（此处所谓"粤"，包括广西南部）有"民家拜扫后，墓上俱覆白纸，宗孙盛者，堆如积雪，清明尤盛"。南宁市从清后期开始，"粤化"逐渐加深，但这种"墓上俱覆白纸"的习俗在南宁并无记载，倒是由于多民族长期聚居，壮族的很多习俗已经融入南宁文化之中。如清明"备办酒肉红绿饭"，所谓"红绿饭"，即今日的染色糯米饭。据《南宁府志》载："（南宁）风土温厚，人性淳朴，民务耕种，士知尚学。清明，户携榼（古代盛酒的器具）祭墓，供乌米饭。"[1] 南宁人早在清代就开始以染色的糯米饭"乌米饭"祭祀。五色糯米饭作为壮族特色风味小吃，乃用各种天然的植物茎叶浸取液染成，一般黑色染料源于枫叶及其嫩茎之皮，黄色染料有用姜黄、黄花汁、黄栀子等植物块茎提取，红色染料来自红蓝草，紫色染料来自紫蕃藤。糯米饭之五色，其含义有多种说法，有说五色代表"天地神人鬼"，有说代表世界构成元素"金木水火土"，有说代表"五谷"，也有说代表"东南西北中"等。但无论如何，这五色糯米饭主要是用于消灾祈福的祭祀目的。南宁作为多民族聚居地，各民族的习惯也在长期通婚、贸易和日常生活中互相渗透。南宁人食用五色糯米饭的习俗，正是这种各民族和谐生活、相互影响的美食例证。

---

[1] 胡朴安：《中华全国风俗志》，北京：气象出版社，2013年，第360页。

《南宁社会概况》里，第十个条目是"四月八"："四月八，一般迷信妇女，多住近郊采摘臭藤野艾等植物，以制糖粉或油糍，名曰'吃㿰𪢒'（相传此日为神农药师诞期，食此野草，可除百病云）。"

"㿰𪢒"这两个字是此书里的自造字，念作"là zá"，即普通话所谓"杂七杂八"之意。"神农药师诞期"今日已经从大众视野中消失，但南宁糍粑这种美食流传下来。南宁糍粑与其他地区的大致相同，只是其他地区的糍粑往往是"裸"的，而南宁糍粑会用抹了一层油的芭蕉叶包裹，既可隔开灰尘，又使糍粑渗透着蕉叶的清香味。南宁糍粑以水街最为有名，内有芝麻、花生碎的糖心，咬下去从舌尖甜到心里。不过由于现在蕉叶减少，出售的一些糍粑开始改用保鲜袋包裹，与原本的南宁糍粑已经有所区别。

另外，此处所提"糖粉"，今日称为发糕。南宁发糕大致可分两种，一种是面发糕，另一种是米发糕。顾名思义，面发糕的主要原料是面粉，为了口感细腻也同时按比例搭配入糯米粉，一般加入红糖、酵母后均匀搅拌，为了美观和更美味，还会在蒸煮前加入红枣。这一红枣发糕在南宁地区的民众看来有滋阴补血的功效。米发糕用糯米为原料，加白糖、酵母，蒸出来之后多孔松软，温润如白玉，上层放几颗枸杞，仿如白玉上的红珊瑚。

《南宁社会概况》第十一个条目是"五月五"，即端午节。对嗜好美食的民众而言，端午节最重要的乃是吃凉粽。制作凉粽的土法是以滤取草木灰的碱水浸泡糯米，再裹以凉粽叶，蒸煮制成三角形或长条形的粽子。晾凉后，粽体晶莹剔透，用裹粽绳子绞成一截截，再拌以红糖浓液，汁凉味美。

二、"鬼节"至冬至所涉南宁节庆饮食习俗

《南宁社会概况》第十四个条目是"七月十四"。

在"七月十四日"这天，南宁人强调一定要宰鸭子祭祖。笔者不解其故，曾求教于老人，得到说法不一。有说"鸭"谐音"压"，可以压住这天的邪气，也有说鸭子可渡亡魂，驮着亡魂渡过奈河桥下的忘川河。还有说法提到，由于这天烧纸钱、纸衣，若同时以鸡作为祭品，鸡爪会抓烂衣服，故而不用鸡祭祖。但无论如何，鸭肉由于被推崇而成为美食，白斩鸭、柠檬鸭、烧鸭等各式做法在南宁成为一道亮丽的风景线。

第十六个条目是"九月九"。

南宁的"九月九"重阳节无甚特别之处。倒是前述的已故学者温松生提到，昔日南宁人在重阳节有登高风俗，认为这天爬山登高可以发财、避灾除难。据说汉时国人有习俗，父母在重阳节放一块糕片到孩子额头上，以祝愿儿女"百事俱高"，此俗也已消失。

第十七个条目是"十月十"："十月十日，近郊农家以晚稻收完，特备三牲致祭谷神及拜扫祖墓，同时在田中插纸旗一面，上书'风调雨顺，五谷丰登'等字样，以祝来年丰收之意。"

实际上，南宁十月还有一个重要的地域节日"黑豆节"。此节与"新桂系"一场著名守城战役有关，据载："1930年夏蒋桂战争，蒋介石乘桂张联军倾巢入湘后方空虚之际，派卢汉所率滇

军入桂围攻南宁城,从七月中旬至十月三个月里屡攻南宁城不下。桂军李宗仁、白崇禧则派韦云淞,后又加派黄旭初死守南宁城。到后期,城内米面已食尽,被迫只能收集黑豆以充军食。十月下旬白崇禧率大军攻打围城滇军,十月十四日南宁城解围,并将滇军全部驱出广西境外,桂军为了纪念死守南宁城官兵胜利有功,故定解围南宁城之日为'黑豆节'。"[1]但在这本《南宁社会概况》里未记录,估计与此时的政治形势有关。

这里所提"十月十",实际上相当于南宁的下元节:正月十五日庆元宵,是上元节;七月十五日过中元节;而十月十五日为寒食节,乃下元节。只是南宁受重商主义的粤文化影响,对某些词有忌讳,比如"猪舌头"的"舌"音近"蚀",有亏本之意,就改称"猪利前";同样,"伞"与"散伙"之"散"同音,也被改称为"遮"。至于这十月十五日的"下元节","下"总有种落后的感觉,于是按照"三月三""九月九"的格式,在"十月十"完成实际上是"下元节"的节庆内容。按照道教信仰,中元节乃水官诞,民众在这天的宗教仪式是为了祈福禳灾。而南宁地区的"十月十"还有祭谷神和祭先祖的内容,除了"三牲",还会献上稻谷,告知谷神和先祖本村今年的收获情况,以祈求来年风调雨顺、五谷丰登。随着科技进步,到了能够人工降雨的今天,这一习俗已经退出历史舞台。

据温松生所提,彼时"十月十"有"十全十美"的美好寓意。而且"十月十"也是农村迎来秋收冬藏的季节。他提到:"老一

---

[1] 于东聘:《我所知道的白鹏飞》,载《广西文史资料选辑》,1981年第7期。

辈南宁人当天会煮一盆杨桃、芥菜作为早餐。世代传说：十月十吃了杨桃煮芥菜，到入冬之后就不怕冷。因为是风俗，即使是有钱人，衣箱中不少皮毛衣服，也从俗吃杨桃煮芥菜。在农村，那天要备祭品去拜祖坟。有钱人早上吃甜酒，乡间老百姓大都自制甜酒，无需花多少钱。甜酒煮猪肝，那是上品，多是有钱人才吃得起，所以有钱人大都一早入城买猪肝。"[1]

南宁市的"十月十"习俗今日早已式微，而"杨桃煮芥菜"也仅存于温松生的记录之中。在《南宁社会概况》里并无此记录。

第十八个条目是"冬至"："冬至日，各住户均煮汤圆，已出嫁女子，多于冬至日归宁省亲，俗称吃'隔夜冬'。"第二十个条目是"送灶及接灶"："俗以腊月二十三日为灶君任满之期，各户特备酒菜，烧纸马及撒米等，以送灶君，名曰'送灶'。至同月卅日新任灶君上任，亦于此日迎接，名曰'接灶'。"

在中国北方，腊月是非常重要的时段。《礼记》提到蜡祭时云"岁十二月，合聚万物而索飨之也"，于是煮食腊八粥在北方有非常重要的意义。而灶王爷负有汇报人间情况的职责，送灶及接灶仪式也不可轻慢。广西人对此没那么重视，倒是"冬至"在八桂大地的分量颇重，有"冬至当小年"之称。南宁人在这天要阖家团聚吃水圆，鸡鸭鱼肉亦不可少，以示郑重。

此强调冬至的习俗，在广西、广东皆然，尤其为粤方言地区较甚，故有学者认为这是粤文化影响的结果。实际上，重视冬至是中国传统文化一部分，只是此俗在北方地区渐淡，而在两广地

---

[1] 温松生：《南宁城区传统俗》，载《南宁文史资料》，1987年第3期。

区特别是粤方言地区获得保留，所以才会有此误解。

如学者张志春就曾援引文献，论证冬至在江南地区的地位。这些文献谈及的冬至内容都显示了其曾经的重要地位。周密《武林旧事》提道："冬至朝廷大朝会庆贺排当，并如元正仪。"胡朴安《中华全国风俗志·浙江临安》提道："冬至俗名亚岁，人家互相庆贺，一似新年。"《中华风俗志·江苏仪征》提到："十一月冬至节……设家宴，亲戚相贺，与元旦一例。"《江南志书》记嘉定县风俗："冬至，邑人最重，……官府民间互相驰贺，略如元旦之仪。"[1]

在南宁市民俗文化里，与北方腊八粥习俗关系最密切的是南宁八宝饭。八宝饭虽非南宁独创，但南宁地区的八宝饭却颇有特色，为本地具有代表性的重要佳肴。南宁各店家八宝饭所配原料略有差异，但做法大致相同，都是选用黏性好的糯米，与白糖、猪油混糅，再配上薏米、红枣、花生、莲子、桂圆、红豆、绿豆以及各种果脯，特别是南宁冬瓜糖，有的店家还会加上葡萄干、百合、蜜枣等。八宝饭并非严格有八种"宝"，强调"八"，无非是在粤语地区取其谐音"发"，以期有"恭喜发财""万事顺利"之寓意。南宁水街的一些八宝饭制作者还会在糯米团里裹入豆沙、豆蓉等馅料，一方面是增加甜度，另一方面则是寓意"甜中还有甜""甜蜜藏于平凡"。南宁八宝饭不管原料如何，强调的都是猪油的香醇、咀嚼时糯米的黏性，以及各种配料的甜软。水街曾经是南宁八宝饭做得最"正宗"的地方，石巷口是品尝此美食的重

---

[1] 张志春：《冬至年节的集体记忆》，载《咸阳师范学院学报》，2009年第5期。

要一隅，然而随着南宁市商业中心的转移，特别是20世纪末以来水街、石巷口、解放路陆续拆迁，传统制作商家衰落，老师傅也相继离世，品尝最典型的南宁八宝饭的旧日地点早已物去人非。今日一些制作"南宁八宝饭"的商家并非熟悉传统工艺的本地人，所以从制作原料到技艺都与传统有偏差。比如，拿花生油代替猪油，导致味道不对。其实传统南宁八宝饭用猪油是有讲究的，为的是能让植物性的原料焕发出入味的荤油之醇香。花生油是植物油，无法让食客达到荤素搭配才能创造的精细的味蕾体验。

结语

在相当程度上，南宁市年节习俗的宗教仪式性较弱，而世俗性、商业性较强。这与百色地区繁盛的少数民族巫术、宗教文化，以及桂柳地区的山歌秀水文化有着相对明显的差异。如果说百色人的年节习俗是"舞"出来的，桂柳地区的年节习俗是"唱"出来的，那么南宁人的年节习俗就"吃"出来的。南宁人讲究吃、"好吃"的文化特性，使南宁的节庆差不多就是所谓"舌尖上的盛宴"，每一个节庆日都对应着相应的美食。强调饮食文化的南宁人在相当程度上已经把这些原本属于民间信仰范畴的年节文化，变成了伦理教化以及美食文化。翻看《南宁社会概况》，看到旧时的南宁美食，也让人念起如今的各种佳肴。时光总在不经意间流逝，但美食给了我们一个个美好的"片刻即永恒"。美食不但是我们生活的一部分，而且可以算是我们在世俗生活中的一种民间信仰。

第七章

《南宁社会概况》所录"迷信"习俗考释

《南宁社会概况》一书里专门辟有"风俗习惯"一章。由于此书编撰适逢"新桂系"政府大力推动移风易俗，试图通过革除陋习、引入新规而实现对全省的社会动员之时，所以这些本属于民俗学、社会人类学范畴的客观记录，不得不受到当时"新桂系"政府意识形态的影响，带着深深的时代烙印。

此书所录"迷信"一节的价值就在于将南宁特殊时期的民俗以文献形式保存下来，让今日学者得以借助这些史料来追溯20世纪南宁乃至广西民俗文化的发展脉络。此书的编撰时期恰逢"新桂系"统治的前半段，而"新桂系"时期正是广西努力从传统社会向现代社会转型的第一段。虽然真正的转型不可能由这群军阀完成，但这段时期新旧过渡的特殊性，也造就了这段时期文化特殊的历史性。

"新桂系"从20世纪20年代兴起，30年代后期遇到日寇侵华，再到40年代末退出历史舞台，其中"新桂系"真正掌控广西局势并开始正常建设的时间段非常有限，与这段时期相关的文化其实也很短。"新桂系"还没来得及扫清广西的"旧习"，建立它认为正确的"新风"，就在历史变动中烟消云散。具体到民俗领域，就是《南宁社会概况》一书所录的资料的历史性。因为这是官方文献第一次有意识地以系统性、条理化的现代文献规范对民俗加以记录。虽然广西的民俗自古就被辑录在地方志里，但基本依据的都是古代那种零散的、猎奇式的经验主义记录法。而此书是在现代文献整理意识的指导下开展社会调查的产物，虽然此书还存在诸多缺陷，但毕竟是开先河之作。而且此书记录的很多民俗都与同时代的器物文化联系密切，随着时代发展，这些民俗旋即消失，幸亏此书里有关于它们的描述，否则可能它们已经"无记录消失"，让我们的区域文化研究遗憾地留下不可弥补的空白。

此节按照事由，将南宁的"迷信"分为"婚事""丧葬""灾害与危险""鬼神"四个部分加以叙述。其中除"鬼神"基本属于迷信范畴之外，其他的多为今日民间信仰的范畴。只是彼时旧式迷信思想仍然在民间社会意识中占据重要地位，而"新桂系"政府又处于现代转型的焦虑之中，所以才会出现此种矫枉过正的行为。以历史语境的角度审视《南宁社会概况》这样的安排是可以理解的，本文将依据此书原有脉络进行考释。

一、被客体化的女性：婚俗习俗概述

婚姻是人之大事，也是民间的祈福避邪思想集中表达之处。由于古人生产力发展低下，抵御疾病灾害的能力远比今日要弱，因此在对大自然的敬畏心态驱使之下，发展出了诸多民间仪式，以期借助这些人力可以把控的仪式，与未知世界沟通，实现避其祸和获其福的效果。虽然这些仪式更多的只是表达了民众的美好愿望，并不能真正达到他们所希望的效果，但在这个过程中，显著的仪式感会给他们以心灵的慰藉。于是在社会发展过程中，这类民间仪式里的文化和审美成分逐步加强，"迷信"成分日趋弱化。

《南宁社会概况》所录南宁婚俗包括八个部分。

一为"迎亲点火把"。旧时南宁迎亲时间多在夜间一、二时，在迎接新娘时，在花轿两旁点燃火把二枝，"表示新娘进门后，如火一样越烧越旺"。此书记录火把仪式时，刻意审美化，将之跟日后的婚姻生活兴旺发达联系起来。其实编者在这里回避了火把的另一层仪式功能，即辟邪。旧时阴阳五行思想盛行，人们认为女性属阴，而新娘愈加吸引鬼魅的注意，故而需要以高举火把喝阻鬼魅的侵犯。此书编者对此应当知晓，只是出于彼时意识形态考虑而特意不谈。

二为"新娘含饴"。新娘在轿上时，口含冰糖，迨达男家，便将冰糖掷入水缸，使男家家人饮后，与新娘如糖一样甜蜜之意。笔者就此俗询问过健在的老人，他们对此较为陌生，或许是出于卫生习惯，此习俗在当时就不普遍，如今大家用的是自来水，水缸早已弃用，此习俗也早已消失。类似的习俗还有新娘到男家之后，新郎喂新娘一小勺蜜糖，同样是祈愿日后婚姻生活甘美如蜜。回顾此处对"新娘食饴"的记录，其实还有两处未谈的细节。一处是其实用功能，新娘乘坐轿子颇为颠簸，口含冰糖可以防呕。另一处则源于民间信仰"吃谁的口水听谁的话"，今日也有演变为新娘喝了酒后再将酒杯递给新郎喝的形式。

三为"锁口"。新娘上轿时，带锁一把，到男家门口，将锁头关闭，名曰"锁口"，即使男家亲属之口锁住，以免谈论是非之意。

四为"门垠置火盆"。门垠置火盆一个，新娘下舆入室时，须从上跨过,使新娘一切不利之事情,均被烧去之意。

五为"被枕放枣子"。女子出嫁时,所备之被枕四角中,各放枣子一枚,即期望新娘早生贵子之意。这些都是常规性的习俗,跨火盆之习俗今日还有,其他的"锁口""放枣子"习俗已经消失。

六为"花轿挂装箕"。此书提到"迎接新娘时,花轿面前,挂筛箕一只,筛箕内系古铜镜一面,通书一本,纸牌一副,裁尺一把,据说可以避免一切妖魔之侵害"。中国人喜欢取器物的寓意,铜镜既能照妖,又象征"圆满",是新娘所携必备之物。但此次所提的纸牌为赌具,书中称能用于辟邪,让人颇为疑惑。笔者就此询问健在的老人,都言"没听说过",且认为放入的应当是剪刀,因为剪刀跟铜镜、裁尺一样被认为有辟邪功能,且带来也能辅助裁缝之用。可能纸牌辟邪是短暂出现过,随后就消失了。

七为"新娘上轿撑伞撒米"。当新娘上轿时,撑伞一把,遮住头部,同时在花轿前面撒米,新娘然后上轿。八为"新娘带针"。新娘上轿,身上携针四枚,到达男家,即将针插在床边,以避凶星。七、八两个习俗也已消逝。

值得注意的是,这八个部分的习俗全部只涉及新娘,其中涉及的各种说法乃至指摘都与身为男性的新郎无关。这从侧面显示了新娘身为女性在夫家的弱势地位,一方面担心被议论各种是非,另一方面因为属阴而被认为可能带着"晦气"而来,处于被动防守的位置。"新桂系"时期的广西虽然已经有了男女平权的新风,但一时未能在全省普遍推广开来。真正的男女平等,还要等到中华人民共和国成立后才得以实现。

二、巫思的延续：丧葬习俗概述

在民俗文化中，丧葬习俗是与"迷信"思想联系最为密切的部分。即便是在科技发展日新月异的现代社会，人们在接受日常生活理性化的同时，在内心深处仍然为原始巫术思想留有一片保留地。毕竟，当家人亲友去世时，人们在感情上都难以接受这些如此熟悉的人就此在这个世界上消逝。故而无论是哪国文化，都会在日常世界之外，再设想出一个与之相对应的死后世界，给还活着的人们以心理的安慰。在这层意义上，部分"迷信"思想的存在是可以理解的。但原始巫术思想毕竟是蒙昧时代的产物，特别是在20世纪初这个广西民众还普遍停留在传统思维的特殊时期，广西省政府总务处统计室所编辑出版的这本书，就很难不以矫枉过正的态度去对待丧葬习俗。毕竟，如果不把旧日的思想藤蔓从民众的心田里用力斩断，就很难开辟出空地种上新思想的种子。

在"迷信"这一节的丧葬习俗部分，辑录了无法放入前一节"丧葬仪式"的五则内容。一为"赞病"，即当死者入殓时，孝子或亲友如有久病未愈者，就用纸钱遍擦己身，随后将纸钱放入棺内，是使死者赞其将病带去之意。这种习俗之前未被文献记录，今人也多未听说过，大约在当时就已不多见。此习俗虽已消失，但具备一定的史料价值，因为这是一种典型的"携厄而去"原始巫术。这种模式认为包括疾病和厄运在内的诸多人类困扰是可以通过某种仪式带走的。这里是死者将久病未愈者的疾病带走，与之类似的还有"送瘟神""送草人"仪式。"送瘟神"，就是将象征瘟神的偶像或者纸画放逐到纸船上，在河边顺水送走，希望瘟疫和恶疾就此远离。"送草人"是笔者在广西隆林苗寨采风时所见，即巫师将全村的厄运，用咒语灌注到一个稻草弄成的巴掌大的人偶身上，然后将之扔到远离村寨的地方，象征着厄运被驱逐。

二为"回煞"。人死后二十日中之一日为死者"回煞"日（具体回煞之日，由死者生死年月时算出）。此书谈到，南宁人在"回煞"这天，"家人将死者睡过之床席，依照死时方向及位置安放，床上撒草灰，并备酒菜，燃点香烛，以迎死者灵魂回家，斯时家人走避一空，并关头门，门上挂元宝一对，经三数小时后，便鸣锣燃爆驱鬼（传说死者回煞时，有外鬼同回故也）"[1]。

古人认为，人死后还会"恋生"，肉体虽然死了，但魂魄却舍不得自己的亲人故旧和乡土，不愿离去。但人死后如果不离开生界，其阴魂就会给亲友带来危害，所以还是得设法将之送走，就此作别。南宁的"回煞"迷信，实际上就是这种巫术思想的延续。家人首先得摆好死者床席，告诉他家里一切安好，他可以放心彻底走了。迎死者灵魂回家后，让他重温生前的温馨，最后再用能驱散鬼魅的锣声和鞭炮声请死者灵魂离去。不过需提及的是，在南宁民俗中，鸣锣和燃爆分属不同功能，鸣锣驱鬼，燃爆则是送行。此处合称"鸣锣燃爆驱鬼"过于笼统。原文在此处有一个备注，提到"鸣锣燃爆驱鬼"是因为"传说死者回煞时，有外鬼

---

[1] 据老一辈人提到，20世纪前半叶的桂南部分地区，人们会在逝者的停尸期间给其两个眼睛各放一枚铜钱，鼻子上放一张纸钱。从宗教意义上说是让他买通神灵得以升天，具体功能则是防止他是假死，如果是假死的话，稍微动弹铜钱就会落下，发出警报声，或者还有呼吸的话，纸钱会飘起。这里其实既有形而上的祭祀因素，也包含着具体的设计功能。

同回故也"。这一注释也典型地展示了中国传统宗族社会对外人的排斥,不但对陌生人有所顾忌,而且对臆想中的"外鬼"也要加以驱离,唯有本宗族的熟人才是可以信赖的。

"回煞"这一仪式,由于计算时间不便、"专业性太强",也已式微。取代它的是更为简便的"头七"算法,即每七日为一期,七七四十九天之后,死者灵魂就彻底与尘世告别。巫术仪式有"趋简"和"趋繁"两种趋向,商业性逐步加强的地方,就会"趋简",而生产力长期不发展的地方则会"趋繁"。纵观南宁市的巫术或者"迷信",基本都是"趋简",由此也可见20世纪南宁地区整个社会文化是处于上升状态的。

三为"送火"。在殡葬之后,孝子在坟旁边燃烧火把或留放火柴,名为"送火"。《南宁社会概况》记录为"是使死者不致迷失路途"。不过笔者询问老一辈时,获知"送火"的真正用意是"护佑后代",即逝者已走,但"香火延续"。"送火"一俗虽已消失,但时至今日仍有类似的仪式,比如在清明节上坟祭拜之时,必须先在墓碑前燃香,以招引先人魂魄前来,继而在坟后点香,取义就是"香火延续",接着再到其他邻近坟头插上一或三炷香,取义为"昭告众邻",此坟有后人来祭拜了,而且胸怀慷慨,烧祭之物也邀请"众邻"分享。

四为"行七"。此俗认为:"人死后第七,十四,或二十一等日,男女孝子,要出外游行,男子多往茶楼食点心,买生果等物;女子多回母家;同时并带小鸡一对及生果等物,名为'行七'。意即行此一次后,诸事迪吉。"

"行七"的主要功用是"避邪",即认为死者灵魂在这些日子会回来,活人必须离家,以避开死者灵魂带回的晦气。鸡的仪式功能颇多,既可驱鬼,又可指引亡魂。女子带"小鸡一对"就是用鸡的"驱鬼"功能。国人自古认为亡灵会带来晦气,《岭外代答》曾记载"邕州溪峒,则男女群浴于川,号泣而归"[1]。此俗虽佚,但"群浴于川"显然是一种以清水洗去"晦气"的仪式。

五为"上高"。这一段也是此节最特别的部分,书中记录曰:"一周年后,便将灵位焚化,除去祖先牌位内层,写上'某公府君,某妣孺人神王'等字,由年老者将'神王'之王字头上加上红黑两点,于是王字变为主字,老人随点随到'王字头顶一点红,子孙世世都英雄,王字头上一点黑,子孙代代显威吓',语毕将牌位依旧安好,名为'上高'。"

此处的"上高"即通称的"点主",为汉族习俗,神主牌被作为逝者灵魂回归祖先列位的物质中介,而在"王"字头上加红、黑两点之俗,中国各地都差不多。但这段记录的特别之处,就在于是逝者去世"一周年后"。关于"点主"的时间,中国各地虽有差异,但大体都在出殡前后。比如山东学者宋耀武提到:"一般入殓后出殡前一天下午请先生对灵点主,西关村则是圆坟结束后,抬着魂轿回来,魂轿上的牌位由点主官点红后再摆到供桌上。"[2] 而广东惠州的"点主"时间是"封棺后",时间选在晚上12点以前。广州的习俗,是丧事办到尾七之时,整个丧礼就告结束。此时,丧家用栗木制作一个神主牌,然后"点主"。[3]

---

[1] 周去非:《岭外代答》,上海:远东出版社,1996年,第138页。
[2] 宋耀武:《蓬莱民俗荟萃(下卷)》,济南:山东大学出版社,2012年,第397页。
[3] 黄国声:《羊城谈旧录》,广州:广东人民出版社,2015年,第111页。

《南宁社会概况》编者提到南宁的风俗是逝者去世"一周年后"才"点主",显然间隔的时间过长。据笔者询问老一辈,有老人提到是在出殡回来后"点主",也有的说与广州一样,是"尾七"之后"点主"。不知此处记载"一周年后"是否为南宁的特殊记录,录此待考。

三、措辞的设计:《南宁社会概况》编者的巧妙安排

此节的第三、第四部分是"灾害与危险"和"鬼神",这部分内容跟中国其他地区基本相同,故本文不加赘述。[1] 其实按照

---

[1] 附此节第三、第四部分内容如下:三、灾害与危险。(一)京蛰撒石灰:每年逢京蛰之日,各住宅多用石灰撒在墙角,床脚,枱(台)脚等处,据说此举可避免蛇虫鼠蚁之侵害。(二)清明节插乌饭叶:每值清明日,各住户多在门前屋内插乌饭叶,以避免蚊虫。(三)雷鸣打床板:当春雷初鸣,各家皆几动床板,以为可避免臭虫。(四)端午插艾:端午节日,各家门前多插艾叶,及菖蒲,以避邪免灾。(五)小孩带脚锁:间有孤男单女之小孩,为父母者,制银链扣于小孩脚胫上,以避小孩天殇之危险。(六)杨桃煮芥菜:阴历十月初一,用杨桃芥菜同煮,谓食之可避免肚痛病。(七)路口撒药渣:病人服药后,将药渣倒于路口,给行人践踏,病易痊愈。(八)啼哭皇:大凡家中有小孩夜哭不眠,便用红纸写着"天皇皇,地皇皇,我家有个啼哭皇,请烦诸君念一念,保我小儿一觉睡到天大光"等字。随处粘贴,冀其小儿不再夜哭。四、鬼神。(一)求神:一般迷信神鬼者,遇有疾病或不祥事情,必到偶像前求庇佑。(二)问仙:巫婆设坛祀神:托话某仙附体,可以卜吉问凶,尚有为因家人有病或因其他特别情事,多向巫婆叩问。(三)捉亡人:巫仙对于阴曹地府之情形,甚为熟悉,有人欲与其先人谈话,先告以葬地,便可捉其灵魂来,灵魂降于巫婆身上,其态度言语,俨与其先人生时无异云。(四)扶乩:扶乩之器具是托盆沙,沙拨,乩笔等,先用木制成托盆为藏沙之用,再用桃木制成之磨针式样乩笔(聚会所求神降乩,先要斋戒沐浴,并在神前念咒颂经,方可降乩云),然后请求臂乩,乩笔一动,参沙上面,便写出时局或散文,此时在旁用笔记录起来,便知神仙所降乩之事。

今日的判断尺度，这些"迷信"内容大多都在民间信仰和仪式的范畴之内，而且其中带有审美内涵和历史记忆的部分，还可列入"文化遗产"的范畴加以保护和留存。但我们不能用现在的标准来苛求1937年出版的《南宁社会概况》。

平心而论，"新桂系"政府在推动移风易俗运动时不得不面对诸多问题，具体到本书所涉风俗习惯，就有两块横亘在发展路上的绊脚石：一是传统习俗盘根错节，而且越是陋习就越是根深蒂固；二是传统习俗中最重要的婚嫁和丧葬两大习俗耗费巨大，极大占用了本可用于社会经济发展的资金。于是如何既汲取传统习俗中凝聚社会人心的力量，又设法将其中的糟粕加以革除，是摆在"新桂系"政府面前的难题。

从表面上看，这本《南宁社会概况》只是十分寻常的介绍南宁文化的书籍，所叙述的内容主要为客观概况和具体数据资料。但实际上，此书包含着编撰者力图"寓意于叙"的目的。此章谈到南宁的年节习俗、婚嫁习俗和丧葬习俗，本可一次性叙述完整，但由于前面几项都是以专门三节的形式谈及，而且是以"广西省政府总务处统计室"的身份叙述的，因此叙述本身就带有某种对其中内容的肯定。在读者看来，这就是一种肯定性、权威性的叙述，里面谈什么，都相当于肯定这种民俗存在的意义。于是编撰者遇到了一个难题：不把这些习俗都加以叙述，从科学性和规范性来说，此书就是有缺陷的；而如果直接叙述，就会有误导读者之忧。

如前所述，编撰者对此难题想出了一个巧妙的解决方法。他们将完全不符合彼时意识形态要求的纯粹糟粕部分彻底屏蔽，完全在此书中避而不谈；然后把那些不便多谈的内容，要么以寥寥数语在正文里一笔带过，要么以"备注"形式放在文末；最后，又分出"迷信"一节，把那些既是民俗又难以剔除其中"迷信"成分的内容，放入此节来谈。这样就兼顾了文献的规范性，又符合彼时"新桂系"政府要求"政治正确"的原则。从这一点来看，编撰者的安排无疑是别具一格的。

学者陈勤健曾言："民俗和人类的精神生活有着天然的契合，它是未经梳理的混同一体的人类精神生活形态，还是民族或群体深层的精神生活的展演。"[1] 研究区域文化，民俗文化是必不可少的部分，但直到新文化运动之前，中国传统文化在结构上都有着难以动摇的等级秩序。与"高雅"艺文完全不同的是，"民俗"在其中属于最底层的部分，而其中"迷信"部分，更是为"不语怪力乱神"的士人阶层所不屑，只有猎奇式的片段性记录。

综上所述，这本书能以科学化、体系化的文献意识去加以记录，为日后的南宁民俗文化创造了一个良好的开局，也为后人借助文字资料还原彼时的民俗状况、把握其发展的历史脉络提供了重要的文献支撑。因此对今人而言，《南宁社会概况》这部分的记录具有双重价值，既在内容上具有历史价值，也在记录方法上具有文献学价值。

---

[1] 陈勤健：《当代民间信仰与民众生活》，上海：上海锦绣文章出版社，2013年，第27页。

第八章

《南宁社会概况》所录丧葬仪式考释

无论古今，丧葬仪式作为送别古人的告别程序，一直都是人类社会文化重要的组成部分。包括南宁在内的广西地域丧葬仪式虽早在地方志中有所提及，但记录多是简略带过，并且往往只是从外来者的猎奇目光出发，专注于整个丧葬习俗当中的一个片段。比如清人吴震方所撰《岭南杂记》中所提的"民家拜扫后，墓上俱覆白纸，宗孙盛者，堆如积雪，清明尤盛"[1]。这种猎奇式、片段式的记录，无助于今日通过文献完成对彼时具体场景的追溯和还原。

　　而《南宁社会概况》里关于南宁丧葬仪式的内容，是目前可考的文献中，对具体丧葬仪式部分最为翔实的记录。并且与这本书中关于婚嫁仪式的部分一样，丧葬仪式部分也恰好记录了南宁乃至广西的丧葬文化从传统向现代的过渡段。这一段时期非常短暂，既有对旧习俗的改革，又与现代习俗有所区别。

　　《南宁社会概况》将南宁丧葬仪式分为始丧筹备、入殓、孝服、讣闻、吊奠、发引、安葬、丧葬费用、丧葬琐俗九个部分来介绍，涉及了三大内容，一是"始丧、入殓、发丧、安葬"的程序问题，二是丧葬的各种仪式习俗，三是彼时丧葬所需费用。这三部分内容把当时南宁市整套丧葬习俗和具体仪式较为清晰地勾

---

[1] [清]谢启昆修，胡虔纂:《广西通志》，南宁：广西人民出版社，1988年，第2777页。

勒出来，为后人留下了相对完整的史料记录。

一、传统与现实的纠结:《南宁社会概况》关于丧葬仪式具体程序的记录

神龟虽寿，犹有竟时。人虽为万物之灵长，也无法避免衰老死亡，走向自己人生的终结。死亡是一件让人颇感痛惜且庄重肃穆的事情。按照民间信仰的说法，死亡是一个转换的节点，标志着此生的结束，以及来世的开始。而作为唯物主义者，我们深知此即终点，人无来生，所以面对亲友的故去就尤其哀痛。

《南宁社会概况》简明扼要而相对完整地记录了南宁丧葬仪式的具体程序。按书所记，彼时南宁民众遇到丧事，首先按照习俗进行"始丧筹备"，"必备棺材，裁寿衣，布丧场，扎灵牌位及拜亭等，并请堪舆先生择丧日及安葬地，撰碑文，印讣闻，及制其他各种纸扎等物，以备入殓之用"。其次是"入殓"，先与死者举行最后沐浴，着寿衣。儿女媳妇等亲手扛死者尸体入棺，同时烧炮鸣锣。接着是发讣闻，除了在报纸上刊登，还另印"白纸蓝字"讣闻，分送亲戚朋友以告知。此书提到:"寿衣数件以单数为准，如七、九、十一等，普通以衣七裤四为多，质料各色均有，富者多用绸缎官服，棺木多油桔黄色，内铺牙灰、沙纸、白布等。"这段记录非常宝贵，因为南宁市的民俗至今强调"喜事用双数，白事用单数"，所以寿衣数件可以猜测而出，至于民国初期的棺木里的垫层是何种质料，由于1949年后基本用火葬，此习俗早已消失，因此从日常生活中已不得而知，幸有此文献才得

以管窥。

由于"孝服"侧重仪式性，而且费资不高，因此被相对详细记录在正文中："凡遇丧事，为子女者，皆身穿白长衣，套粗麻无边大络背心，孝子头戴麻帽，足踏麻鞋，孝女则头包麻布，为孙者，亦皆身穿白长衫。有边黄麻背心，但男孙头戴白帽，女孙头披白长布，曾孙均穿白短衫，玄孙挂长白带，其他亲友来吊祭者，各给白孝巾一条，扎于头上（近来间有改用手缠黑纱者）。"根据此书描述，南宁的"披麻戴孝"具体样貌与中国其他地区并无太大差异，但其思想史料价值在其括号内所述内容：此处已展现了南宁乃至广西的新旧丧葬文化之交替，旧式的"披麻戴孝"开始向现代仪式的"缠黑纱"过渡，只是这种现代仪式还只露出端倪，暂时未能占据主流，故而编者标注是"近来间有"。

第四步是"吊奠"。此书提到："凡丧家于开吊之日，须举行家奠礼三次，即上午一次，正午一次，下午一次，至出殡时再行离堂祭礼一次，事前派定司仪人员依时举行（注十九），各戚友于是日前来拜吊，亲戚多在日间，朋友多在晚间。"这里提到的一些习俗今已不存，比如三次奠礼，以及戚友拜吊时间的昼夜之别等。

第五步为出丧"发引"。"出丧之日，由司理丧事者筹备出丧事宜。"然后依照其次序动身："灯笼、鼓乐，前行引路，挽帐、挽联、香亭、相亭、灵位，及送殡亲友在中，孝子及灵柩在后，依次排列成行。且以长白布两条，分系于灵柩杠左右，使二人各拉一端先行，送殡者在中，缓步送往葬地。"这里的记录颇简，出丧所用乐器和用曲皆所记不详，仅以"鼓乐"二字概括。而且出丧应伴以挽歌,此处也未载,以致今日无法得知其中所涉民间仪式性音乐的具体细节。

最后一步为安葬。此书载,逝者"棺木达葬地后,照堪舆先生所拟方向位置及时辰,放入所开之井内,称为'下葬'。"此书记录了下葬时的相关细节:"坟前立一石碑,上述死者一生事迹,生死年月日时及孝子等名字,坟上用青草皮砌成圆堆,是为"圆坟"。坟之四周各埋锡龙一条,称为'安龙'。"在下葬过程中,孝子等均面向地,以示不忍之意。"此日备筵席到坟前致祭,是谓'初次省墓',葬后二十一日,又至坟墓前烧纸钱,名为'三七'。至四十二日,为女及婿备酒菜到坟前致祭名为'六七'。"

值得注意的是,此处关于丧葬仪式具体程序的记录,相对比较简略,基本上是一笔带过。原因或包括两个方面。一方面,中国民众往往有避讳丧葬的倾向,故而丧葬方面趋简而述。另一方面,也是编者潜在目的的体现。彼时"新桂系"希望简化丧葬仪式,便于节约社会资源以推动社会革新。

相对中原和江南地区而言,广西的婚丧嫁娶在排场上已经较为精简,但相对广西匮乏的财力而言,仍然过于奢侈。农村地区常有人家因为办丧事而负债累累,甚至倾家荡产,有"生可省,死不能省"之风,即婚礼可以简办,但葬礼一定要"风光"大办。明嘉靖《南宁府志》就曾言本地"婚姻甚简,丧祭过奢"。[1]"新桂系"推行移风易俗,就必须破除这种根深蒂固的陋习,于是决定了这本《南宁社会概况》在相当程度上刻意以白描式的言语来

---

[1] 胡朴安:《中华全国风俗志》,北京:气象出版社,2013年,第360页。

记叙南宁的丧葬仪式。

二、慎终与耗费的取舍：细节性记录的思想史追溯

在介绍了南宁丧葬仪式的具体程序之后，此书特意提到丧葬费用问题。编者按照贫富不同，细分了"富户""普通户"和"贫户"三种。"富户"仅棺木，即费"约值毫币二百元至五百元"（毫币，即当时的广西通用货币"毫银"），寿衣又"约八十元至二百元"，再加"筵席以及其他杂费约五百元以上，总计两千余元"。而"普通户"总计"约八十元至二百元"，至于"贫户"则"贫穷之家，为数仅百数十元而已"。

作为直观的对比，依据同在此书中的统计，南宁普通人家平均每人每月膳食费毫银六至七元，上等人家则九至十元。工人的青蓝土布衣，每套均二至三元。"富厚人家"的夏绸冬绒每套在十元以上。那么"富户"千余元的丧葬花费，乃是彼时南宁普通人家一个人近14年的膳食费，足够普通工人购买290到390件衣服。即便是"富户"本身，一次丧葬费用也相当于一个人约17年的膳食费，耗费太过奢侈。相比之下，今天南宁市一次简约的丧葬费用是六千元，豪华的为三万左右，对比南宁市工薪阶层的收入，简约的相当于一人一到两个月的收入。而今日南宁普通人一个月餐费约九百元人民币，如果简单地按照膳食费比价，彼时南宁普通人家一次丧葬费用可粗略相当于今日几十万元人民币的花费，的确是20世纪早期南宁人民的沉重负担，占用了大量本

可投入社会生产的社会资金。如果不革除这一陋习，必然影响广西社会经济各方面的发展。这也就解释了为何此书编者要特意以如此简略化的言语来概述本该详细展开的丧葬仪式过程。因为作为一本官方编订的书籍，如果直接叙述这些社会旧习，在那种特定社会环境下必然产生不良的影响。

然而如前所述，编著此书的乃是当时的知识阶层，而且恰好处于北大倡导广泛收集中国民间歌谣、习俗、实物等文化遗产之风潮正甚之时，面对收集到的这些南宁丧葬文化资料，编撰者当然不舍得因为"政治正确"的缘故全部删去。今人也幸而因为20世纪30年代这些编撰者做的安排而从"备注"以及"迷信"一节看到相关史料。由于时代的变迁，这些习俗大多已消失，关于它们的口述记录也大多失传，因此《南宁社会概况》里关于南宁丧葬仪式的内容可谓弥足珍贵。

此文的"注十九"是详注，其中记录了"新桂系"治下广西这段时期的"奠礼"仪式过程：（一）内静外肃；（二）行早午晚奠礼；（三）击鼓三通，鸣金三响；（四）奏大乐；（五）升炮；（六）众孝等哀离丧所；（七）执事者各司其事；（八）主祭者就位；（九）陪祭者皆就位；（十）迎灵，鞠躬举哀，哀止；（十一）奏小乐；（十二）匍匐，九稽颡，兴；（十三）行盥洗礼；（十四）行上香礼；（十五）行三献礼；（十六）读《蓼莪》者就位，宣读《蓼莪》首章；（十七）行亚献礼，宣读《蓼莪》次章；（十八）行三献礼，宣读《蓼莪》三章；（十九）孝媳出帷，献茗茶；（二十）读哀词者就位，宣读哀词；（二一）行侑食礼；（二二）行绕棺问安礼;(二三)行望燎礼;(二四)礼毕,众孝等哀回丧所。[1]

这一注解完整记录了彼时正式葬礼的流程(当然,这主要是中等以上经济收入人家才能完整施行的流程。贫穷人家无法如此规范,往往草草了事)。这里面较为显眼的特征就是新旧混搭。其中的"鞠躬举哀"是现代式的礼节,今日的告别礼就是鞠躬致以哀意。但鞠躬之后,随即又"匍匐,九稽颡",这又回到了古礼的范畴。这种混杂着旧式传统和新式仪式的习俗,构成了一种奇特的场景,彰显着这段时期丧葬文化的过渡性。

按照今日的模式,实际上人为将传统丧礼分成了两部分,一部分是在殡仪馆,按照现代追悼会的模式施行,另一部分则在告别厅之外,或者在家中,按照传统的仪式进行。比如在告别厅不得点香,于是传统习俗中原有的"上香礼"(即点燃香烛)和"侑食礼"(即向逝者敬献茶、酒、饭、菜)等被挪到他处进行。至于传统葬礼中必不可少的"望燎礼"(即将祝文放进火盆内点燃,以示把祝文上达于天)在南宁已经变异,古人认为一定要通过祝文才能将声音通过文字上达于天,但现代人简化了此程序,认为

---

[1] (1)击鼓鸣金,源自军事用途。击鼓表示前进,鸣金表示收兵,此处用以向参与人群表示礼仪的开始和结束。(2)稽颡是屈膝下跪,叩头时额头触地的一种跪拜礼。拜在古代是两手合于胸前,头低到手的一种礼节,后世发展为两手着地的大礼稽颡再拜。(周兴嗣原著,钟书主编,碧容注译:《千字文》,上海:上海大学出版社,2018年,第188页。)(3)蓼莪,即《诗经》里的《蓼莪》,用以悼念父母恩德,抒发失去父母的孤苦和未能终养父母的遗憾。(祝秀权:《诗经正义》,北京:三联书店,2020年,第550页。)(3)望燎,是祭祀最后一道程序。按大祭礼制的规定,每次祭要焚烧纸和金银箔。烧祭时主家人要站在"望燎位"上观看,以尽孝道,该仪式即"望燎"。(周密著,蒋文娟编著:《武林旧事》,合肥:黄山书社,2016年,第12页。)

一边烧纸衣、纸钱,一边喃喃念叨,就能传达给另一个世界。"盥洗礼"也发生了变异,在此书里,盥洗是在"稽颡"完成之后,行上香礼之前进行,但南宁现代追悼会模式,是在完成告别仪式之后,走出告别厅,在装有柚子叶的水盆里洗手,以示与逝者就此作别,因柚子有"护佑子孙"之意,故而盥洗也有祈福意涵。这里比较可惜的一个部分,是宣读《蓼莪》习俗的消失。《蓼莪》是诗经中的悼亡诗,"蓼蓼者莪,匪莪伊蒿。哀哀父母,生我劬劳",洗练地表达了父母养育自己的功劳,以及父母恩情难报的痛惜。这一部分在现代追悼会模式中已被去除,其实这部分可以部分保留在追悼会之中,作为对传统文化的继承。

在此节的第九部分,以"丧葬琐俗"为名,介绍了部分彼时的丧葬习俗。这部分是介于"民俗"和"迷信"之间的内容,与之前的丧葬仪式流程以及其后的"迷信"部分的内容都有所区别。

一为"含银鱼"。此书介绍,所谓"含银鱼"是将一或三条银制鱼放入死者口内,希望后人富有余裕。经笔者向前辈请教,此习俗在20世纪30年代实际上就已式微,现在健在的老人多不知道当时有此习俗。随着现在火葬制度的普遍实行,更让此习俗变为历史。倒是另一个类似习俗,远比此书记录的"放银制鱼"更普遍,那就是放生米。至今在南宁的那些笃信民俗的家庭,还会请来"道公佬"协助完成整套悼亡祭祀仪式,其中就包括请"道公佬"于死者口中放生米,寄寓死者到另一个世界时不会挨饿。

二为"钱串幡"。此书介绍曰:"钱串幡又名冥钱,是一串钱之意思,已嫁之女子,遇其父母伯叔死亡时,必焚烧一串以报父母伯叔之恩。"此处记录似乎与现实有所出入,彼时的编者可能把"钱串幡"与"钱串"搞混了。"必焚烧一串以报父母伯叔之恩"的应该是"钱串"而非"钱串幡"。"钱串幡"现在在南宁市甘棠街还有卖，这个是跟"招魂飘"类似的冥品，以一到数串纸质金元宝、银元宝和五彩条制成，用以显摆"我们家有钱"。除了纸质金元宝、银元宝，冥币还需另烧。新潮者喜欢购买那种将人民币、美元等原图拼改而成"天地通用""冥府通用"的冥币焚烧祭祀。传统者更倾向于烧几叠黄镪纸，他们认为冥府"不认"这些人民币、美元图案变造的新潮"冥币"，而他们推崇的黄镪纸其实模仿的也是现代钞票出现之前的中国传统纸钞。精致的黄镪纸会戳记金钱纹，而一般的则在这叠黄镪纸上戳几个孔就草草了事。

三为"粮食罐"。灵柩停家时，灵前置瓦埕二只，名为"粮食罐"，每日供奉之饭菜，尽倾入埕内，埋葬时，将埕放在棺旁，一并掩埋。此习俗在被记录的时候就开始式微，这种浪费粮食的仪式被改为另外一种至今通行的方法：将祭祀逝者的每一碟菜都用筷子挑一些出来，作为祭祖之用，其他的还是由逝者家人食用。唯酒水会一倒而尽。

四为"锁财"。当棺材入家时，用铁链锁在门根处，名为"锁财"（其意谓财已入门，将其锁住，将来必定财源广进）。由于火葬的普遍实行，此俗早已消失。

五为"子孙钉"。死者入殓后，用铜钉一条串以红绿绸缎数块，插在棺盖上，名为"子孙钉"，出殡时，将钉传予其子或孙，以希世代繁荣。此俗今亦已消失。

六为"材底灯与路灯"。柩停在家时，放生油灯一盏燃于棺木下，昼夜不息，名为"材底灯"。又用红绿纸制成碗形之纸灯，于出殡前夜沿街燃放，名为"路灯"，是使死者灵魂不致迷失路途。此俗今亦已消失。

七为"灵桌"。即"灵前放单桌一张，上放死者遗像及灵牌、香炉烛台等类"。此书所谈甚为简略，实际上据笔者所知，悼亡仪式之后，灵前临时"灵桌"就会撤掉，但并非完全撤除，而是移入"供柜"。此书只谈到临时性的"灵桌"，未谈及"供柜"。按道理，每家都应有一处地方设有神龛。但家中能供神龛者，说明其家里空间颇大，现实中的南宁民居多逼仄（南宁市民直到改革开放之后才陆续住上现代的大房子），很难有专门一块地方常设神龛。因此，在实际生活里常有变通之法。昔日南宁的民众家里大多有"供柜"，即在家中寻一位置（一般是在大厅）的木柜，同时具备几种用途：柜子的上半部分设置一个专门空间，用以供奉神像和祖先相片，逢每月初一、十五都上香及供奉酒水；柜子的下半部分或放碗碟筷子当碗柜，或放衣服当衣柜，但一般用作杂物柜，以免对神灵和亡者不敬。此习俗在笔者儿时仍颇为多见，但现在已鲜闻。

在传统南宁房屋空间结构里，生者和逝者是共处关系，逝者通过神龛或"供柜"与生者保持精神联系，但现代南宁房屋是生者独处空间结构，逝者不再有象征性符号（如果盘、香烛供奉的遗像）停留在房屋中。这是时代的进步，但从精神联系上看，这种改变多多少少让传统民俗意识跟现代社会发生了断裂。

八为"灵对"。即"灵前悬对联一首，横额一块，由女婿或外甥挽送名为'灵对'"。"灵对"于今仍存，作为挽联悬挂在告别仪式大厅，一般是白底黑字，外裱蓝纱布。不过殡仪馆人员制作日益马虎，白底本应用宣纸，墨水需用浓墨，但现在往往随便用廉价的学生练字墨水往普通打底白纸一写，晾干后即用订书机钉在粗制蓝纱布上了事。

九为"芦棒"。用芦根节成手棒，每根长二尺，上粘黄白色纸，孝子均须手执一枝，殡葬后，放于坟旁，以为奉侍。"芦棒"为古制"杖"的演化，俗称"哭丧棒"。民间传说棍棒可以驱鬼，故而孝子持杖开路，为的是驱散沿途的孤魂野鬼。自己亲人新丧为鬼，孝子怕众旧鬼欺生，故持杖为新丧的亲人立威。此物自古流行，但今在南宁已经鲜见。

十为"烧纸屋"。即"埋葬后，将纸扎房屋一座，在坟前燃烧"，意冀使先人之灵魂在另一个世界不受无房之冻馁。此俗今日仍盛行，南宁甘棠街里各式纸屋一应俱全，除了纸屋还有纸电脑、纸轿车等。1949年后，去世者的骨灰一般存放在南宁市火葬场。后南宁市人口愈多，原本在市郊的火葬场逐渐被民居包围，于是火葬场搬到七塘，原址变为殡仪馆。殡仪馆原辟有墓地，但不够用，又有另一南宁市郊"青龙岗"为墓区。南宁还有一片地方叫作"四厦岭"，自清末就陆陆续续有民众将之作为墓地使用，笔者外公即葬于此。昔日四厦岭墓地并不大，被鸡村包围，四下为荒野之地。但这几年来，四厦岭野墓地被承包为专门墓区，而四厦岭周围的荒山野岭也已被开发商辟为高楼大厦。每到清明祭拜时节，笔者站在这鳞次栉比的大厦之间，不禁有"那些被人们烧掉的纸屋，如今全从地里长出来了"之感。

十一为"偷寿碗"。若死者寿高而子孙满堂者，当家奠之日，必邀请亲朋斋饭，饭后各人便窃取饭碗等物，名为"偷寿碗"，预祝此后定可多福、多寿、多男子云。此俗因其俚鄙，也已消失。不过在彼时，此俗在一定程度上可以冲淡死者家属的哀痛，故而还是有可褒之处。

十二为"功布"。据此书所载："灵前悬挂白布两方，每方长约三尺，上书'功布'二字，名为'功布'。"在传统丧葬仪式中，根据居丧者与死者关系的亲疏，所穿衣服也有所不同。其中大功、小功合称"功服"，因所用布料经过加工，比斩衰、齐衰所用粗麻布要色白质细，故称"功服"。"功布"则是将白布悬挂在灵前，此俗为传统汉族习俗，中国各地都有，只是南宁本地还会专门在白布上写上"功布"，显得有些奇特。

除了前述"丧葬琐俗"，此书还另辟有"迷信"一节，借以记录"回煞""行七"等被认为属于文化糟粕的迷信概念。

每一种叙述背后，都有特定的意识形态考量。这种意识形态不仅出现在"在场之处"，也隐含在"不在场之处"。结合彼时社会背景，细细分辨此书所叙述文字，可以发觉它有一个特点：凡是丧礼中花费高的或者涉及最需要革除的传统迷信的项目，恰恰是此书所谈最少的部分。比如最耗费钱财的"始丧筹备"，此书仅以"备棺材""布丧场"等寥寥数字概括，而更加隆重的出殡（"发引"）亦仅以两行字白描，仿佛"路祭"之隆重和繁复在南宁丧葬文化中不存在一样。在"寿衣数件""孝服"形制等相对琐碎的事情上，编者反而所谈甚详细。至于安葬部分，其中"择穴"一项在此书中被刻意淡化，实际上此处恰恰是既耗钱耗时，同时又是中国风水迷信糟粕最集中、最根深蒂固的部分。"择穴"

之烦琐，从晋人郭璞所著《葬书》即可管窥，从地势到砂形无所不涉及，生硬地把前人墓穴与后代命运联系起来。"新桂系"时代的编者在编撰此书时，秉承的乃是强烈的"移风易俗"的意识形态，但又非常巧妙地以润物细无声的低调手法，不露声色地让自己的意识形态目的在字里行间流露出来。今日观之，仍不能不佩服他们的匠心独运、用心良苦。

结语

古往今来，中国人在丧葬问题上都有着矛盾纠结的心态，一方面，如果葬礼不举办到一定的程度，就难以让对逝者的哀悼具有庄重的仪式感，另一方面，要具备仪式感，又往往很容易陷入劳民伤财的陷阱。如何在传统乡土社会中把葬礼办得既具备仪式感，又不失之于铺张浪费，在两者之间拿捏是颇考验智慧的。"新桂系"政府试图建立"模范省"，完成对广西全省区域内的广泛社会动员，就必然对广西传统丧葬文化这一痼疾开刀。因此我们看到了《南宁社会概况》把丧葬仪式分成三个部分叙述的奇特章节安排。此书本为介绍当时南宁市社会状况所编，但由于其开创性和史料记录的稀缺性而为南宁乃至广西的民俗文化留下了宝贵的历史记忆。细研此书所载内容，既可还原诸多早已消失的民间习俗，也在此过程中触摸到彼时编者复杂微妙的心态，以及此书编撰背后风云变幻的八桂历史大背景。故而重研此书，具有相当重要的历史和文化意义。

第九章

《南宁社会概况》所录婚嫁仪式考释

在传统中国社会，婚丧嫁娶是人的一生当中最重要的部分。与此相应的是与之相关的民俗仪式，这些仪式性的活动曾经是民众日常生活中非常重要的组成部分。但是随着时代的发展，特别是现代社会的逐步成型，这些农业时代的仪式性活动逐渐从日常生活中消失，逐步成为历史。关于南宁的婚嫁风俗，特别是具体的仪式，在民国以前的文献中不是一笔带过，就是笼而统之的概况。清嘉庆五年（1800年）谢启昆修，胡虔纂的《广西通志》作为集大成者的文献，涵盖几乎历朝历代关于广西风俗的记录，然而从唐到清，关于广西婚嫁仪式的记录只有十几个字，关于南宁婚嫁仪式就更鲜有涉及。

在《南宁社会概况》里关于南宁婚嫁仪式的记录之所以非常珍贵，是因为其稀少性：书中关于本地婚嫁仪式的详细记录之前从未有过，而由于此书所提到的婚俗在1949年后迅速被新的风尚覆盖，特别是21世纪初移动互联网时代来临之后，随着社会现代化逐步加深和节奏加快，这些农业时代的婚嫁仪式彻底失去土壤，化为历史的记忆。快节奏的生活促使一切能简化的仪式都尽可能简化，农业时代繁复、缓慢、费时的婚嫁仪式在现代社会几乎没有存在的空间，即便有人提倡，至多只是个别人的复古实践而已。因此这段文献实际上恰好记录了旋即消逝的新旧过渡的一段，具有重要的审美和史学价值，对之加以细化考释，对了解广西的区域文化有着重要的价值。这本《南宁社会概况》里关于南宁婚嫁仪式的记录，在某种意义上已是所谓"前无古人，后无来者"，前面是有风俗而无人记录，后面是风俗已经消失。按照此记录，南宁的婚嫁仪式包括：求婚、订婚、送聘、催妆及铺床、过礼、迎娶仪式、结婚仪式、成婚后之各种礼节这八个部分。本文在此加以分步考释。

一、"求婚"程序记录

《南宁社会概况》提到，普通男婚女嫁多由媒妁介绍，父母做主，当家中男子到了十七八岁，女子长至十五六岁，男女方的家长便开始托媒妁向各方为子女征求配偶。在这段记录里，可见当时青年男女自由恋爱的风气尚不流行，子女婚姻还处于父母包办。在父母包办的婚姻当中，选择对象的内容包括几个部分："首重门第相当，次重年龄相若，再重才貌双全。"这里的"才貌双全"多半有理想主义的成分，毕竟社会上还是普通人多，才子佳人更多只存在于戏剧当中。在父母看来，"门当户对"是最重要的，所谓"凤凰须将高枝占，官人不攀草鞋亲"，即便子女可能已有意中人，芳心暗许，然而如果门第不相当，那么这段美好的感情也将以悲剧告终。新文化运动力图冲决的，就是这种戕害人性的封建婚姻制度，让青年男女获得个性解放、婚姻自由。

不过，辩证地看，中国现代婚恋文化有过一段反复的过程。新文化运动之后，为了推倒旧制度，年轻人们往往采用激进手段，包括婚恋在内也有些矫枉过正。后来事实证明，这些昔日的年轻人只为两人感情"生出火花"就在一起的行为，留有很大的感情隐患，他们的婚恋也往往并不成功。结果在20世纪三四十年代，父母做主的旧习又开始部分回潮。到了现代社会，如果不特意以封建婚恋意识来强调男女双方的家境之类，其实门当户对仍颇为重要。这种门当户对不是指门阀对等，而是青年男女几十年的成长过程都是在特定家庭文化氛围中度过的，不免要被这种家庭文化氛围同化（至少是耳濡目染，习以为常）。如果两个人家庭文化氛围差异太大，婚后又不认真对待、耐心磨合，恐怕最终只能以破裂为结局。此书强调的"年龄相若"也是有道理的，虽然"只要有爱情，身高不是问题，年龄不是距离"，但如果男女双方年龄差距太大，成长时代不一样，婚后沟通恐有"代沟"。

《南宁社会概况》还提道："求婚手续，若男家尚迷信年庚者，便将男女八字，交相命者推算，如双方八字相冲，虽适合上列条件，亦当废之；女家则不问男命如何，只求适合上列标准而已。"此处提到的，乃是一些封建迷信家庭不但强调"门第相当"，而且还迷信"生辰八字"，按照天干地支，婚姻搭配需避免所谓"相刑""相冲""相害"，而追求"相化""相合"，遇到所谓"八字不合"，特别是认为女方"克夫"之类，则不能娶。从古至今，这种迷信思想不知道坑害了多少青年男女。而且这里面除了具有封建迷信的恶劣意识，其上还加着一层强烈的男女不平等意识：只有男方可以对女方提出要求，反之则不然。

不过《南宁社会概况》此说并不完全准确，实际上控制着这种男女不平等的是家庭背景。如果女方是门阀世家、商贾富豪，其对男方也同样挑剔。"八字相冲"对普通民众而言颇为复杂，在趋简去繁的民间文化里，往往演化为更简单的"属相相冲"迷信。如属龙不宜与属虎的相配，以免犯"两虎相斗"忌；属羊不宜与属虎的相配，以免犯"羊入虎口"忌；甚至还有属羊不宜与属牛的相配，因为犯"四角相抵"忌。这种迷信直到随着改革开放深入，中国从乡土社会向现代社会转型之后，才由于文化土壤消失而真正退出历史舞台。

介绍完这些婚俗之后，《南宁社会概况》特意强调自己罗列的"均为旧式求婚情形"，如今"则自由恋爱，文明结婚，亦甚普遍矣"。这句话的加入，实际上"政治正确"的成分更多。因为两广人自古笃信巫觋之术，积习甚深。虽然此书出版时已经是1937年，距离新文化运动已去十余年，"新桂系"政府强调"移风易俗"的运动也在如火如荼开展之中，但1949年后各地的地方志和还健在的老人家都提到，广西在很大程度上仍然被旧思想、旧意识掌控，特别是这类上千年来渗入民间文化土壤、自下而上的习俗，就更难以通过一两场自上而下的文化运动来涤除，而需要通过对新一代的科学文化教化来洗涤旧日愚昧风俗。南宁作为商贾汇聚的省会城市尚且如此保守，广西其他乡镇的状况可想而知了。只不过此书编者有"新桂系"政府的官方背景，为了强调"移风易俗"的成功推行，故而特别提到这些习俗都是过去式了。

二、"订婚"程序记录

旧时婚姻为表示郑重，要增加诸多有较强仪式感的内容。结婚并非如今日现代婚姻一样领结婚证就完成，而需要有"订婚"这一前置程序。男女双方在对照条件，认为对方满意后，即进行订婚。其仪式甚简单,由男家备"敬求台允"四字之小贴及庚谱各一(内写男子年庚及"天长地久"四个字),并备槟榔数斤、金镯一对或金戒指一对,由媒妁送往女家;女家便复"谨遵台命"四字之小贴及庚谱(内写女子年庚及"山盟海誓"四个字),并备果品饮食及小鸡一对,眼镜袋、子孙袋各一,送回男家,是为"定婚"。

原本南宁人的婚礼即相当简单。据《金志》所提,广西人婚礼尚简:"婚聘不重财,用槟榔、猪、酒,遍分亲族。客至茶罢,进以槟榔。病事祈祷,丧尚浮屠。葬或叠石以围其旁,祭祀随所有,陈设无一定之数,精洁不及中土。大抵俗尚简陋,衣服不尚绮罗。富厚之家遇吉礼,则一般之村民,竟毕生不一见者,饮食惟果腹,宴会止鸡豚常品。屋宇用砖木,或用竹为栋、为楹、为柱、为瓦,然不坚固。外此则茅檐土壁,古风犹存。为士者一经自画,为农者不知盖藏,工则略习粗迹,商贾近在百里,未有远涉以求剩者。"[1]

到此书编撰的20世纪30年代末,正是"新桂系"大张旗鼓开展"移风易俗"运动之时。婚礼仪式如何既有仪式感,又不铺张浪费,在相当程度上是当时"新桂系"政府关注的问题。彼时"新桂系"政府从上到下都提倡俭朴,故而此书的婚礼仪式也趋于实用简单。

尽管如此,金器是南宁市乃至整个中国婚礼文化中必不可少

---

[1] [清]谢启昆修,胡虔纂:《广西通志》,南宁:广西人民出版社,1988年,第2779页。

的部分，今日年轻人追求美观，有白金等贵金属制作的戒指、手镯、项链等，但在老一辈人看来，黄金才是正统礼品。其中不但包含着对黄金价值的推崇，而且包含着"富贵荣华"的寓意。古人认为金玉可以"辟邪"，黄金身上的这些民俗内容是其他诸如白金、钻石所无法替代的。

在中国的民俗中，鸡鸣之后天就亮了，所以鸡被认为有"驱鬼""辟邪"的功能。女方送"小鸡一对"的风俗，也与此有关。按照旧习，这一公一母两只小鸡由女方送到男方家之后，需要养大生蛋了才能宰杀。至于"子孙袋"，今日知道的人已不多，这曾经是汉族婚礼文化当中必不可少的部分，寻常到这本《南宁社会概况》的作者都未曾介绍究竟何为"子孙袋"，然后今天"子孙袋"习俗又消失得无影无踪，以至于它成了南宁民俗史上的一块空白。据笔者询问老人，"子孙袋"乃是红色的布袋，里面一般装一些具有寓意的物件，比如红枣、花生、桂圆等。也有老人提到，还会在里面放入几枚"铜仙"。"子孙袋"主要是寄托父母对子女婚姻美好的祈愿：多子多福、家庭富裕等。而关于"眼镜袋"，笔者询问的老人皆曰不了解，认为"眼镜袋"并非婚礼的要件，可能由于当时眼镜价格较高，可以显摆而流行过一时，但随后就消失了。

此处需要特别指出的是槟榔。据文献记载，槟榔曾经长期是广西重要的特产，到晚清和民国初期仍然长盛不衰，还因此引发外省来人的好奇而被他们当作奇闻轶事专门记录下来。但奇怪的是，具有如此悠久历史的嗜食槟榔习惯在1949年后忽然就终结了。在南宁市这个曾经到处是嚼槟榔者的地区，如今嚼槟榔反而被认为是外地人的习惯。我曾多方询问老人关于嚼槟榔习俗消失的原因，被询问对象都说不出个所以然，只是回答"也不懂为什么就不吃了"，并将原因归为"没人生产制作了""味道不好"等因素。

三、"送聘"程序记录

按照《南宁社会概况》的记录，在男女订婚后，经双方认为应结婚时由男家择定结婚日期，通知女家。在婚期前一月或二十日左右，男家备办猪肉、羊肉、猪肚、猪肺、鸡、鱼、酒等礼物及红帖（帖内写明催妆、铺床、迎亲等日期）、庚察（谱里写明天长乾造某年某月某日某时建生）、红绸一块，莲子、花生、枣子等，由媒人乘轿送往女家；女家即将糖糕、粽子、糖片、绿豆、糯米、绿绸一块及名帖、启书、庚谱等（谱里写明地久坤造某年某月某日某时建生）回答，名曰"送聘"。是日男女两家均设筵宴亲朋，俗称"吃送日子酒"。

旧时男女婚配有对应的礼仪，这里就提到了送聘的程式。先由男方选定具体结婚日期，然后置办礼物和文书（红帖、庚察）交给女方，女方回礼，双方均设筵宴亲朋。马林诺夫斯基曾言："一切社会思想，不管激进的或反动的，同样都被一个迫力所渲染。"[1] 同理，婚姻原本只是夫妻两个人的事情，但具有仪式感的

---

[1]〔英〕马林诺夫斯基著，李安宅译：《两性社会学》，上海：上海人民出版社，2003年，第300页。

婚礼流程会让婚姻显得更为庄重，众多亲戚好友参加的婚礼实际上产生了一种"周围人的迫力"，促使夫妻双方以更加审慎的态度对待婚姻。

这里"送聘"环节存在男女两家对应的民俗内容，包含朴素的民间美学思想。男方家备办的猪肉、羊肉、鸡、鱼、酒等属于常规礼物，以示本身家境富裕，通过礼物暗示对方嫁给自己之后能衣食无忧。猪肚、猪肺在南宁婚俗当中有文化意味，送猪肚的寓意是夫妻双方日后互相包容，送猪肺的寓意是夫妻双方要能贴心贴肺。至于莲子、花生、枣子，则采其"连生贵子"多子多福的寓意。

女家将糖糕、粽子、糖片、绿豆、糯米等回送，亦带有民俗寓意。糖糕、糖片二者，以"甜美"作为主调，南宁的大肚粽子有强调"丰腴"之意，合在一起就是祝愿日后的日子甜蜜富裕。绿豆、米（糯米、粳米）两者在南宁地区有特殊意味，代表"子孙后代皆食无忧"之意，至今在甘棠街以及四厦岭等地提供入土、迁坟等丧葬仪式服务的"道公佬"，把骨殖入土之后，还会在其撒上一把绿豆和米，既作为给祖先的食粮，也由此祈愿子孙能食无忧。

男方赠女方红绸，女方赠回绿绸，是应答礼节，在中国北方汉族地区还在延续。两绸皆有意味，红绸在仪式上有辟邪功能，色彩上寓意日后日子红红火火；女方的绿绸则含蓄表达自己是"清白之身"，而且青绿色是生命力的象征，故而绿绸还有"两情长青"之意。不过赠绿绸的婚俗在南宁并未延续，笔者询问相关老人（主要为生于20世纪三四十年代），他们都不知道有绿绸的存在，反而以为笔者在开玩笑。这或许意味着此风俗在被《南宁社会概况》记录后没多久，就因为时代变迁而走向消亡。这本书此处关于它的记录，既是首次，亦为最后一次。

四、"催妆及铺床"程序记录

据《南宁社会概况》所载，在送聘后距迎亲前一二日，男方会预备白面粉、红绳、面条等物送往女家，名曰"催妆"，即请女家准备婚姻，以免临时周章之意。男家并请两位"好命人"与新人安床，以祝新人多生儿女。

催妆时送白面粉，既是与之前送米相呼应，以示家中殷实，又有"想见你一面"的文化趣味。面条含有祝新人幸福绵长的祈愿，红绳则是图个吉利。"铺床"在文化里也有自己的意味。中国是农业文化，非常强调安定稳妥。士人阶层有"知止而后能定"的说法，民众也非常渴望过上得福避祸、安定祥和的生活。这在文化上表现为安土重迁，具体到民俗上，就有各种"安下"的仪式。建房子有奠基礼，婚礼的"铺床"则标志着这门亲事的奠基。

另外，此处所谓"好命人"，即夫妻齐眉、儿女众多者。此俗1949年后在南宁已鲜见，反而是另一个原本比较小众的习俗开始流行，即让"好命仔"到新人的床上打滚，把好运气滚到新人这里，让他们早生贵子。所谓"好命仔"，即父母无离异、家境殷实的男孩女孩各一名，有时也充当小伴郎和小伴娘的角色。

在人类早期的巫术意识中，"运势传递"是非常重要的一部分。先民认为好运会从"好命"者处往外扩散，而噩运也会如同疾病一样蔓延开来。南宁婚俗中的"好命人"习俗就是这种思想的延续。按照辩证唯物论，每个个体生命在各种偶然性和必然性的支配下都会有自己的人生道路，其中就包含许多不可控的因素。先民希望自己能通过某种方法来与神灵沟通，获得庇佑，或者避开灾祸，于是各种民俗仪式应运而生。中国一些处于社会上层的有识之士希望强调人的社会责任感和使命感，将这种巫术性质的思想加以道德改造，"祸福无门，惟人自召。善恶之报，如影随形""积善之家，必有余庆；积不善之家，必有余殃"之类，都是强调人可以通过"积善"的主观行为，去控制"运气"的发生发展。虽然这本质上属于古人的一种朴素愿望，但在客观上却可以促进社会道德的提升。

不过南宁"好命人"习俗有些复杂，它一方面有劝解夫妻和谐宽容，不要因为一言不合就家庭不和乃至离异，但另一方面，它也把失去伴侣、被认为"不可控"的人群（寡妇、鳏夫）排斥在外，造成实质上的人群歧视。因此在当下平等、宽容等思想不断进步的社会氛围中，"好命仔"风俗是否会消亡，还有待观察。

五、"过礼"程序记录

迎亲时男家即备猪肉、羊肉、饱饼、糖果、鸡酒、花烛等礼物，及礼目帖（帖内写所送礼物，以及"迎鸾之敬"四字）由媒人乘舆送往女家，名为"过礼"。女家即将妆奁由媒人带回（妆奁无论多少，但锡香案及锡高灯为必需之物），男家请"好命妇人"搬妆奁入新房陈设，至夕举行"打花烛""上号"及"发蜡"

等礼节。[1]

　　锡香案、锡高灯之所以被认为是必需之物，是因为这天要张灯结彩、燃亮红烛，需让红烛的光芒照亮房间，才能让全家顺意吉祥。如前所述，"好命妇人"扮演的乃是"运势传递"者的角色，由她给新人带来幸福生活的开端。"打花烛"，即由"好命妇人"手持点亮的喜烛，照一遍屋内各处，以向神灵表示新人将至。"上号"，即将新人的名号牌子挂在厅堂，以示昭告天地。"发蜡"，是摆置好房内的龙凤花烛待燃。此书遗憾的地方在于因为此种"打花烛"等仪式在当时都是例行之礼，所以编者觉得没有必要详细记录，导致今人对此中细节难以追溯，只能粗略得知大概。比如，百色地区的"打花烛"往往是伴随着众人的歌声完成仪式过程的，而南宁市的"打花烛"具体流程究竟如何，这里语焉不详，留下空白。笔者询问老一辈人，不是回答"不知道"，就是说"无特别要求""走走过场"即可。或许彼时相对百色民众而言，南宁民众对仪式性内容没那么关心，于是就简化了许多。

六、"迎娶仪式"程序记录

　　《南宁社会概况》记录到，彼时迎接新娘，多在夜间一二时。迎接新娘有两种方式，如果新郎亲自前往迎接，名为"亲迎"，而让其他妇女代劳，则称为"接嫁娘"。若是亲迎，则备花轿、

---

[1] 薄饼，原文为"饱饼"，又名春饼，在粤文化圈里是祭祖、庆典常用食品。在民国初期的南宁，薄饼是出场率相当高的食品，但随后逐步淡出南宁市场。

客轿各一顶，提灯笼，打锣打鼓，燃炮为引路。媒人先乘客轿至女家，新郎穿长衫马褂戴礼帽，手持一红缎花，坐花轿随至女家，献"金花"挂"大红"然后回家。新娘穿红衣红裙，戴红花，盖红布，携折扇，乘花轿至男家。离别时，须对父母痛哭，以示笃念父母之意。

此书中记载了一段哭嫁词："爷娘！后园种条沙梨树，沙梨离子子离娘，娘的离女容易过，女的离娘痛肝肠。"这段哭嫁词颇有南宁本土特色，以南宁地区的特产沙梨为意象，讲述女儿离家嫁人的不舍。这段唱词很短，并非此书编者特意省略，而是由于地域和文化原因，南宁的哭嫁词更多为仪式性的，无法与山乡地区的长哭嫁词相比。笔者在广西隆林地区采风时，闻知当地有长哭嫁词，一些寨子在旧时有连哭三天三夜的风俗，为避免新娘体力不支，采用的是"好姐妹"轮流哭唱的形式。不过包括隆林地区在内的各地区，哭嫁词习俗现在已经处于实质性消亡状态。原因很简单，过去是封建夫权社会，嫁入他家几乎等于与娘家断绝音讯，特别是山寨之间交通不便，此去一别岂不断人肠。但现在是资讯发达、男女平等的现代社会，随时可以回娘家，离别之苦早已淡化，于是构筑在这种社会情绪之上的哭嫁词便失去了社会土壤。同理，彼时南宁城市很小，交通也很方便，虽然封建夫权社会还在，但在很大程度上已被商业社会冲击呈现瓦解趋势。20世纪30年代的南宁妇女回娘家也就是隔几条街的事情，哭嫁的情绪自然没有山乡民众那样浓烈，于是哭嫁词就显短。

七、"结婚仪式"程序记录

《南宁社会概况》在记录结婚仪式时,特别强调此仪式"甚为简单"。然后记叙新娘到时,即奏乐鸣炮、燃烛,由"好命人"扶新娘出轿,与新郎并立,向天神及祖先行跪拜礼,名为"拜堂",再进洞房行合卺礼。此书只白描式地记下概要,且在末尾再次强调:"惟近年青年多从文明结婚,其仪式简单。"这种反复强调,在深层语义上是在展示"新桂系"政府的"移风易俗"运动已见成效之意。实际上,相对陆荣廷的"旧桂系"政府而言,"新桂系"政府的主政者李宗仁等更具备现代文明素养,他们非常清楚落后意识给广西发展带来的阻碍,而且也很清楚他们的革新所需经费相当大,为了保证革新的推动,各方面都需要厉行节约。为此,他们还力图将节俭简化之风气推行到社会的每个角落,营造出全社会同心协力的氛围。虽然"新桂系"政府此举有其政治目的,但客观上的确对南宁和广西风气的扭转起到了正面的促进作用。

在《南宁社会概况》的"备注"里,保存着一段珍贵的史料,这里展示了此书编者(同时也是"新桂系"政府)力图打造的新的婚礼习俗——"文明婚礼"。书中列出这种新婚礼仪的合计十五个步骤:

(一)全场肃立。(二)鸣炮。(三)向党国旗暨总理遗像行三鞠躬礼。(四)新郎新娘相对行三鞠躬礼。(五)新郎新娘向证婚人行三鞠躬礼。(六)新郎新娘向介绍人行三鞠躬礼。(七)新郎新娘向家长行三鞠躬礼。(八)新郎新娘向来宾行一鞠躬礼。

(九)介绍人致词。(十)证婚人致词。(十一)家长致词。(十二)来宾致词。(十三)新郎新娘致答词。(十四)礼成。(十五)茶会或宴会。

据"老南宁"温松生先生回忆,在当时这种"文明婚礼"里,显著改变的是服装,即开始以男穿西装礼服,女披婚纱手持花来替代以往的传统红绸婚纱、女首披盖头的习惯。[1]

这里记录下的"文明婚礼"具体仪式具有过渡的性质,正好处于传统婚俗向现代婚俗的过渡期。在这种"文明婚礼"里,新婚礼仪几乎被简化到了极致。从好的方面说,破除了既往婚礼大肆操办的陋习,节约大量社会资金,避免了浪费,基本构架起了现代婚礼的雏形。今日包括南宁市在内的广西婚礼基本按照此模式进行。不过,由于政治因素过度渗入民间婚礼,诸如"全场肃立",先向证婚人、介绍人鞠躬,此后才向家长鞠躬等形式,未能与民间既有脉络直接接轨。民间婚礼最强调热闹,这种严肃拘谨、过于公式及简化的"文明婚礼",很难在感情上被民间普遍、不走样地接受。

此外,"向党国旗暨总理遗像行三鞠躬礼"实际上还包含着当时"新桂系"与南京国民政府之间的暗下较劲。蒋介石的南京国民党政府彼时号令全国,包括控制桂系所处区域,但又不好直接以蒋介石本人作为政治标识,于是改而以"国父"孙中山作为政治符号,实施"尊国父以令诸侯"的策略。而对应的是"新桂系"也不乏阳奉阴违的策略,对此便用顺坡下驴之策,借着隆重

---

[1] 温松生:《南宁婚姻旧习》,载《南宁文史资料》,1988年第2期。

的尊"党国"、尊"国父"之名，而回避尊蒋介石，表面遵从南京国民党政府，实际虚与委蛇。因此在"新桂系"时代，孙中山作为政治符号格外显眼，彼时的各种仪式性场合（如会议、婚礼等）孙中山形象无处不在，当时的书籍里，首页也往往先置"总理像"或者"总理训词"。大张旗鼓背后是政治博弈。

八、"成婚后之各种礼节"程序记录

据《南宁社会概况》记录："婚成后，翌晨，新郎新娘与主婚人及各亲属戚友行'拜三朝'礼，新娘以鞋袜等物敬奉翁姑，翁姑答以金戒指，各亲属戚友答以彩仪，继备烧猪、羊肉、猪肚、猪肺、鸡鱼、包子、盆面、茶叶等，礼物送新娘归宁，俗称'回门'，是日中午新郎乘轿至女家，回拜，下午四五时，又应女家之请，前往宴会，当宴会始时，承主婚人引导至宾客前行一鞠躬，名为'定席'。宴毕复行'辞席'礼，第四日复应女家之请宴，借此与各亲朋见面，名为'拜四朝'。"

今日的婚俗，婚宴结束之后，整套婚礼即告完成。但在旧时的婚俗中，还有成婚后的礼节，包括新娘与公婆、亲友的互动，以及带着礼物回娘家（"回门"），举办"定席"，以及第四日的宴请（"拜四朝"）。这些习俗对今天的人而言都颇为陌生，毕竟按照今日婚俗，洞房花烛夜之后新婚夫妇就开始了自己小家庭的自立生活，与父母完成脱离。但彼时新婚夫妇仍然住在大家庭之中，成婚后还有相应礼俗。这就是为什么彼时"新桂系"仅完成了对成婚前礼俗的简化，对于成婚后却没有设法革新。这种昔日必不可少的程序，现在时代转换中无须政策引导自己消失了，从中可见时代思潮力量之巨大。

另外，这段记录之中还包含了两个值得一提的细节。第一，新娘以鞋袜等物敬奉公婆，实际上有着象征意义。之所以用鞋袜等脚下之物而非帽子等头上之物敬奉公婆，所表达的是"别上下、立尊卑"的意味，敬奉脚下之物，才能表达媳妇恭谨之意，显示出上下之别。公婆答以金戒指，一方面是回礼，表达对媳妇之爱，另一方面长辈以金器赠予后辈，也有以权威身份将责任、义务委托给后辈的意味，这里面包含了一种习俗化、审美化的旧式伦常关系。第二，烧猪肉在粤文化中并非简单的食物。依据粤俗，新娘在婚后要回娘家，夫家回送的礼物是有门道的。如果回送烧猪肉，说明新娘为处女，既往能守贞节；但如果回送了烧鹅，即说新娘非处女，女家夫家均以为耻，新娘从此没脸见人。[1] 这种"处女情结"自是彼时封建思想的表达，随着社会进步、民众思想开化，送烧鹅之俚俗随之消失，烧猪肉成为纯粹的礼品，不再代表封建贞洁观念。

九、"婚嫁之费用"考录

婚礼花费一直是困扰许多人家的沉重负担。道光二年（1822年）的广东《阳江县志》卷一有载，曰："江俗婚嫁之费，动辄

---

[1] 龚伯洪编著：《广府文化源流》，广州：广东高等教育出版社，1999年，第294页。

逾千金,甚不惜破产以为美观。"[1]"新桂系"主政之前的南宁婚礼花费究竟为何,今已难考。但在这本《南宁社会概况》所录婚嫁仪式的最末,列出了明确的"婚嫁之费用"(均毫币计算),提到:"婚嫁费用,为数至巨,尤以婚者为甚,间有嫁者因富厚而费千金以上者有之,然为数较少;以聘礼言之,上等者约需五百元至七八百元;中等者约四五百元;下等者约二百元;而嫁者所送妆奁,多系钟瓶、箱、衣服、首饰、被、褥等,一切应用器具约值百数十元而已,此外酒席家具等费用,尤在近年物价昂贵之时,所费更增,虽酒席一项,每桌最低八九元,高者二三十元,故贫者亦需一二百元,中等者需四五百元,而富者需八九百元或千元以上不等。"

这里"贫者亦需一二百元"是何种概念?笔者对比了同在此书"一般卫生"的"饮食"条目,其中提到了当时南宁市的饮食花费,彼时贫困之家的日常饮食"非逢佳节,多不见肉"。根据当时统计,南宁普通人家平均每人每月膳食费毫银六至七元,上等人家则九至十元,下等人家需三至四元。在服装花费上,当时广西官员夏季浅灰色土布制服加军帽、布鞋为毫银五元,冬季加厚的为八元。工人的青蓝土布衣每套均二至三元。学生的灰色土布衫、黑裙每套毫银五元上下。[2]

根据《南宁社会概况》记录,"工业工人"之中,技术工人

---

[1] 毛立平:《清代嫁妆研究》,北京:中国人民大学出版社,2007年,第263页。
[2] 广西省政府总务处统计室编:《南宁社会概况》,南宁:广西省政府总务处,1937年,第88页。

工资相对占优势，最高者每月可得一百元，最低也有十八元。非技术工人则低许多，最高者男三十元、女九元，"艺徒"（即学徒）八元；最低者男二元、女二元，"艺徒"五角。男女收入差异除了性别不平等之外，也跟劳动强度有关，男性从事的劳动强度更大。在旧时的南宁，"艺徒"地位很低，因为被认为兼有投学因素，所以给工资最低。尽管如此，当时当工人还有其他福利，如膳宿费用由店主供给，店里年终核算如有盈利，店主还需给工人分红。1937年，南宁供水系统尚未全面展开，今日被作为文物的新华街水塔脚刚刚开始建设，故而还有挑水工人，每月工资六、七至十元不等。至于那些苦力（码头挑夫），则按照百斤每华里约铜元十五枚计算，大致每月收入在七元至未满十元者最多。[1]

照此对比，"贫者"的"一二百元"的婚礼开销，相当于其30至60个月的膳食费，10至20个月的收入。因此旧式婚礼所需花费着实过多，已经成为社会生活里的沉重负担。"新桂系"政府若想完成全广西的社会动员，则婚礼开销"为数至巨"的问题是横亘在发展道路上的绊脚石之一。

婚姻既是两个人的事情，也是两个家族和社会的事情。《南宁社会概况》编者带有"新桂系"执政当局面对新时代时的期许和焦虑，他们尝试通过对比新旧婚礼习俗，凸显新式婚礼的简约节俭，从而在舆论上树立新风俗的合法性和先进性，目标是将之推动为全社会的新风尚。

---

[1] 广西省政府总务处统计室编：《南宁社会概况》，南宁：广西省政府总务处，1937年，第93—95页。

综上所述,《南宁社会概况》作为文献具有双重价值,既留下了关于彼时婚俗的稀见记录,又可让后人一窥"新桂系"政府"移风易俗"运动的意图和成效,是广西文化史上非常重要的一本历史文献,给后人留下了珍贵的文化记忆。

第十章

《南宁社会概况》所录南宁本地童谣考释

在《南宁社会概况》里，记录着清末到1937年南宁市流行的童谣，收录合计十四首。通过这些童谣，可以从不同侧面发掘南宁民国文化史曾经的鲜活状态。昔日南宁的诸多文化记忆得以通过文字叙述的形式，历久弥新地出现在今人面前。

由于是代表官方的正式出版物，因此在意识形态的考量下，其中收录的童谣乃是经过选择后的部分，从中可管窥彼时"新桂系"官方所能接受的儿歌内容。实际上，这些儿歌如果完全不加选择而全部收录的话，南宁童谣那种原生的粗野形态会更加鲜明。因为编唱儿歌的作者多为来自街坊的好事者，文化水平和审美趣味往往不高，故而在南宁儿歌里，除了清新自然的部分，还包括对生理缺陷的讥讽，以及带有本地脏话的骂人之语，甚至还有一些涉及对官方的不敬，皆不堪入书，因此在选录时此类"不三不四"的儿歌自然要剔除，辑以"洁本"示人。

不过这些选过的童谣也包含许多非常有价值的信息，以供今人参考。比如，从文化地理学的角度考察，可以发现这些童谣大多使用"南宁白话"词音。这可侧面佐证在20世纪20年代南宁市主城区已经基本"粤化"。原先占优势地位的邕州官话此时日渐式微，逐步成为小区域的方言（比如只有南国街一带的居民方才使用）。

具体说来，如果对《南宁社会概况》收录的十四首童谣做文本分析，可以看到它们之间所带社会意识的微妙差别，也可以管窥当时南宁市的社会状况，还能还原一些业已消逝在时间中的南宁往事。这些童谣包括不同种类，如喜庆类、感恩类、历史类、劝诫类、叹世类、童趣类。

在十四首童谣中，前两首属于喜庆类：

（一）《贺元宵》：贺元宵，挂彩红，家家门前点灯笼，到处有人舞狮子，又有一处舞长龙，狮短短，龙长长，满街锣鼓响嘡嘡。

（二）《送年茶》：送年茶送到姊姊家，姊夫不在屋，得见亲家妈，一担年糕粽，一担米花糖，一个丫鬟担一担，冲冲撞撞转回家。

《贺元宵》一首，显然出自文人之手，讲究字句的对称之美，"狮短短，龙长长"，非常形象地把元宵舞龙舞狮的场景描绘出来。《送年茶》一首，则是从富裕人家的角度叙述事情，"一担年糕粽，一担米花糖"，对今日南宁市民而言并非多大的置备，但在彼时的南宁则不是一般人家所能支付的。此家还雇有丫鬟，就更说明了身家不薄。这两首放在其他童谣之前，或有更多文本之外的考虑。

（三）《长尾巴》：长尾巴，尾巴长，拜谢爹爹拜谢娘，拜谢爷爷养大我，拜谢娘娘喂奶浆，奶浆多系娘娘血，功劳大大费心肠，日夜烧天香，惟愿爷娘寿星长。

这首感恩类童谣里面包含了彼时若干南宁的民间习俗。首先是"长尾巴"，所谓"长尾巴"实际上是给孩童留辫子，有"延长保命"的含义。与辫子相对应的还有"脚锁"，给孩子佩戴银脚锁，寓意锁住孩子的性命，以免被妖魔掳去。当然，这类习俗并非南宁市所独有，其他地区亦存。此外，此童谣里面还有一句"奶浆多系娘娘血"，这里表达了南宁和许多地区民众的朴素心理，认为哺乳期女人的乳汁乃是由血液变成，婴孩在享用母亲的奶水时，实际上也在消耗母亲的血液。这一说法在现代科学面前显然是谬论，但对彼时民间社会而言，此说法却起到了引导儿童体会母亲辛苦和牺牲的作用，帮助孩子从小建立感恩之心，懂得自己的获得乃是他人默默付出的结果。

第四首历史类童谣比较特殊，它涉及广西的一个历史人物：

（四）《真阴功》：真阴功，朝朝睡到日头红，日头起来高三丈，床边晒到红曈曈，人人号我苏公保，算来人同命不同。

在原书中，编者为避免读者不知"阴功"为何意，特意在注解里提到是"不幸之意"。在佛教"因果报应"说影响下，中国民间认为人在人世时所做好事，可以在阴间记功。于是反推，认为现实遇到的各种不幸，也是因为自己所积"阴功"不够。粤方言地区在口语里保留了"阴功"这个词汇，用作面对糟糕状况时的感慨。与"衰"侧重表达所谓"时运不济"不同，"阴功"往往与人的道德品质有关，含有"缺德"的意义。这首儿歌提到的"苏宫保"，在本地就是个缺德者的典型代表。

此儿歌底下有注解，曰："按，清光绪年间有苏元春，字宫保，永州人，曾任广西提督，有芙蓉癖，终日沉迷于黑藉之中，吞云吐雾，更深始眠，日晏未起，军政废弛，时人日上三竿尤未起，则以此为喻，故有是谣。"[编者按：苏元春，字子熙，平乐府永安州（今梧州蒙山县）人，1889年被授予太子太保头衔，故称"宫保"，此注有历史错误。]

"芙蓉癖"乃吸鸦片烟之意；"晏"字，念"暗"，晚、迟之意，"日上三竿尤未起"，竿在旧时是计时单位，这里指太阳已经升得很高，苏元春还不起床。苏元春此人在清末民初臭名昭著，民国初有《贪官污吏传》特将他收录为"武职中之贪者"。此人在政治上颇受民国年间民众诟病，主要有两方面。一方面，此人私德有问题，《清史稿》说他"前后镇边凡十九年，阅时久，师律渐弛，兵与盗合而为一，蔓滋广"。此人经常克扣军饷，导致他手下的士兵经常劫掠百姓，周围民众对他恨之入骨。另一方面，此人是朝廷鹰犬，对内镇压太平天国、苗族人民起义时非常卖力，且作为中法战争时的抗法功臣，却在1899年时作为清政府代表签订了中法《广州湾租界条约》。时人本来就对苏元春憎恶至极，加上对清政府的愤恨，就更加迁怒于他。

此儿歌最后一句"算来人同命不同"最具民间色彩，一般文人版本的歌谣，必然以批判性的口吻收尾，但此儿歌末尾却是感慨："为何大家都是人，我们小民做么多好事却还是劳累受穷，苏元春坏事做尽却那么逍遥快活？真是命不同啊！"底层百姓每日受苦却找不到解脱之道，故而所编歌谣无论什么主题，往往都会转到对自身命运的感慨上。这首儿歌亦为典型之一。

这些童谣主要是劝诫类的，教儿童传唱这些歌谣乃是出于直接的教化目的：通过寓教于乐的方式，从小培养社会公民的正确价值观，强调要自食其力、勤奋干活，有志者还要多读书。在《南宁社会概况》里的这些童谣，可以见到其中不断出现吸食鸦片的阴影。这是因为当时南宁社会上吸食鸦片烟的恶习尚未革除，故而童谣编写者试图在这些童谣里给孩子灌输反对吸食鸦片烟的意识：

（六）《五兄弟》：五兄弟，四个识揾钱，大哥在家专种田，二哥贩鱼在塘边，三哥出门做生意，四哥养蚕又种棉，重有五哥

无事做，又懒又颓又吹烟。（吹烟，抽鸦片之意）

（九）《天呀天》：天呀天，娶个老婆会食烟，无事不把工来做，烟筒周日在唇边，一年打工无够用，一半充作买烟钱。

（十）《月光光》：月光光，映池塘，花棉被，照纱窗，明灯照，照绣房，明镜照，照梳妆，梳起蟠龙天大光，手拈梳盒轻轻放，莫来惊醒读书郎。

接下来的几首叹世类的童谣都与南宁旧事有关：

（五）《镇北桥》：镇北桥，起排楼，镇北桥下水长流，流到大坑神船头，神船有位水三界，三界灵，保佑人，保佑发财又添丁。

（七）《定定企》：定定企，卖沙梨，卖完沙梨卖荔枝，荔枝麻麻地，好似石榴皮，高大姐，撞跌矮细姨。

（八）《不嫁窑头》：有女不可嫁窑头，窑头有只南粉洲，地冻天寒落冷水，朝朝要磨木薯头，五更起来三更睡，做完南粉又看牛。

（十一）《嗳女乖乖》：嗳女乖乖，嗳女大大，大嚟嫁对海，龙眼荔枝担担来，买对线鸡七斤半，买对肥鸭口大开，家中钱银使唔尽，楼户几座又高台。

（十二）《麻雀仔》：麻雀仔，尾弯弯，做人媳妇实艰难，早早起身都话晏，恼着婆婆打一餐，打断三条苏木棍，解开一条红绣裙，裙上绣花千百朵，朵朵周围血淋淋。

第七首童谣中的"定定企"是南宁白话，即站着不动之意。南宁作为广西的交通枢纽，各种水果四季不绝，几乎每个月都有新鲜水果上市，杨梅、李子、荔枝、龙眼、芒果、柚子等，让人目不暇接。于是夸张地说，就是好吃得都不想走了，在那里"定定企",等待新鲜水果上市。这里提到的沙梨,是本地特产,与一般水分十足、细腻绵软的普通雪梨相比,这种外皮赤褐色的梨子肉质比较粗糙,内呈颗粒状,吃起来有些"卡喉卡颈",不好下咽。但本地人认为沙梨具有清热润燥、生津化痰之功效,故而仍然是自食和馈赠嘉友的好礼品。此外,南宁人还将沙梨腌制成"酸嘢",经过米醋浸泡多时之后,沙梨酸嘢味道颇佳,粗糙的肉质泡软之后别有一番风味。

第五首《镇北桥》涉及不少旧日南宁市的重要地点,这些地点今日已多被人遗忘。南宁市区内的蔬菜来自周围农村,民国初期没有如今这样的现代菜市场,进城农民往往是沿街叫卖。于是市区内的小贩在农民进城的主要路口等待货源,先向农民进货,然后进城销售。镇北桥附近有个"鸡行头",因彼时各地村民用扁担箩筐挑鸡鸭等农副产品来此聚集而得名。今日华强路仍然是南宁市最重要的小商品市场,这是有历史渊源的,民国初期这里就已经成行成市。此儿歌开头里的"镇北桥,起排楼",说的正是彼时镇北桥一带由于商业活动兴旺,带动当地经济,新的楼房陆续建起的场景。

鸡行头、神船头、沙井头,旧日合称"三口"。此儿歌提到的"大坑神船头",即朝阳溪这条黄金水道一段重要位置。"神船头"位于今大坑口至水街菜市之间靠邕江河边处。据说古时此河段中有艘庙船,里面供奉有"水三界神",被认为非常灵验,"三界灵,保佑人,保佑发财又添丁"之意即在于此。[1] 由于民间信

---

[1] 碧峰廖:《记建国前南宁的"皈依弟子"》,载《南宁文史资料》,1994年第8期。

仰根深蒂固，虽然"神船头"的旧事早已被南宁市民忘却，但那附近至今仍然被认为是好风水聚集之地。原"神船头"一带已经彻底城市化，不复有昔日庙宇，但往永和大桥方向的城中村区域现有"五通庙"一座，仍然有附近村民供奉着香火。

20世纪20年代末，"新桂系"为了扩充本身力量，以"建设三民主义模范省"为旗号开始在全省范围内推动社会改造运动。由于民智渐开，带有浓重迷信色彩的本地佛堂庙宇受到较大冲击，开始衰落收缩。据前辈学者回忆，在尼姑庵方面，在20世纪30年代就仅剩下廓街（临江街）的水月庵和大坑口附近的两所临时庵堂。倒是以唱道情、梵腔登门替人家祈福、度亡为职业的"道士佬"（道公）行当颇为红火。

实际上，今天在以殡葬服务为行业的甘棠街，仍然可以通过打电话联系到附近的"道公"。只是据笔者观察，随着大众科学素养的提高，"道公"的传统市场日渐式微，这些"道公"的"专业素质"也下降得颇为厉害，在"做法"时，不少当代"道公"愈加手生，有的已经没办法用一根根香火完成对技术要求颇高的"搭桥"仪式，有的居然连捏摇招魂铃的手势都不对，招魂的铃声节奏也不对，业余得如同收破烂的在那里敲铃铛。

这里提到的鸡行头、神船头，都在朝阳溪水系里。今天朝阳溪被视为无足轻重的臭水沟，其实在彼时有着重要的文化经济地位。南宁的兴起源于其作为水陆交通枢纽的作用，而贯穿南宁市区的水道就是朝阳溪，在今天交易市场附近。"新桂系"时代那里被开辟为"特察里"，西关铁桥就是通往"特察里"的跨溪桥梁，而"特察里"设立之目的，就是为了把娼妓等社会丑恶现象限制在旧南宁市的边缘地带。在《南宁社会概况》第 105 页里就录有关于南宁市娼妓的统计。其中提到，这些娼妓年龄在十三到二十九岁之间，其中以十七到十九岁为最多。青春正好的年龄，如今这个岁数的女孩子尚在学校念书，而民国时期这些可怜的女孩子却已经在火坑中操烟花之业糊口。

《不嫁窑头》一首，也包含着今日被人遗忘的南宁旧事。窑头村即今日西乡塘区的雅里村，作为水陆交通的重要中继站，窑头村在南宁历史上具有非常重要的地位。1637 年，徐霞客从南宁取道上林等地，其游记《粤西游日记二十三》里就提到窑头村："余下舟，遂西南行。四里，转西北，又四里，泊于窑头"，后"乃复登涯东行，出窑头村。"此地曾经以烧窑闻名，"窑头"也由此得名。据说本地烧出的青砖、青瓦质量颇好，在南宁享有盛名。然而烧窑乃是极其辛苦的重体力活，对男人而言已经是苦差事，女子嫁去那里少不了要协助丈夫干活，自然也要累得够呛。

该歌谣里提到的"南粉洲"，也是昔日南宁市重要的代表性地点之一。"南粉洲"是邕江中的一片洲，在今天中兴大桥下，洲北岸的中兴村村民历代靠做"南粉"而出名。

前些年有市民莫龙威专程前往"南粉洲"，记录下"南粉"的制作过程。包括："先把绿豆、碗豆和蚕豆用江水浸泡，去皮磨浆，提取淀粉。然后明火大镬，压榨出一种粗如筷子，洁白透明的粉条，在岛上竖架晾晒。而每年的秋冬季，是粉条生产的黄金季节，岛上的一座座工场里灶火熊熊，做南粉要经过浸、磨、肃、掏、晒、酵、搓、榨、检、扎等十多道工序，都是费力气的手工活。"[1]按照此市民的叙述，今日"南粉"是用绿豆、豌豆和蚕豆为原料制成，但实际上漏了一种原料——木薯粉。如果没有木薯粉掺和其中，粉条不可能有足够的韧性。

莫龙威询问当地蔡伯，得知制作"南粉"之艰辛。一方面热得难受。夏季，因为磨豆、肃粉（提取淀粉的工序）和整天站在灶火熊熊、镬水鼎沸的锅旁榨取粉条，面对的都是酷热的氛围，"上焗下烘，一天下来，浸透了汗水的衣服就像刚从水中捞出来一样"。另一方面冻得慌。"到了冬季，南粉洲上寒风凛冽，江水冰凉，手脚长时间浸泡在冰冷的水里和被粉水腐蚀，很多人的手脚都裂开一道道口子，疼痛难耐。"莫龙威的叙述印证了该童谣的内容："窑头有只南粉洲，地冻天寒落冷水，朝朝要磨木薯头，五更起来三更睡。"制作"南粉"等于让自己在冰火两重天里煎熬。

窑头村一带村民讲平话，认为自己的祖先来自山东白马。旧时南宁人内部不够团结，不同语系之间多有相互排斥的问题。操白话腔的人对讲平话的多有隔阂，而窑头距离南宁市区远，回娘家不易，于是这才有了"有女不可嫁窑头，窑头有只南粉洲"这首带有地域歧视色彩的童谣。

《嗳女乖乖》一首，提到了农家若干乐事，如品尝作为桂南美味的龙眼、荔枝，还有线鸡、肥鸭。这里提到的线鸡，即所谓"骟鸡"，指阉掉了睾丸的公鸡，这样的鸡个大且肉有嚼劲，性温补。元曲《庆东原·田家乐》有云："线鸡长膘，绵羊下羔，丝茧成缫。人说仕途荣，我爱田家乐。"谈的农家三大乐趣之一便

---

[1] 莫龙威：《邕江东逝话南粉》，https://hongdou.gxnews.com.cn/viewthread-1983319.html.

是"线鸡长膘"。南宁市喜食白斩鸡、白斩鸭,祭祖仪式上也少不了这些菜肴。

此童谣在"对海"一词后面备有注解:"邕俗称对河为对海",特指今日邕江大桥对岸江南区这一片区域。此处为旧时南宁市的城郊。据说亭子正街北宋时即已存在,作为交通要道颇为繁华。这里所说的女儿长大之后应该嫁到对岸去,大致就是这个意思。

不过这首儿歌其实还包括了一些字面之外的意思,包含了住在市区里的居民某种微妙、酸酸的心理。民国初期南宁市区并不大,仅包括现在解放路、民生路、共和路、中山路等一带,地少人多,房租等消费自然高,其他方面也有诸多不便。与此相对应的是,邕江对面的南岸视野开阔,地价便宜,各种农副产品应有尽有,对岸给南宁人提供了另一种生活的选择。然而由于彼时没有连通两岸的邕江大桥,仅依靠摆渡通过邕江。这里"对海"一词,就包含着某种揶揄的意思,意指对岸如迷茫沧海一样遥远。故而北岸的"老南宁人"往往宁愿居住在价高而屋挤的北岸,也不愿意到舒服但"低人一等"的南岸去,如果嫁到南岸就有所谓"屈就"之感。这首《嗳女乖乖》就表达了北岸居民这种复杂的心情。[1]

---

[1] 在《南宁社会概况》第5页"街道之分布"里提到:"当民国十七年(1928年)以前,市内各街道,非常狭隘,加以沟渠细小,每遇大雨,低陷之处,积水没胫,交通殊为不便。迨十七年后,始计划将全市街道,择要辟为马路,时至今日,经已开辟完成者有民生路、兴宁路、民权路、中山路、德邻路、共和路、民族路、桃园路等。"可见在南宁市北岸城区居住相对狭窄,但邕江对面的南岸又多是荒野,缺少市区的繁华,所以愿意搬迁过去居住的市民并不多。

至于《麻雀仔》，则将旧时媳妇遭到婆婆虐待的事情叙述出来。婆媳矛盾从来是难解的矛盾，古今皆然。但在彼时的封建家庭里，媳妇人身权利毫无保证，常有被婆婆虐待的现象。媳妇无处可诉，唯有编成童谣叙述给后人听。"打断三条苏木棍""裙上绣花千百朵"，把媳妇被打之后的惨状极其形象地描绘出来。这首童谣可谓是昔日女子在封建制度下饱受精神和肉体屈辱的重要文本记录。

最后的两首是最具童趣的，可谓真正的童谣：

（十三）《团团转》：团团转，菊花园，亚妈负我睇龙船，龙船有好睇，睇鸡仔，鸡仔大，捉去买，卖得三两银，二两打金锐，一两打银牌，金腰带，银腰带，请个婆婆出来拜，有得多，莫奈何，一捏酒，一对鹅，三叔骑白马，三婶骑东瓜，东瓜跌落塘，拾得大槟榔，槟榔香，嫁姨娘，姨娘头发未曾长，过了两年梳大髻，鼓吹花轿接姨娘。

（十四）《日头出来晒竹枝》：日头出来晒竹枝，老师吃饭我读书，家家点起明灯火，老师还未放学到几时？牛来了，马来了，牛吃了江边草，马吃路头花，门生来路远，早早放回家，你若不放我，明天不来他。

《日头出来晒竹枝》这一首颇有趣，此童谣不是站在大人的角度去谈大道理，强调读书对一个人的重要性，而是站在孩子的角度去叙述上课时的心情：牛来了，马也来了，怎么老师还不放我回家呀？自今念之仍然让人忍俊不禁。

《团团转》又写作《囟囟转》，是粤语文化区最为流行的童谣之一，从佛山到梧州，再到南宁，几乎所有粤语通用区域都流传有这首童谣，只是其中的词句和内容略有变化而已。这首童谣的内容看似凌乱如意识流，从看龙船一路说到接姨娘，实际上正是孩童用自己的眼睛观察周围的世界时看到的一幕幕场景。而且这首"意识流童谣"把貌似互不关联的事物串联了起来，让孩子的记忆力在念诵的过程中获得了训练。

与前面的童谣相比，最后两首更轻松愉悦，但相对来说，包含的地域文化信息也偏少。当然，它们与其他童谣一起，构成了一组复调和声结构，从不同侧面展示了儿童心理和彼时社会生活的丰富内容。由于没有相关文献佐证，因而这十四首童谣当时由何人所选，选择的具体标准是什么，今日已经无从考证。但从艺术思想史的角度观之，这些童谣在相当程度上代表了一种南宁市民的重要集体记忆，这些记忆包含了彼时民众对自己的生活以及地域文化的深切思考。

结语

童谣属于民间文艺的范畴，多以口述形式流传，往往随着时光流逝而佚失，难得保存下来。相对桂林具有的厚重文化积淀而言，南宁在城市文化方面显得颇为薄弱。必须感谢这些《南宁社会概况》的编撰者，是他们的努力才让这些民国时期的老童谣得以留下记录，进入广西文化史。这十四首童谣不仅具有审美价值，而且具有思想史价值，是广西区域文化史上重要的文化遗产。

下 篇

民歌在神人相和的仪式化表达中体现出一种此在生命与超越性生命的应和，在诗意化的表达中将自我编织进世界的意义网格从而实现一种诗意化的生存，在音韵化表达中突破个体自我存在而将自我与他人和天地沟通连接起来，在此仪式化、诗意化、音韵化三维一体的表达中将此在的与超越的／物质的与精神的／个体的与大全的生命贯通为整体生命的律动。

第十一章

当下文化生态构建与民歌意义生成功能

文化生态的形成是多重文化力量共同塑造的结果，近代以来，传统文化在自我演绎的过程中受到西方强势文化的冲击，所造成的症结之一就是文化生态失衡，其内在机理简而言之就是僵化意义中心和意义中心消解。为破解此难题，可借鉴皮尔斯三元性符号学思想，发掘中华传统文化中蕴含的"一分为三""三生万物"的思想内核，以促进文化生态的健康发展。作为民间文化形态的民歌具有这样的文化内核，其意义生成功能对当下文化生态建构具有重要意义。

一、我国文化生态失衡的现在与过去

在全球化、现代化语境下，我国文化生态受到的冲击从近些年国内的电视娱乐选秀节目就可见一斑。诸如《中国好声音》《中国梦之声》《中国最强音》《花儿朵朵》《我是歌手》等节目，从中央电视台到地方卫视全面开花，其兴盛时席卷全国，引得众人关注，娱乐狂风过后，似乎又如潮水退去，悄无声息，这充分体现了现代传媒所推动的大众文化在当今文化生活中的重要影响。这些层出不穷的娱乐节目将我们卷入的潮流，其实是全球化、现代化语境下消费意识形态夹杂着西方强势话语对我国文化生态的冲击。稍微考察一下渊源即可知此类电视节目对西方同类节目的模仿，这也让我们看到其背后的推动力量——经济上的全球一体化——致使文化工业的前进似乎势不可挡,这类歌唱类选秀节目看似要选出并展示民众的声音,但事实或许远非如此简单,往往是所谓"歌"凸显而"民"失落。

当然,大众文化对整个文化生态的冲击自是不能简单以褒贬二字论之,对此,我们简略审视一下大众文化这个概念。当代中国的大众文化并非简单指字面意义上的大众的文化,而是指"文化进入工业生产和市场领域而产生的社会现象",它由现代信息技术和传媒技术加工、塑造并传播,从而成为大众的消费品,此中有商业力量、媒介技术的客观作用力的介入。[1]当下对大众文化的研究主要有三种范式,即批评理论范式、现代化范式和"新左派"理论范式。批评理论范式,主要借鉴法兰克福学派文化工业批判理论,它指出了大众文化陷于文化工业资本操控的消费旋涡,但也容易流于抽象的道德批判和审美批判,从而使大众对其无动于衷;现代化范式,借鉴现代化理论,在中国改革开放的具体社会历史转型中来品评大众文化,从而肯定其进步的政治意义;"新左派"研究范式,在研究方法上侧重政治经济学批判,以大众文化反映的是中产阶级意识形态而对其持激进批判态度。[2]简单审视以上研究范式,我们可以看出,大众文化并非原生态的基于传统和习俗,并与大众生活息息相关的自发性的文化表征,而是有工业生产和现代传媒介入其中而形成的一种文化形式。不可否认,这种文化形式具有大众性,但这种大众性作为一种复杂存

---

[1] 傅守祥:《大众文化的审美现代性批判》,载《哲学研究》,2007年第7期。
[2] 陶东风:《研究大众文化与消费主义的范式及西方资源》,载《河北学刊》,2004年第5期。

在并非由单一阶层构成,而是由多阶层构成,当今我们每个人已几乎不可避免地被卷入了大众文化之中,大众文化已然成为一个多种话语得以对话以至交锋的话语空间。

在此话语空间,大众被卷入大众文化浪潮之中,在感官娱乐消费中似乎冲破了任何传统宏大叙事的意识形态束缚,但却又并非得到真正的感性方面的解放,而又立即有落入消费意识形态罗网之嫌。且在此均质化、批量化娱乐消费的感官放逐中,深度意义的消解又令人们时常生出精神上的无家可归感,于是又陷入新一轮的感官刺激中来消解这种茫然。从文化精英的立场指出这种大众文化的弊端固然值得称道,但是文化精英的意义构建要么容易在流入宏大叙事时,因其空乏而令大众无心问津;要么在自己意义的深度追问中陷入自我的意义结构之中,这也是我们所借鉴的西方理论转入后现代理论,并对现代性进行批判性思考的缘由所在。而西方后现代思想的去中心、多元化、平面化等特征,在中国尤其是大众层面因缺乏相应的理性传统,又难以在中国的大众文化中起到深度的学理反思效应,反而容易从表层使我国大众文化在感官娱乐的戏谑化中加速感官的进一步放逐,从而既难以得到马尔库塞所谓"新感性"的解放之功,又进一步疏离了我国大众文化对精神深度和生存意义的追问。

对我国文化生态受到的冲击进行进一步的历史追溯会让我们发现,其实中国文化生态的改变并非始于今日,从近代中国的屈辱现代化历程开始,我国的文化生态已悄然改变。近代中国的屈辱史已经让国人深切明白了"落后就要挨打"的道理,由此展开了一百多年向西方学习以寻求中华文明的伟大复兴的进程。在向西方学习的过程中，西方强势思想文化对中国文化思想的冲击主要有戊戌变法时期、五四新文化运动时期和改革开放以来三次浪潮，其中，以五四新文化运动为分水岭。如果说之前是还没浸透到中国文化内部的"中体西用"，那么五四新文化运动时期的白话文运动及当时的欧风美雨的强力冲刷，则真正导致了中国文化生态的裂变。进入改革开放尤其是开放后期，中国面临前现代、现代以及某些发达地区已经出现的后现代并置的文化景观，即所谓的文化多元趋势下机遇与危机并存的局面。所谓机遇，是破除封建文化中封闭落后因素而向新文化日趋拓展的机会；所谓挑战，则是当今文化生态在西方强势文化冲击下有民族根性丧失的危险。当然，在政治、经济日益全球一体化的当今，这已不完全是中国一国之事，而是所谓我们"地球村"所共同面临的挑战。一方面是现代科技、经济的凯歌高奏，一方面是资源浪费、环境破坏和人们精神上无家可归的无根感与失落感。自然生态的灾变已引起人们的广泛关注，而文化生态日益凸显的症结当然也不应该被我们忽视。与经济全球一体化同时进行的还有当下媒介迅猛发展所推进的文化全球化，从互联网到移动互联网已日益将人们纳入世界文化的网格之中，在此情势下，西方强势话语以及商业力量在逐利意识驱使下的汇流，使得文化生态出现前所未有的多元化趋势，但同时也在此趋势下出现了严重的均质化、平面化、去深度、戏谑化等弊端。这方面的例子从我们的物质文化生活到精神文化生活俯拾即是，批量生产的麦当劳、肯德基在中国各大城市畅通无阻，而同时却有很多传统小吃渐渐湮没无闻，即使借助现代商业化运作手段进行传统小吃的营销，也往往容易让商业味渐浓而传统风味渐失。

二、文化生态失衡的内在机理——意义中心僵化与意义中心消解

向西方学习的过程中所导致的文化生态的失衡，在我们国家可以说是比比皆是。20世纪八九十年代理论界提出的中国文论的"失语症"，其实就是中国文化生态遭受西方强势话语冲击在文艺学上的表现。其实何止文艺理论，诸如医学上不也有以科技之名的西医对传统中医的遮蔽吗？鉴于文化生态涉及面过于广泛，我们仅从话语层面探讨中国文化生态失衡的内在机理。

在西方话语已经深入渗透我国文化生态的当下，恐怕简单剔除西方话语来谈中国文化思想已有"倒洗澡水把孩子一起倒掉"的嫌疑，因中国的现代化是民族发展的必由之路，并非完全受制于西方，只是西方近代坚船利炮的刺激虽客观上加速了中国的现代化进程，但却使中国近现代发展之路充满了屈辱。鉴于此，我们简要论述中西关于话语的思考。杨乃乔先生曾在其著作《悖立与整合》中谈到，在中国古代传统的儒道诗学中，儒家侧重依经立意建构语言家园以追求诗学的主体生存，而道家则以"去言"在颠覆语言家园的话语消解中寻求主体的诗意化存在，儒道两家在中国传统文化中的此消彼长，构成了主要的对整个中国文化生态景观的塑造力量。[1]在此立言与去言的张力中我们已能约略窥见中国古代文论转向的契机，这颇似西方著名思想家德里达对西

---

[1] 杨乃乔：《悖立与整合：东方儒道诗学与西方诗学的本体论、与言论比较》，北京：文化艺术出版社，1998年，第一、第三、第四章相关论述。

方传统思想中根深蒂固的"逻各斯"中心的颠覆,在此,我们再稍稍回顾一下我们一直借鉴的西方理论。

西方文论到近代发生了剧烈变化,从俄国形式主义开始,经历英美新批评、结构主义再到解构主义,其着重点在于既回到文学文本的同时又关注背后的话语权力,以解决困扰西方的"逻各斯"中心主义。这条线索发展到极端就变成德里达的延异。对此"逻各斯"化解的孜孜不倦追求,必然会导致更为广阔的文化研究视角。于是,广泛吸纳和整合精神分析学、神话原型理论、现象学、存在主义以及马克思主义等思想,乃至发现生态批评,就成为文化发展的必然。这也是当今世界在发展的危机之下趋向生态文明,在理论方面的诉求。

以上简单来说就是人类的整体危机,最集中地表现在文化与生态的紧张关系中。而如何消除这种紧张关系,面临的困难可不小,因为不论中西,其文化逻辑内部又都存在着僵化中心的问题。不同在于西方由强大的理性思想发展而成的是"逻各斯"语音中心(德里达曾在其破除西方"语音中心"时颇为倾心中国的象形文字),中国则以象形文字逐渐形成"书写中心",而且无论是中国的依经立意的书写中心,还是西方的逻各斯中心,都以其"中心"的同一性给予人们以信仰的力量,要突破这些"中心"困难自然很大。而等人们费尽了心力,突破了这些"中心"之后所产生的后现代文化景观中的去中心、平面化、去深度等,却又可能是另外一种文化生态失衡的表现。

透过这种种紧张冲突关系,我们看到商业大潮冲击中夹杂着西方强势话语的入侵,导致本土话语失语,背后是话语权争夺带来的复杂纠缠。这种冲击和纠缠打破了传统中国文化儒释道等多家文化思想并用共融的整体性,进而体现出一种冲突性甚至压制性。西方话语的二元对立式思维、逻各斯中心主义的渗入,使中国传统强调天人合一的文化出现裂变,加剧雅俗之间的对立,由天人合一的文化思想凸显二元对立倾向,这不仅体现在西方压制东方,也体现在东方传统的书写中心压制民间草野。这种种文化冲突在当代则以文化与生态的突出对立表现出来。用德里达式的解构主义消解这种种冲突,依然是在人文内部解决问题,为逃离二元对立中的一元对另一元的压制和裁决,便用差异来无限延迟终极裁决,但这种方法永远纠缠于符号与主体的角逐。

　　破此困局,于理论上需要从二元对立转向三生万物,打开人文向生态开放,从而从文化逻辑的内里去消解僵化意义中心形成的根源,由此方有可能建构良性的文化生态。虽然中国儒佛道等思想在雅化、经典化的过程中,以及在西方强势文化的冲击下好像失去了活力,但是"礼失而求诸野",我们可以向民间文化形态如民歌探索其生机,并借鉴、吸纳西方相关理论思想对其进行剖析,从而对其内蕴的"三生万物"的文化思想进行创造性转化。在此,我们需要借鉴的是文化生态学和生态符号学的理论思想。

三、从文化生态学和生态符号学角度考察文化与生态的互动关系

　　文化生态学研究文化与生态的互动关系,避免简单的人类中心主义和自然中心主义,避免仅仅限制在人文的文化之内谈论问

题，也避免从将自然视为人类他者的视角来讨论。生态符号学探讨人与生态的符号关系，从而将文化与生态的关系落实到符号表意上，这对同为表意符号的民歌更为切合。现分别将其中最有启发意义的理论点综述如下：

（一）文化生态研究方面

受俄国形式主义影响，近代文学研究从传统的外部研究转向内部研究，即关注文学文本本身。这固然是一大进步，使文学研究在扎实、客观的文本基础上展开，其论证更加公允。但近代到现代的社会历史变化使得文学研究不得不再度向外转，即转向文化研究。当然，这是在关注文本的基础上重新将文本与文化大背景相关联，而转向文化研究之后面对的文化逻辑本身的悖论，又需要综合其他学科知识进行跨学科研究，其中，文化人类学就是一门重要学科。简单来说，传统文化人类学分为体质人类学和文化人类学，前者侧重生理研究，后者侧重文化研究，二者均从人类学角度展开研究。早期文化人类学侧重研究原始人类，但后来逐渐将人类学的视角引入对各个时代，甚至现代以及整个人类的研究，从比较的视角研究各个时代人类生理、文化的变迁。因此，文学就是人学，和以人为对象的文化人类学有天然的契合之处。

文化生态学与文化人类学有着密切联系，而20世纪文化人类学又由众多学派的理论组成，诸如传播论、新进化论与整体论、历史具体论、功能论、解释论、结构论等，它们最终汇成两大理论之流，一是探讨人类文化史的演变，一是探讨文化的整体、功能、结构和解释。[1]

前者主要有 J. H. 斯图尔德的"多线进化理论",他把摩尔根的进化理论称为"单线进化理论",把怀特的进化理论称为"普遍进化论"。"多线进化理论"有助于摆脱简单的线性进化理论的偏狭,单线进化背后的发展主义逻辑导致的种族歧视之弊通过两次世界大战已显露无遗,而至今流毒甚广,诸如粗放式的经济发展以致生态环境的日趋恶化等。J.H. 斯图尔德在1955年发表了《文化变迁论》(Theory of Culture Change),此书被公认为文化生态学正式诞生的标志。他认为文化生态学所要研究的是环境对文化的影响,"特殊的生态决定了作为文化载体的人的特征"。其中,他提出了"文化内核"这个重要概念,所谓"文化内核"就是"文化中与自然界关系最直接的部分——生存或生产策略"。"文化内核"所利用的"特定或有效环境(土壤、气等)"会因时而变,这又将反过来作用于其他文化特征(社会组织),由此,文化变迁的过程就是环境与文化之间的互动作用过程。20世纪60年代末,受斯图尔德影响的第一代人类学家发表了三部重要的文化生态学著作,即"R. 内廷的《尼日利亚的山地农民》(The Hill Farmers of Nigeria)(1968年)、R. 拉帕波特的《献给祖先的猪》(Pigs for the Ancestors)(1968年)和 J. 贝内特的《北方平原居民》(Northern Plainsmen)(1969年)"。其中,拉帕波特的《献给祖先的猪》被视为文化生态学分析的典范,书中认为新几内亚的马林

---

[1] 郭志超:《20世纪文化人类学理论的两大流向》,载《厦门大学学报(哲学社会科学版)》,2000年第2期。

人通过一种必不可少的仪式来维持社会的正常运转，马林人每隔几年就要举行一个仪式，屠宰在此之前 7 年养肥的猪，男人在打仗之前吃了腌制的咸猪肉，口渴得需要不时饮水，故无法长期作战，在负责养猪的妇女无法饲养那么多猪的情况下依然举行这样的仪式，这"不仅为部落全体成员提供了他们所缺少的蛋白质，还减少了与邻近部落之间发生战争的可能性"[1]。

信息化时代的到来使近年来的文化生态学出现了新的景象。"媒体环境"的概念被引入文化生态学，对正处于电信革命到来的发展中国家，可能出现"信息无产者"和"信息有产者"的矛盾，从生态学的角度来看，"传播问题可以帮助我们超越狭隘的国家或特殊利益的观点"。在此新语境下，20 世纪 90 年代以来的文化生态学在研究中出现的一些新研究领域有：数字革命与媒体环境的变化；数字革命与媒体使用的变化；数字革命与媒体伦理学的变化和数字革命及其文化影响等。其中，数字革命及其对社会文化的影响的研究中关注的问题有：媒体的全球化所带来的文化统一性的变化，是否会促进文化（不论是作为观念形态的还是作为行为方式或者生活方式的）的同质化或多样化？由此，研究新媒体时代不同国家和地区群落对新媒体环境的适应状况显得尤为重要，其中，尤为关注的应是少数民族地区和儿童等曾被认为是边缘地区与边缘群落在此新环境下的文化适应以及他们采取的

---

[1] 黄育馥：《20 世纪兴起的跨学科研究领域——文化生态学》，载《国外社会科学》，1999 年第 6 期。

文化策略。[1]

以上我们简要回顾了20世纪文化人类学理论两大流向之一的前者，现在再看后者，即探讨文化的整体、功能、结构和解释这一流向。这方面的代表有法国社会学兼人类学家、社会学派的宗师E.迪尔凯姆——他被认为是文化整体论的奠基者。他认为解释社会事实的基本原则是："寻找造成社会现象的原因以及这种现象所执行的功能；社会事实的决定因素必须从先于这些社会事实存在中去寻找；在社会事实与某些社会结构的关系中去寻找功能。"由此，他提出了"集体意识"这一社会整体论的重要概念，他认为："一个社会因成员共享集体意识而集合为一体。""结构和功能是相互联结的，功能是整体内的部分活动对整体活动的贡献。各个不同的结构构成社会系统，结构通过功能维系这个系统。"功能学派针对迪尔凯姆忽视文化鲜活性的缺陷，提出高度动态的文化功能观，强调在实地调查的基础上进行人类学研究，"舍弃为殖民政策服务的劣迹开人类学应用研究的风气之先"。"解释论即文化解释学"，同样以文化的象征符号为研究对象的解释论不同于结构论之处在于，它以解释意义为旨趣而非像结构论那样说明结构的结构，其所秉承的人文主义精神对传统的科学主义的文化研究具有纠偏作用。[2]

当然，文化人类学并非现代文化生态学的唯一理论来源，江

---

[1] 黄育馥:《20世纪兴起的跨学科研究领域——文化生态学》，载《国外社会科学》，1999年第6期。

[2] 郭志超:《20世纪文化人类学理论的两大流向》，载《厦门大学学报（哲学社会科学版）》，2000年第2期。

金波在其《论文化生态学的理论发展与新构架》中归纳,此外还有景观生态学、文化社会学、人文地理学等。由此生成的现代文化生态学的核心概念有景观(群落)、文化生态系统、文化区域、文化变迁等,由传统文化生态学理论中的文化进化论、人地关系论和文化时空耦合等理论发展为现代的系统结构理论、生态功能理论和景观感知与映射理论。其中,系统结构理论进行宏观研究,生态功能理论进行中观研究,景观感知与映射理论进行微观研究。[1]

在对文化生态学的理论渊源进行简单梳理之后,我们还不得不对"文化生态"这一重要范畴进行辨析。对此,王长乐认为,文化生态从广义上"包括了社会范围内的所有文化资源、文化现象、文化成果,以及这些文化行为和文化资源所处的水平、状态、结构、功能。而狭义的文化生态则主要指人们的心态,也叫人心"[2]。应该说,此论还局限在"人文",未将文化生态中的"文"引向自然之文的"天文"和"地文"。在侧重人文的角度谈文化生态的功能时,王长乐认为文化生态作为一种社会系统发挥的功能,有表现功能、评价功能、唤醒功能和褒奖与谴责的功能。如将此功能论引入文化与生态的互动中来考察,可能更能使其内化到文化逻辑内部去消解其悖论。也正因如此,江金波指出,文化生态系统指的是由人、文化与物质环境共同构成的有机整体,各部分与整体的关系是互相牵制作用,各个部分或者要素在整体中

---

[1] 江金波:《论文化生态学的理论发展与新构架》,载《人文地理》,2005年第4期。
[2] 王长乐:《论"文化生态学"》,载《哈尔滨师专学报》,1999年第1期。

所处的位置就是生态位，生态位是指证文化生态稳健度的重要依据。[1]张皓从人类生存的三个世界（物质世界、精神世界、文化世界）[2]来谈生态，这三个世界分别对应的是人的物质生存、精神生存和文化生存，与此三种生存对应的是物质生态、精神生态和文化生态。[3]由此，我们可以看到所谓文化的世界，以及由此而引出的文化生存和文化生态侧重于表述的层面。这种三分法有利于突破二元对立式思维，又正好符合生态世界的多元思想。这在中国古代传统思想中也有相当深厚的思想基础，例如老子在《道德经》中所说的："道生一，一生二，二生三，三生万物。"庄子在《齐物论》中谈到的"天籁""地籁""人籁"就是三分，而且正好与本文谈民歌作为一种沟通与天地人之间的符号表征相关联；刘勰在《文心雕龙》中提及的"自然""我心"与"人文"也是三分。

从三分的角度论及文化即表述有利于消解简单的主客二元对立，因文化必然要被表述、表征出来，但表述、表征出来的文化既非完全的客体，亦非全然的主体，而是一种意向性客体。由此论及的文化生态方有可能真正以生态系统的角度谈论文化。我们谈论的文化生态，指的是"人类适应环境而创造出来并身处其中的历史传统、社会伦理、科学知识、宗教信仰、文艺活动、民

---

[1] 江金波：《论文化生态学的理论发展与新构架》，载《人文地理》，2005年第4期。
[2] 这里的三个世界说法作者是引用英国现代哲学家波普尔的理论，波普尔谈到："如果我们称事物，即物理客体的世界为第一世界，称主观经验的世界为第二世界，那么就可以把自在陈述的世界称为第三世界。"
[3] 张皓：《生态批评与文化生态》，载《江汉大学学报（人文科学版）》，2003年第1期。

间习俗等,是人类文明在一定时期形成的生活方式和观念形态","是以往全部世界历史的产物"(马克思语),是"人化自然",而"人是自然世界的一部分",人的本质又是"社会关系的总和",因此人与自然的关系是人与人的关系。从文化生态的角度考察人与自然的关系就可以既关注自然环境危机背后的文化生态问题,又将对文化逻辑的思考扩展到对人与自然关系的考察。

然而,关于生态文化与文化生态仍然有必要做出区分。柴毅龙在《生态文化与文化生态》中分别从生态文化和文化生态的广义与狭义区分。总体来说,生态文化,落脚点在文化;文化生态,落脚点在生态。[1]前者是侧重由生态向文化观念的转变,但仅仅将生态观类比到文化内部估计解决不了问题,后者从文化走向生态倒有可能消解一直以来文化故步自封之弊。戢斗勇亦在其《文化生态学论纲》中指出:"文化生态是关于文化的生态,而生态文化是关于生态的文化。"文化生态借用生态学的"生态"一词

---

[1] 广义的生态文化以狭义的生态文化为基础,而狭义的生态文化是指"一种社会文化现象"或称"绿色文化",是19世纪以来,人们逐渐关注自己所赖以生存的生态环境而生发出的生态意识、环境观念,由此发展起来的有关生态环境的人文社会科学成果,包括生态艺术、生态文学、生态神学、生态经济理论、生态政治理论等。它表现的是自然科学理论向人文科学理论的拓进。狭义的生态文化基础上广义的生态文化指的是一种价值观或者文明观,从"'反自然'的文化,人统治自然的文化,转向尊重自然,人与自然和谐发展的文化",它包含制度文化、物质文化和精神文化各个层面的生态文化建设。再看文化生态:"狭义的文化生态,主要是指精神文化与外部环境(自然环境、社会环境、文化环境)以及精神文化内部各种价值体系之间的生态关系。"在此基础上的广义文化生态是指:"影响文化产生、演进的自然环境、科学技术、经济体制、社会组织以及价值观念体系等变量构成的整个文化生态系统。"参见柴毅龙:《生态文化与文化生态》,载《昆明高等师范专科学校学报》,2003年6月。

来指称"文化存在和发展的环境、秩序、状态等",文化生态是"社会大系统中的一个有机、有序的亚系统"。[1]当然,文化生态与生态文化并非完全对立[2],只是在用这两个概念时需辨明其区分。

综上,简而言之,探讨文化与生态的关系主要可以表述为:文化与生态,文化的生态,生态的文化。要突破"人类中心主义"和"自然中心主义"的彼此固化状态,需要将文化视为一个生态系统,在文化与生态的交互中形成具备真正生态文化品质的良性文化生态。

对于文化生态中的文化概念,为避免我们将其视为传统概念中的作为社会中的一部分而限制我们的论述,在此我们对文化生态中的文化概念稍作解释。总体来说,在文化生态学中来谈文化,既需重视文化作为社会的深层结构而存在,又需警惕这种重

---

[1] 戢斗勇:《文化生态学论纲》,载《佛山科学技术学院学报》,2004年9月。
[2] 关于文化生态与生态文化的辨析还有:叶金宝也在其博士论文《文化生态与先进文化的发展》中提出"文化生态学是研究文化与环境的互动关系的理论,这里所说的环境包括影响文化生存发展的一切因素,大体上包括外环境和内环境。外环境如社会经济制度、政治制度和自然地理状况等;内环境是指文化范围内的各种不同文化,如不同民族、不同宗教、不同学派和不同地域的文化等"。王玉德在《生态文化与文化生态辨析》中指出:"文化生态学研究文化的生态背景、文化的多样性、文化的群落、文化的组成结构、文化的网络和链条、文化的变迁等。诸如文化的主次、兴衰消长、有序无序、文化系统内各种亚文化的互相作用。"

视深层结构的结构主义将人局限在"人文"中故步自封。[1]也正因为文化的丰富性难以为某种表述所内隐的深层结构涵盖,斯图亚特·霍尔也在其论著中对文化主义(雷蒙斯·威廉斯式的文化)

---

[1] 比如,内亭在其《文化生态学和生态人类学》中指出,1900年以来的文化人类学可以归纳为主要的三种流向,它们分别是"观念的、社会结构的和生态的",这三种倾向并未形成具有历史接续的前后承接关系,而是相互交错。关于文化人类学中的生态倾向,内亭写道:"由于人类学中的文化价值和模式以及结构主义的解释各有弊病,文化公式是含混不清没有证据的,结构主义的理论则僵化得不能说明社会的变迁和个体的差异,因而生态学的观点应运而生。"因为"从来没有一个人以一种全无偏见的、理智的、精确的方式适应周围环境。每个人所继承的文化只是应付各种事物的手段的总和,过去证明它们是有价值的,可是对目前来说也许就没有过去那样大的作用"。

和结构主义这两种文化研究范式进行了对比[1]，其实这种对比就是在将文化引向生态，从而消解文化本身的僵化和盲视。霍尔在对结构主义和文化主义的比较中指出，结构主义的巨大活力源于

---

[1] 对于文化定义的丰富性甚至悖论性，斯图亚特·霍尔在其《文化研究的两种范式》也谈到："这个概念（文化）依然是非常复杂的——是一个汇聚了各种关切（利益）的场所，而不是一个在逻辑上或概念上可以阐明的观念。这种'丰富性'是此领域充满持续紧张和困难的区域。"霍尔从雷蒙德·威廉斯《漫长的革命》等相关著作关于文化的表述中引申出两种对"文化"进行概念化表述（conceptualize）的方法，第一种方法将文化描述为"社会各界可以理解和反映他们的共通（common）经验"，这样的定义看似继承了早期的对于"理念"（idea）的强调，但却是在对其的重写中将其社会化和民族化了，因为"如果艺术是社会的一小部分，那么就不存在一个游离于社会之外、以我们提问的方式得承认其优先性的牢固的整体。艺术作为一种活动，必然关涉生产、贸易、政治和家庭养育等事宜。要充分考察这些关系，我们就必须主动去研究它们，把所有活动都视为显现人类活力（humanenergy）的独特的当代形式"。霍尔继续引申威廉斯的观点谈到，关于文化的第二重定义威廉斯使其更具有人类学意义，即"文化是一种整体的生活方式"，这样的定义使文化的概念富有了更多的记录性、描述性甚至民族志的色彩，但霍尔认为这个定义仍然因为掩盖了文化的丰富性而显得太过抽象，威廉斯对文化的此种定义在于突破传统的马克思主义者简单的经济基础和上层建筑的客套表述、简单的经济决定论和还原论，从而将丰富的各类社会实践纳入文化的考查范围，而非某种抽象的单一的理论的实践（这种实践已经沦为了一种抽象话语）。由此，威廉斯将文化从"各种通常脱离社会的社会实践为依据"的语境带到了"以各种因素之间活跃而牢固的关系为依据"的语境。因此，文化研究就是"分析性地研究'这些形态之间的关系'，分析的目的就是要理解所有这些实践和展现形态之间的相互作用，在一个特定时代是如何被人们当作一个整体来经历和体验的。这就是它要分析的'情感结构'"。当然，威廉斯也有将文化的意义夸大，这在他后期的作品中对其进行了修正，重新在情感结构的基础上回到整体的关注经济和政治决定的力量，只不过这已经不是传统的经济决定论和庸俗唯物主义。有别于戈德曼的"心智结构"是由个体创造出来，威廉斯认为"情感结构"是在社会的丰富实践交往中形成的，他是对"实践之互动性、深层总体性以及它们之间同construction关系（homologies）的强调"。这样威廉斯对于文化的定义既有结构有章可循，又使结构向社会历史开放（尤其在他关于文化的第三重定义中将文化作为一种历史演进）。

它们对抽象的重视，以及用这种抽象来挪用各种"真实的关系"，还有它们对"各种决定性条件"的重视；而文化主义则在结构主义强调抽象而忽略文化丰富性和真实感的薄弱处展开自己的理论视角。[1]当然，结构主义与文化主义两者不能简单综合，并且两者作为单一的理论已不再流行，但在两者的交锋中可以给我们的研究提供巨大的理论支撑。

从文化生态的角度审视了文化这一概念之后，我们再来简要看看这样的文化视角使文化具备了怎样的功能。简单来说，这样的文化有利于避免文化与生态的冲突，既是自然的人化，亦是人化的自然，在此双向生发中所起到的功能是赋予人真正的自由。[2]正是因为文化是人类适应生存而社会性地建构的，所以文化既是人类追求自由的桥梁，但同时又可能成为异化人类自由的枷锁，对此需有对文化的自觉，费孝通晚年将"文化自觉"通俗地定义

---

[1] 对此，霍尔写道："结构主义的如下主张——即思想并不反映现实，而阐释和挪用现实——是一个必不可少的理论起点。通过对这一论断结果的充分分析，可以产生出一种方法，使我们摆脱在抽象／反抽象和理论主义／经验主义这种虚假二分法之间经受的永久摇摆状态，这种摇摆既标记出了结构主义／文化主义迄今为止的交锋（encounter），又让这种交锋大为减色（disfigure）。"

[2] 无论是广义的"人们所创造的物质和精神成果之总和"，还是狭义的包括各种知识、道德、经济和精神上的价值体系以及社会组织方式（当然还有语言）的精神性文化均通过两大功能赋予人自由，这两大功能是：（1）文化的"人类通过文化作用于自然界"的功能与恩格斯所说的"自由是在于根据对自然界的必然性的认识来支配我们自己和外部自然界"的自由之义相通；（2）文化的"人类通过文化达到自我意识"的功能与马克思所说的"自由的首要条件是自我认识"的自由之义相通。参见陈新汉：《哲学视阈中的文化、文化功能及文化自觉》，载《哲学动态》，2012年第8期。

为"生活在既定文化中的人对其文化有'自知之明'"。要获得对文化的自觉，人类需要从自然的角度来反观人类的文化形式是否符合文化追求人类自由解放的初衷，这也就是从文化与生态互动的角度来看人类的文化。从文化生态的角度来看文化问题，需要突破简单的文化与生态的二元对立思维，既要警惕人类中心主义对自然的贬低和破坏，也不是要走向纯粹的自然中心主义，而是要寻求人类与自然在文化和生态的互动中实现一种共生关系，正如中国传统哲学中的《中庸》所言："唯天下至诚，为能尽其性；能尽其性，则能尽人之性；能尽人之性，则能尽物之性；能尽物之性，则可以赞天地之化育；可以赞天地之化育，则可以与天地参矣。"

从文化生态系统的角度谈文化的生态功能包括基本功能和特色功能，其中基本功能类似自然生态系统的功能。[1] 如果我们把自然生态系统与人文生态系统结合起来考察，可能会对生态功能论有一番新的解读。作为中观研究的生态功能理论"探讨文化三大层面即物质文化、精神文化与制度文化相互渗透、互为表里的关系"。中观研究的生态功能理论需立足于微观景观感知与映射理论在生动丰厚的具体感知，而向上它又成为宏观的系统结构理论的重要桥梁。[2]

---

[1] "即为物质循环、能量流动以及生物间的信息流。但即使这些功能在内容上也不同于自然生态系统，表现为人类大规模生产性的参与。文化生态系统的特殊功能是文化信息流、调节规范功能、社会与人的发展功能等。"参见江金波：《论文化生态学的理论发展与新构架》，载《人文地理》，2005年第4期。

[2] 江金波：《论文化生态学的理论发展与新构架》，载《人文地理》，2005年第4期。

通过以上对文化生态学相关理论及范畴的概述可以发现，我们引用文化生态的方法研究文化资源，就是将文化资源放在大的文化环境中研究其在整个文化系统中的功能。作为人类精神外化的文化具有累积性，这种累积通过符号形式在人心、环境中日积月累，不论我们通过理性思考判明它的优势也好，劣势也罢，并非从哲理上就能一下改造了事的，而是在以哲性思维的透视洞明之后，依托已有的文化记忆和文化资源，根据已有的文化组织功能在趋利避害的方向上重组，由此或可在仰望星空的同时立足当下。这也是本文在探讨文化与生态的关系之后去探寻民歌等文化事项的文化生态构建功能的初衷。这种功能从广义文化生态的角度涉及文化与物质和精神的互动关系，在此互动关系中，文化资源在构建良性关系方面具有怎样的功能是特别值得我们关注的。

从文化生态的角度叙述文化与生态的关系，从中我们已经注意到，文化是人类精神的外化，它侧重于人类不论是物质文化还是精神文化的表述层面，从广义叙事学的角度来看，这就涉及从符号学的角度探讨文化生态问题，这就是生态符号学，这也是将民歌作为一种不同于语言文字的符号表征所必须涉及的理论。

（二）生态符号学研究方面

生态符号学是以诺特和塔尔图大学著名符号学家卡莱维·库尔（Kalevi Kull）在期刊《符号系统研究》（*Systems Studies*）同一期上发表《生态符号学》（*Ecosemiotics*）和《符号生态学：符号域中的不同自然》（*Semiotic Ecology : Different Natures in the Semio-sphere*）两篇文章为标志诞生的。在文中，库尔认为"符号生态学"（semiotic ecology）是关于人与生态系统的符号关系的研究，后为统一将其改称为生态符号学。[1]

深受皮尔斯三元性符号学理论影响的生态符号学，突破了索绪尔二元性的具有人类中心主义倾向的符号学。在索绪尔的能指与所指关系中，所指直接就是能指指向的对象，由此对所指的解释就被限制在约定俗成的语言系统之中，从而可能处于话语霸权的监视之下。这种符号学就可能成为人类中心的符号学，这也是逻各斯形成的深层原因。从这样的角度看来，世界在人类语言产生之前是一团模糊的星云，人类的语言为世界立法从而使其被照亮，但人类语言与对象的关系建立在一种任意性之上，由此人类文化对自然是一种蛮力的施加。这种文化逻辑的弊端已内隐到人类文化的方方面面，之前我们论述的种种文化生态失衡现象均有此深层原因。皮尔斯的符号三分法不同于索绪尔，他将所指拆分为"符号所代替的对象（object）"和"符号所引发的思想即解释项（intepretent）"，而索绪尔的能指则被皮尔斯视为"符号的可感知部分"，即"再现体"（reprentatum）。[2]这样作为可感知的部分与物质世界相联系，并在与自然生态的互动中对人类文化的意义进行影响，而非如索绪尔那样与自然世界隔绝限制在人文之内；从所指中拆分出的解释项使得人们对符号的解释可以因时因地因人而异，不同的人在不同的时间地点不同的阅历下对符号的理解

---

[1] 彭佳：《生态符号学：一门子学科的兴起》，载《重庆广播电视大学学报》，2014年6月。

[2] 赵毅衡：《符号学理论与推演》，南京：南京大学出版社，2011年，第97页。

是不同的，这样就为解释主体在符号中争得了主体解释的空间，而不是像索绪尔那样任何解释都要在约定俗成的社会强制僵化意义法则的压力下来解释，所指中的对象又保留了索绪尔符号学中符号意指作用，因人类的文化终究要建立在表意之上。故受皮尔斯符号学影响的生态符号学既重视人类的表意行为，又不将此表意行为限制在人类文化之内，而是向自然生态展开。

"环境界"是生态符号学的一个重要概念。意义携带者不仅仅是意义的接受者，亦是环境世界的构造者，有机体的内部世界与环境界之间是互补关系。由此环境界成为乌克斯库尔功能圈的重要范畴。[1]这有别于索绪尔式的带有人类中心主义倾向的符号学，从而有可能在人与环境的互构中突破僵化意义中心。

与环境界紧密相连，蒂莫·马伦文提出了地方性这一重要概念。他强调符号主体的语境性、地方性，从而可以起到解构文化与自然的二元对立的作用。符号主体利用某种文化（即符号模式）适应了某种地方环境，这就是符号的适应性，适应环境的符号从而具有了地方性，而符号主体也参与了这种环境界的建构。这种重视符号主体的地方性和语境性的观点对现代社会的文化语境同一化具有重要的裨补作用，以工业发展强力推进的大众媒体加剧和弱化了地方文化与自然环境之间的联系，从而使得人们越来越不知道如何在自然中生存，而是在与自然的撕裂、隔绝和对抗中生活在文化建造

---

[1] 对此，乌克斯库尔将环境视为"主体性的'环境界'（Umwelt）"，而非海克尔所说的"外部世界"，"它是由有机体认知以及与环境的实际互动构成的特定操作世界所给定的内部世界"。

的狭窄世界中,而这个世界又充满了文化的冲突和生态危机。建立在文化与自然的二元对立之上的生态符号学保护自然的观点不同于将自然视为荒野,而是在有机体的内部环境与外部环境的互动中考察文化和自然,这样就避免了将保护自然变为以他者的方式观照自然并且成为对文化的强制压迫,从而在解决生态危机的同时化解人类的文化危机。由此,强调符号主体语境性的地方性范畴成为生态符号学发展的一个合适的理论起点。[1]

贯通"环境界"与"地方性"之间的桥梁是美国符号学家西比奥克的模塑系统理论。[2]在西比奥克看来,人类具有作为动物

---

[1]〔爱沙尼亚〕蒂莫·马伦文,汤黎译:《地方性:生态符号学的一个基础概念》,载《鄱阳湖学刊》,2014年第3期。

[2] 西比奥克的模塑系统理论受莫斯科—塔尔图符号学派的首度模塑系统的启发而来,所谓首度模塑系统又由符号域理论发展而来,洛特曼认为符号域指的是:"符号存在和运作的空间和机制,它既是文化存在的条件,也是文化发展的结果。"洛特曼将符号域的边界限定在各文化的自然语之间,由此,他认为符号域的基本组成部分是由语言符号构成的文本。这样的符号域理论特别强调"语言符号在整个文化系统中的作用":作为符号域边界的语言是文化核心的直接体现,它像细胞膜一样将外来文本翻译、变形、改写然后进入符号域并在此符码转换中生成意义。在洛特曼的这种想法的影响下塔尔图—莫斯科学派"将自然语言定义为首度模塑系统(First Modeling System)",而建立其上的诸如文学艺术等文本则被定义为二度模塑系统(Secondary Modelling System),当然,这种模塑过程是双向的文本化过程而非机械式再现。在此语言模塑系统的启发下西比奥克将模塑系统的概念扩展到所有符号系统,"既包括了以语言为基础的(文化)系统,也包括了前语言的动物系统"。他将所有生命体的感知系统定义为模塑系统,它们通过"自己的功能圈(functional cycle)对这个世界进行感知、辨认和意义生成,从而模塑出每个物种所特有的环境界"。语言则是"在此基础上的一度模塑系统,语言之上的文本则是进一步的、三度的模塑系统"。参见代玮玮、蒋诗萍:《从符号域到生命符号学:塔尔图对符号界域的推展》,载《江西师范大学学报(哲学社会科学版)》,2014年8月。

符号的语言和人类特有的语言这两个相互支撑的模式系统。而前者经常被我们忽略，作为动物符号的语言指涉的是作为生物学的人类通过味觉、视觉、嗅觉、听觉、身体活动及所有相应的感受"与其他生物和自然环境交流"。对作为动物符号的语言系统的考察有利于发现语言资源所不能充分描写的非语言交流的盲区，并将人类纳入与其他生物及自然环境的关系之中，而非传统的作为人文的文化外在于生物和自然环境。[1]由此，西比奥克模塑系统的理论成为沟通环境界和地方性理论的桥梁。

当然，与地方性、环境界紧密相连的还有自然、风景等概念，从生态符号学的视角来看，它们又有别样的解释。比如"库尔将自然分为零度自然、一度自然、二度自然和三度自然"。将自然分为内部与外部自然从而实现了文化与自然的三维观，从而使"有机体的内部自然与外部自然通过符号建立了关系"。[2]

总之，从生态符号学的相关理论的综述中我们看到，生态符号学从人与生态系统的符号关系的角度展开研究，尤其是其符号域、环境界和模塑系统的理论对探讨民歌在文化与生态的互动关系中的生态功能具有巨大启示作用。

---

[1] 胡壮麟:《自然与文化的对立统一——谈生态符号学研究的理论核心》，载《外语研究》，2014年第4期。

[2] 胡壮麟:《自然与文化的对立统一——谈生态符号学研究的理论核心》，载《外语研究》，2014年第4期。

四、民歌的意义生成功能破解意义中心僵化与意义中心消解

既然是文化生态出现了问题，就应该在文化生态中已有的文化资源中去找寻那些对构建良性文化生态有裨补作用的文化形态，从而将三生万物的文化逻辑从中揭示出来，并在现实的文化生态建构中加以注意，由此，方可能在理论突破的基础上将理论结合实际。对此，民间文化的重要形态之一——民歌，可以给予我们提供重要的启示。

歌唱，是人类的天性，并在人类文明发展中起到重要作用。古有诗舞乐一体，先秦时期乐论在中国古代文论中占有重要地位，中国传统文化的"礼"也需"乐"的配合而成礼乐制度，所谓"兴于诗，立于礼，成于乐"是也。虽然上文提及的各种歌唱类电视节目有文化工业下"娱乐至死"之嫌，文化工业推动下的歌唱使得看似"大众"的文化大有被商业力量裹挟之嫌从而"民"失落而"歌"凸显，但也可看到无论人类文明发展到何等发达的地步，人类歌唱的天性没有消失，透过依然在文化生态中凸显的"歌"就有可能发现"民"，且从文化工业向文化产业的转变完全可能使其成为一种促进多元文化发展的推进性力量。

民歌，作为民间大众的自由歌唱，来自民间、兴于草野，带有天然的生态性、原生性。前面提到的文化工业下的"歌唱"之弊正好可以在民歌的民族性和天然性中得到弥补。同时，民歌在很多没有文字的少数民族地区充当了类似文字的文化功能，将这种间于"天籁"与"人籁"之间的声音作为独特的符号表征探讨

其文化表述的生态功能（因文化本质上是表述，各种文化形态必然通过表述呈现自我，不被表述的只能存在于精神世界或者物质世界。而即使精神世界，仍需作为心象的符号进行精神活动）。或许对于传统的要么侧重语言文字为符号表征，要么外在于语言文字完全投向生态的、环境的、物的叙事来说，这是一种勾连文化与生态，既不外在于文化与生态，又不僵化于文化与生态内部的符号表征，以此为研究对象或可为以上现实和理论的文化生态失衡问题的解决提供一些有益的参照。然而，由于社会生产方式的转变加之大众文化的冲击，原生态民歌已经逐渐淡出人们的生活，又何以谈得上参与建构文化生态？虽然在很多地方民歌不再盛行，但广西素有"歌海"之称，民歌文化积淀深厚，民歌在一些地方仍然盛行，如广西河池东兰县民歌之风尤盛，东兴京族民歌也还流行，而且都在当地文化生活中占有重要的地位。因此，在这两个地方，我们仍然可以生动地看到民歌在当地文化生态的建构中发挥着重要作用的具体情形。于是，笔者拟以东兰民歌和东兴京族民歌为例，从民歌文化表述的角度探讨民歌在文化与生态互动中的生态构建功能。

关于文化生态失衡，我们已主要从两个方面进行了论述，一方面是大众文化冲击下的均质化、平面化、去深度倾向（即消解意义），一方面是精英（主流）文化理性思考所易形成的各种"僵化中心"（即意义僵化），这两者看似水火不容，但又可能彼此取长补短，不过二者的和谐互补需要一个结合物，这就是民间文化。作为重要民间文化形态的民歌对当今文化生态失衡的裨补源于其所具备的意义生成功能。简言之，以意义生成裨补意义消解和意义僵化。而民歌的意义生成功能由三个方面共生出来，其一为民歌仪式化表达的意义生成功能；其二为民歌诗意化表达聚生文化生境的功能；其三为民歌音韵化表达的播散功能。民歌意义生成功能的这三方面相辅相成共生出民歌的意义生境，所谓民歌的意义生境，简单来说就是民歌在歌唱的过程中以其仪式化表达生成意义，这种意义是人的主体性建构，它关联于时间／记忆／叙事／神话／超我，从而具备了意义的深度，这对当下文化生态中的平面化、均质化、去深度具有裨补之功。同时，民歌的歌唱是在具体的场景中展开的，民歌见山唱山、见水唱水，在歌唱中将心中之景与眼前所处之景融为一体，这种诗意化的表达起到聚生文化生境的功能，它关联于空间／感受／抒情／自我，文化生境的生成为之前我们所谈到的生成的意义找到了生境，从而使这种意义免于沦为某种超验的、抽象的、僵化的"意义中心"。此外，民歌的音韵化表达融合仪式化表达和诗意化表达使其成为一个活态整体，因为民歌的歌唱本来就在具体的时间和空间中展开，音韵是活的"在唱"，这种活的律动的声音自然地在时间中前后绵延，在空间中四散铺开。同时，作为人籁的民歌与其所在的大地、山川、草原等自然环境中的声音，诸如鸟鸣、流水声、风声等自然之声相应和，这种音韵化表达的极致播散使其从人类的主体化的意义建构走向"大音希声"的自然奥妙之中，从而在人文和"天文"的互动中趋向文化与生态的和谐共生，从根本上消解文化生态失衡之弊。当然，民歌意义生境生成功能的这三方面是三位一体的活态整体、互有融合，只是为了论述方便，我们将其一分为三分而论之。

第十二章

民歌及其意义生成功能

我们探析民歌的意义生成功能，这并非民歌功能中的新生事物，而是因为在不同文化之间，以及整个人类文化与自然生态的关系日益恶劣的当下语境中，民歌的意义生成功能日益显得必要了。应该说，民歌的意义生成功能一直存在，只是一直被有关民歌的社会功能及相关的实用功能遮蔽。为了说清民歌的意义生成功能与当下文化生态的裨补关系，我们有必要在此深入了解民歌这个一直被遮蔽的功能。

一、难以被定义的"民歌"

朱自清早在其著作《中国民谣》中指出，"民歌"一词源于英文"Folk Song"，而通过考据，一般认为中国古代称民歌为"风"，《诗经》中的国风更被认为是在西周至春秋中期流行于当时十五个国家的民歌（当然，对此学界仍有异议，比如有学者通过考据认为国风并非全为民间大众所作，而有相当大一部分为社会上层的文化人士所作）。"民"与"歌"的组合使对"民歌"的解释必然涉及文化和音乐这两个领域，不同解释只是侧重不同而已。

从"民"的角度来看，民歌与民众之民俗密切相关。国际民歌协会（Internationl Folk Music Council）在1954年对民歌作出的定义为："民歌是通过口传而演变成的一种音乐传统之产品。"其中，"现在与过去连接的持续性""因个人或集体创作冲动跃成的变异性"[1]及社区对何种音乐形式得以保存的选择性成为塑造这种传统的重要因素。在此，我们可以看到国际上对民歌的定义以及对民歌形成的历史文化背景的重视。同样，在中国也可以看到对民歌中与"民"相关的论述，《诗经》中的国风就曾被认为是民歌，南宋朱熹认为"风"就是"民间歌谣"，所谓"风者，民俗歌之诗也"。与此类似，当代学者朱传迪亦从民俗角度考察民歌，并认为民歌受地理和文化环境的影响颇重，他认为："民歌集文化、风俗于一身……世代相传，历久弥新，因此，可以说，民歌——民众所作的歌。乃是一个民族，一个区域的'文化—风俗'交叉的复合体，亦即民间口头传承的一种民俗音乐文化。"[2]这种民众所唱的带有深厚民俗意味的、民间的、口头的文学形式，不以文辞的雕章琢句为工，而纯以天然质朴取胜。[3]

民歌之"歌"因与"民"紧密相连而具备了不同于一般之歌的特点。周青青在其为中央音乐学院编写的教材《民歌》中认为："民歌是劳动人民在社会实践中口头创作的歌曲。它一般是口头流传，并在口头流传中不断经过集体的加工，是劳动人民集体智慧的结晶。"《中国音乐词典》将民歌阐释为："民歌即民间歌曲，

---

[1] 这里的个人或集体应该理解为，虽然民歌之民关联于民众和民俗，但具体的民歌必然是先由某些个体演唱，后合于民风被广大歌者接受，相习成风，然后才进入民众和民俗，而非从某个抽象的民众和民俗而来。笔者结合《给中国民歌下个"定义"？》注。

[2] 余咏宇：《给中国民歌下个"定义"？（上）》，载《黄钟（武汉音乐学院学报）》，1994年第3期。

[3] 对此，亦有学者谈到："流传在平民口上的诗歌，纯是歌咏平民生活，没染着贵族的彩色；全是天籁。没经过雕琢的工夫，谓之民歌。而一切的诗，都发源于民歌；在今日说，民歌变成了诗中的一部分；在最初的时候，民歌就是诗，诗就是民歌。"

是劳动人民为了表达自己的思想感情而集体创作的一种艺术形式。……在群众口头的、代代相传中,不断得到加工。音乐语言洗练、音乐形象鲜明生动,表现手法丰富多样。"[1]从以上这些学者的论述中,[2]我们可以看到民歌之歌的口传性、生活性、集体性和流变性,而这些特性又是因民而起、与民共生的,因为"民"本来就是集体生活于民间并随生产生活及时代而迁徙流变的。

在从民歌之"歌"的角度探讨民歌之后,我们还需将其与一个极其相似的概念相辨析,那就是"谣"。"歌"与"谣"有别,《诗经·魏风·园有桃》中谈到"曲合乐曰歌,徒歌曰谣",《尔雅·释乐》亦言"徒歌谓之谣",另有"有章曲曰歌,无章曲曰谣"等说法。本文论述采取"民间歌谣"指称"民歌"的角度,将"歌"与"谣"均纳入考察范围,出发点在于两者均出于民间,以"民间"二字统摄两者。关于民歌的民间性,我们需要注意和大众性的区别,特别是流行音乐也是大众的娱乐方式。关于这一点,有学者提出,民歌虽然也是一种大众的、民间的音乐形式,但它不同于大众文化中的流行音乐以取悦观众为目的,它"不是为了娱乐他人",而是歌唱者的生活本身,"不是再现别人的感情,

---

[1] 余咏宇:《给中国民歌下个"定义"?(上)》,载《黄钟(武汉音乐学院学报)》,1994年第3期。
[2] 对此,还有其他学者的相似论述,比如:福建师大教授王旅华认为民歌就是"民间歌曲"的简称,是"全国各族人民在长期劳动生活中和社会生活中集体创造出来,最能直接反映现实、被人民群众普遍掌握、广泛流传的短小歌唱艺术"。江明稼认为:"民歌是人民的歌。是广大人民群众在社会生活实践中经过广泛的口头传唱逐渐形成和发展起来的,和人民生活紧密联系着的歌曲艺术。民歌是民间音乐(歌曲形式)和民间文学(韵文形式)相结合的艺术形式。"

而就是他们自身的喜怒哀乐,甚至他们自己就是作曲家、演奏家和观众"。哈佛大学民族音乐学教授卞赵如兰对此也有相似见解,她认为,民歌的歌唱场合应是无任何观赏性观众的,有的应是参与性观众,即民歌手唱歌寻求的是主动的接受者甚至与其对歌的歌手,由此,她强调了民歌本质的自发性而不是表演性。[1]

通过以上众家论述,我们可以看到关于民歌定义的一些共通之处,诸如创作主体的集体性,创作过程中的口头性、自发性、流变性,创作形式的短小、洗练,创作内容与生活的紧密联系性以及情感的真淳、平实,等等。当然,这些共通的特点也不能完全概括定义宽泛的民歌,比如创作虽是群体性的,但某些民歌却是先在某地某部分人先唱之后才慢慢扩展开来的,创作目的固然在于表达劳动人民的真挚感情,但民歌亦有依歌择偶、教化、节庆等其他作用。民歌固然多短小精悍之作,但亦不乏叙事长歌等长篇之作。[2]

何为民歌?通过以上对民歌定义的梳理,我们发现对民歌进行清晰的概念定义和理性切分是困难的,因为这种定义和切分恰恰容易丧失民歌丰富的鲜活性、整体性。作为民间文化形态的民歌最重要的价值恰恰在于其原生性、自发性、整体性的活力!我们不得不同意余咏宇在《给中国民歌下个"定义"?》中所说,准确来说目前对民歌的种种定义并非"定义",因定义为"精确

---

[1] 余咏宇:《给中国民歌下个"定义"?(上)》,载《黄钟(武汉音乐学院学报)》,1994年第3期。

[2] 余咏宇:《给中国民歌下个"定义"?(上)》,载《黄钟(武汉音乐学院学报)》,1994年第3期。

地界定（解释）意义的声明"，而这对活态的、民间的、即兴的、自发的、原生的、演变的民歌而言显然难以精确，倒是"概念"一词较为合适，即我们以上种种论述均是关于民歌的"梗概的意念"。同时，也正因为民歌的丰富性和地域性，很多地方并不以民歌来指称他们自己所唱的，比如"花儿""信天游""号子""龙船调"等，只是我们便于研究的方便用民歌来指称这一丰富的文化事实。

二、20世纪我国民歌的演变及研究简述

以上对民歌概念的梳理可以让我们发现民歌历史悠久，涵盖广泛。简单来说，"民歌"所关联的"民"包括民间、民族、民众、民俗等，它是与官方、王朝、精英、商业等相对应的，也正因此，民歌并非近代才有，但却在近代中国从专制王朝向现代人民共和国转化的过程中显得尤为突出。在近现代"帝"向"民"过渡的重要历史大背景下，民歌经历了五个重要阶段。[1]

第一个阶段是五四新文化运动时期，以北大歌谣研究会发起的"歌谣学运动"为标志。此次运动是北京大学教授刘半农、蔡元培、周作人等发起的在全国范围内收集民间歌谣的运动，体现的是作为"士"的五四新文人在"官"与"民"之间试图吸取民间的文化养料重塑民族精神进而确立自我的文化身份，这也是传

---

[1] 苗晶：《论近现代民歌在发展中的变化及对其未来的展望》，载《中国音乐学（季刊）》，1991年第2期。

统文人"礼失求诸野"的一种表现。只是它作为新的时代大背景五四新文化运动的一部分凸显出一些近现代的意味,而文人对民歌的介入也使得这种似乎只是兴于草野的民歌与国学产生了紧密的联系。对此,徐新建先生的博士论文《民歌与国学——民国时期歌谣运动的兴起与演变》有详细论述。[1]

第二个阶段是20世纪20到40年代,主要是在中国共产党领导的陕甘宁等革命根据地,共产党发动群众,重视民力,由此,广大底层的、乡野的、民众喜闻乐见的文化事项得到极大发展,民歌当然包含其中。

第三个阶段是20世纪50年代初到60年代中期,由于广大劳动人民身份地位的变化,之前在整个漫长中华文化历史中一直被高居庙堂的书面文学掩盖和压制的民间文化得到了极大的发展,民歌在此时期也得到了极大发展。这主要体现在民歌演唱团体的全国性、区域性,而且体现在通过新的广播、唱片等形式使民歌得到空前的繁荣。当时流行的陕北民歌合唱队更是将民歌演唱艺术推向新的高峰,更有轰动一时的1958年的"新民歌运动"。此外,对民歌的重视还体现在民歌真正进入了音乐院校的课程,从而改变了之前的"下里巴人"的境遇。

第四个阶段即"文革"时期,如同其他文化事项一样,民歌被列为"四旧"而禁唱。无论是民歌手、民歌收集者还是民歌的传承都遭到巨大毁灭。

---

[1] 徐新建:《民歌与国学——民国时期歌谣运动的兴起与演变》,四川大学博士论文,2002年。

第五个阶段即改革开放至今，整个时局日渐向好，民歌和其他文化事项一起重新得到恢复和发展。只是在新的时代背景下，民歌的传承和发展出现了一些新的情况，比如之前主要是口传心授的民歌在"文革"之后，通过其他渠道诸如对民歌歌本的收集整理、专业的声乐教师的间接传授等形式的传承也多了起来，但总的来说，汉族民歌不如少数民族民歌兴盛。而对民歌发展最重要的挑战，还在于世界经济文化一体化的冲击，作为前工业文明产物的民歌遭遇到工业文明机械复制时代大众传媒所推动的大众文化快速、高效、大范围、超时空传播的冲击，以及在新的文明时代人们生活方式的改变导致与传统文化形式的疏离。这些都是民歌发展目前所面临的挑战。

从以上民歌发展简史中，我们可以发现，随着"民"在近代中国的发现和觉醒，作为"民"的文化形式的"民歌"也在整个文化生活中日渐凸显，但是民歌在当代也面临诸多挑战与机遇。在简述了20世纪民歌发展简史后我们再来看看民歌相关研究的情况。

关于20世纪民歌研究概况的综述有《20世纪的汉族民歌研究》系列文章，其文通过爬梳20世纪汉族民歌研究的历史划分出的阶段与我们上文所引也有相似之处，作者在此爬梳中指出，百年民歌研究前五十年侧重以俗文学为中心，后五十年侧重从音乐学角度的研究，但也指出跨文化、跨地区、跨民族的综合性研究还比较欠缺。［樊祖荫、赵晓楠：《20世纪的汉族民歌研究》系列文章，载《黄钟（武汉音乐学院学报）》，分别见于2005年第1期、2005年第2期、2005年第4期、2006年第1期。］针对这种仅仅以汉族民歌为研究对象的综述,有《20世纪以来少数民族民歌研究综述》补充了少数民族民歌研究的视角。当然,在多元一体的多民族国家研究各民族的民歌,不可能完全割裂开来论述。因此,此文对少数民族民歌的综述基本是在整个中国近现代史的进程中来进行的[1],与我们上文的五个阶段的划分十分相近。这也让我们更加体会到研究民歌的"民"所涉及的"民族"并非所谓的汉族或者个别的少数民族,也不是一个统称的抽象的"民族"的概念指称,而是人类以族群的方式为生存单位的指称,由此,更有利于在民族的、地域的、交融的文化空间来探讨这种文化事实。该文末也提到现代的人类学、生态学、口头传统等理论应为民歌研究的新指向。

总体来说,本文研究的重点主要侧重于第五个阶段,即从改革开放至今。这一时期对民歌的研究是放在中国当下的当代语境来考察的,即现代化进程中所遇到的现代性与传统文明的冲突和撕裂,甚至某些发达地区出现的后现代文化景观以及当今中国面临的文化全球一体化的压力等。在这样的语境下研究民歌,主要关注民歌,尤其是原生态民歌的传承与保护和民歌的价值与功能。

关于民歌的传承与保护所涉及的问题有如下这些:为什么要保护(涉及文化生态失衡的问题)、怎么保护(涉及在当下语境的保护策略问题)、保护怎样的民歌(涉及民歌概念尤其是原生态民歌概念的辨析),以及民歌传承的现状、机制、动力和如何

---

[1] 王静:《20世纪以来少数民族民歌研究综述》,载《内蒙古大学艺术学院学报》,2009年第六卷第1期。

促成良性传承的策略研究等。

关于为什么要保护民歌,尤其是原生态民歌方面,主要是从文化生态的角度论及在当今的文化现实中,原生态民歌这种天然的根植于大地、根植于我们血脉深处的自然之声及祖灵之歌的价值和意义。在这方面,臧一冰发表文章透过当代大众媒体对民歌展示的热潮,更进一步从深层的大众文化心态和文化倾向上探寻民歌的当代价值。[1]文中更引用哈耶克《通往奴役之路》中的话来言明民歌这种自发性文明的重要价值:"自发性的形成过程是自由文明不可或缺的存在基础。摧毁这一基础也许并不困难,但在摧毁它之后重建这样的自由文明,也许就超出了我们的能力范围。"邓钧从音乐形态、文化形态及演唱方式的原生性谈原生态民歌是在特定的文化空间和文化环境中生发出的本真、自然状态,这种根植于特定文化空间的民众的活态文化形式对当今西方文化霸权的冲击具有不可比拟的价值。[2]而在新的时代语境下,所谓的原生态民歌不可能隔绝于人世,生存在一个虚幻的诗意空间里,这种文化形式同样面临新时代语境的挑战,但这并不能抹杀其独特的价值,只是需要我们从原生态民歌与其他文化事项的交叉中辨析其独特价值。这方面的文章有《2005—2010年原生态文化综述之一——原生态民歌与其他学科的交叉》。[3]与此类似,杜森

---

[1]　臧一冰:《关注原生态民歌对当今中国的意义》,载《艺术评论》,2004年第10期。
[2]　邓钧:《从文化属性到文化属性观——论原生态民歌的不可比拟性》,载《贵州大学学报(艺术版)》,2008年第4期。
[3]　陈睿:《2005—2010年原生态文化综述之一——原生态民歌与其他学科的交叉》,载《北方音乐》,2011年第6期。

也指出原生态民歌与新民歌可以相依互补，从而促进各自更好的发展，这其实是从生态位的角度指出了原生态民歌在当今音乐文化生态中的地位和作用。[1]注重民歌的当代转换并实现其价值的，有范秀娟教授的《民歌社会的现代情节和现代社会的民歌情节》及《从审美人类学看南宁民歌节的审美价值及对原生民歌发展的影响》，前文探讨了处于前工业社会的少数民族和身处现代大都市的人们对于民歌的围城心态，即前者以遗弃传统艺术形式为代价追求现代性认同，而后者却在喧嚣嘈杂的都市回望已逝的田园牧歌；[2]后文探讨了南宁国际民歌艺术节这种都市歌圩通过其"审美交流""审美修复"和"审美抵抗"功能的发挥与原生态民歌有可能实现良性互动，从而原生态民歌的独特价值有可能在现代性语境下展现出来，当然，这还有待于大量的人类学田野调查工作。[3]王杰教授亦以南宁国际民歌艺术节为个案，指出在当代大众文化全球化语境下激活民歌内蕴的民歌文化意识对当代文化变迁下的文化困境具有重要意义。[4]

既然民歌，尤其是原生态民歌具有如此重要的意义和价值，那么如何来保护它呢？由此关涉到保护对象和保护方式的问题。

---

[1] 杜森：《从比较研究的视角看原生态民歌与新民歌》，载《济宁学院学报》，2007年12月。

[2] 范秀娟：《民歌社会的现代情节和现代社会的民歌情节》，载《文艺研究》，2006年第4期。

[3] 范秀娟：《从审美人类学看南宁民歌节的审美价值及对原生民歌发展的影响》，载《社会科学家》，2004年7月。

[4] 王杰：《民歌与当代大众文化全球化语境中民族文化认同的危机及其重构》，载《广西民族学院学报（哲学社会科学版）》，2006年第6期。

从保护对象来看，首先是对民歌这种逐渐淡出我们文化视野的文化遗存的收集、整理，如规模浩大的《中国民间歌谣集成》的完成，当然，还有各地民间的、自发的歌本收集行为。文献的收集整理对民歌的保护是必要的，但民歌作为一种活态文化，仅仅靠僵死文字材料的收集是远远不够的，由此保护对象又延伸到对民歌主体，即民歌歌手的保护。而对民歌歌手的保护的困难在于在传统生产方式遭到巨大冲击、社会文化结构发生巨大变化的文化环境中孤立保护民歌主体的难度，因"真正的原生态民歌离不开相应的文化土壤"，[1]进而又发展为对民间整体文化环境、文化生态的保护，这方面的积极探索诸如国内近些年在少数民族地区建立的民族文化生态村。从保护对象的逐渐变化，我们可以看到保护方式也逐渐从静态走向活态，由孤立走向整体，而这也正是当今整个文化形态走向生态文明的大势所趋。

应该说民歌的传承是民歌保护的一部分，但民歌的传承将民歌保护中民歌主体的保护更加具体化，从而使其更具操作性，这方面的研究多是立足个案的实效性研究，故而我们将其单列。兰晓薇在对歌手生存状况的田野调查基础上为民歌这种非物质文化遗产的保护建言献策。[2]罗剑通过对布依族民歌文化生态研究基

---

[1] 赵大刚：《论原生态民歌研究视域中价值取向的结构缺陷》，载《内蒙古社会科学》，2008年1月。

[2] 兰晓薇：《湖北长阳土家族原生态歌手"农民兄弟"生存状况调查研究》，载《安徽文学》，2008年第1期。

地和民歌文化生态节的田野调查提出了现实的传承措施。[1]段友文指出民歌保护模式要考察民歌赖以生存的文化生态，从而形成整体性保护，形成以民歌为中心而构成的社会、文化、自然三个生态圈及"文艺主体生态系统、文艺本体生态系统、文艺功能生态系统"组合而成的"文艺生态场"的整体保护，其中心环节是对传承人的活态保护。[2]注重整体性保护的个案研究还有李萍《区域特色歌圩整体性开发模式研究——以广西田阳县布洛陀文化歌圩的建构为个案》。[3]整体性的保护策略其实就是从文化生态的角度论及民歌的保护与传承，这方面的文章有赵新宪《土家族民歌的生态保护问题》。[4]黄晓娟教授主要以壮族民歌为例探讨了少数民族口传文学传承机制，并在此探讨中突出了女性之于恢复少数民族口传文学特有文化生态环境的重要价值。[5]从整体上而非从个案来谈民歌的生态与传承的有乔建中的《中国当代民歌的生态与传承——兼谈中国民歌的口头文本和生态文本》。[6]

---

[1] 罗剑：《布依族民歌传承发展的前景及走向——布依族西部民歌文化生态调查》，载《贵州民族学院学报》，2010年第2期。

[2] 段友文：《非物质文化遗产视野下的民歌保护模式研究——以山西河曲"山曲儿"、左权"开花调"为例》，载《山东社会科学》，2013年第1期。

[3] 李萍：《区域特色歌圩整体性开发模式研究——以广西田阳县布洛陀文化歌圩的建构为个案》，载《广西社会科学》，2011年第5期。

[4] 赵新宪：《土家族民歌的生态保护问题》，载《民族文学研究》，2006年第1期。

[5] 黄晓娟：《女性与少数民族口传文学的传承机制》，载《南开学报（哲学社会科学版）》，2013年第4期。

[6] 乔建中：《中国当代民歌的生态与传承——兼谈中国民歌的口头文本和生态文本》，载《福建艺术》，2003年第3期。

总体来说，对民歌传承的研究多立足于个案调查，理论上倾向于从文化生态的整体性上实施活态保护和传承。

以上我们论述了民歌保护和传承的相关问题，但我们在保护和传承民歌的过程中，在当下文化语境下最应该注重的是民歌的什么功能？这种功能对当代文化症结甚至前文我们所论述的理论上的中西方"中心"问题有什么裨补之处呢？这是本文力求探讨民歌文化表述的生态功能的初衷，这里的功能好像和为什么保护民歌提及的价值与意义有相似之处，其实不然。如果说价值和意义是侧重于从名词与形容词角度的静态分析，那么功能则侧重从动词角度将民歌置于活态文化生态系统中进行动态考察。

综上，从近代民歌发展历程来看，整体上是以前被封建制度压制的"民"的发现，由此歌唱"民之心声"的民歌理应作为顺应此历史文化发展的文化资源加以研究。而传统研究对民歌的关注点在其社会功能和实用功能，仍然保持着对民间文化的俯视视角，追求民歌之于"先进文化"的作用，难以回答当今文化与固有文化生态冲突的文化悖论的难题。故本文结合当下语境中对民歌保护、传承的重视，同时更加注重从民歌与当下文化生态的互动中探析其生态功能，在此基础上既对当下文化生态失衡的问题进行理论回答，又期望对现实的良性文化生态建构有所裨补。

三、民歌被遮蔽的意义生成功能

前文我们已对民歌的词义进行了探析，从中发现精确的定义容易限制民歌丰富的文化事实，而对于民歌的作用，则多以其社会作用来观察。

如《诗经》，其实它在被称为《诗经》之前还被称为"诗""诗三百"，以"经"指称奉为经典，则明显已是经过后来的依经立意建构的经典化、官方意识形态化的塑造，在此之中强调其社会实用、政治治理功能就不足为奇了。也正因此，有学者就质疑通常被我们认为是记述当时十五国风的"风"可能并非原初形态的民间民众演唱之民歌，因只有文人贵族掌握书写权力，他们在书写记录这些"风"的时候很可能加入自己的一些带有贵族意识形态的改写，因而有文人贵族的书写窜入其中。[1]且不说这种质疑是否成立，但至少表明历代都有对民歌的社会功用加以强调。这方面在《诗经》中的怨刺书写比比皆是，比如《魏风·葛屦》就有"维是褊心，是以为刺"，而后将此引申发展为对君王的美刺，这就是"上以风化下，下以风刺上"（《毛诗序》)，明显是在封建国家意识形态角度来谈《诗经》的作用，执政者通过这种来自"民"又能抵达于"官"的"风"，起到观风知政的政治目的。孔子的"兴于诗，立于礼，成于乐"（《论语·秦伯》）以及"兴观群怨"（《论语·阳货》）也概莫如是，关注的多是《诗经》的社会作用。

不仅古代从政治治理的角度重视民歌的社会功能，这种重视还一直在后世中延续、变形。总的来看，他们所强调的民歌的社会实用功能包括这些方面：（1）辅助生产劳动的功能，这在文艺

---

[1] 钟宗宪：《论〈诗经〉中的文学原始性和民间性》，载《励耕学刊（文学卷）》，2008年第2期。

产生与劳动的论述中可以看到，比如这方面的观点认为，最早的劳动号子其实就是一种应力歌，人们并没有其他的什么审美或者社会协调的意义价值考虑，只是在劳动的过程中出于对身体承受重压的反应而发出某种呐喊，这种呐喊被同伴听到于是互相应和，这种应和不仅可以从气息调节中让劳累得到缓解，而且还能起到协调集体劳动的动作的功能；（2）日常生活中的实用功能，比如酒席上为助兴而唱的祝酒歌，妇女为了哄孩童入睡的摇篮曲，小商贩为了卖出商品而吆喝的叫卖调，等等；（3）民歌的交际功能，这方面最重要的是民歌在男女两性交往中起到的以歌择偶的功能，这也是为何情歌一直是民歌中最兴盛歌种的原因；（4）由民歌便于交往的功能所衍生出的其他相关功能，比如传递文化知识的功能（笔者就曾在参加2014年壮族网络歌圩研讨会上认识一个民歌歌手，他将中医知识编进民歌使其利于传播）；（5）民歌的休闲娱乐和游戏功能，这种功能其实和民歌最早产生于劳动中有关，劳动人民正是在艰苦的劳作中发现歌唱可以让他们放松，才逐渐发展了民歌的休闲娱乐功能，而民歌的游戏功能在猜谜歌等逗趣的民歌中表现得尤为明显；（6）民歌在宗教信仰及习俗方面的功能，比如各族都有祭祀歌、歌唱地方风物的民俗歌，其实民歌的这个功能和民歌的娱乐、游戏功能紧密相关，正是人们感受到民歌可以"娱人"，才推此及彼地认为可以"娱神"，于是才在最神圣的祭祀活动中把他们认为最快乐的方式呈现给神明，想让神明也感受到快乐；（7）文化身份认同的功能，作为民族心理、民族性格、民族精神、民族气质、民族审美沉积物的民歌所具备的这种功能看似无形却又是其最深层的功能。[1]

除主要从社会功能的角度论述民歌功能，还有从美学角度论述民歌功能。蒋笛、谢萍将民歌功能分为倾向性功能、非倾向性功能和审美功能，所谓倾向性功能其实很接近我们前面论述的民歌的社会功能，诸如古已有之的"观风知政""上以风化下，下以风刺上"，民歌满足人民大众群体交流从而加深族群认同感的功能；所谓非倾向性功能指的是民歌作为一种有韵律的声音，自然作用于人的感官，满足人的天然需求，这颇似康德的非功利性的说法，但这种说法也和我们后文要谈到的民歌沟通文化与自然生态的功能相关联；所谓民歌的审美功能指的是民歌内容、形式上的美对于人们美感的满足功能。[2] 当然，作者对民歌的功能的论述看似和我们之前论述的民歌的社会功能有很大相似处，但作者既将民歌功能三分，同时又强调民歌的倾向性功能和非倾向性功能都是与民歌的审美功能紧密融合的，三者不可完全剥离开来，只是为了论述方便如此分类而已。这一点与我们后文要探讨的民歌文化表述的生态功能有相通之处。

在对民歌研究的综述中，我们发现在当代语境下进行民歌研究主要侧重于民歌，尤其是原生态民歌的保护、传承，以及与之相关的价值、意义和功能等的研究，前者侧重具体的策略探析，后者侧重从社会角度探讨其价值、意义和功能。但从相关文献的

---

[1] 参考苗晶:《论近现代民歌在发展中的变化及对其未来的展望》，载《中国音乐学（旬刊）》，1991年第2期。

[2] 蒋笛，谢萍:《美学视野下的民歌功能》，载《作家杂志》，2011年第9期。

综述中，我们也发现，无论是民歌的保护还是民歌的传承，以及其他与其相关的问题，都是不能分割的，这也充分体现了民歌这种原生文化形态的整生性。也正因如此，本文拟从文化生态的角度落实在民歌文化表述的层面探析民歌在文化与生态的互动中所具备的生态功能，这或许有助于更好地认识我们应怎样保护、传承怎样的民歌，这样的保护、传承对于当下的文化生态又有怎样重要的价值。而从功能的角度探析又有别于价值探析，所谓功能指的是某物在促进整个系统运作中的动态效用，而非静态的价值评判，从这样的角度谈民歌文化表述的文化生态建构功能并非撇开民歌的社会功能，因为在民歌的文化生态建构的功能中已经蕴含着民歌的诸种社会功能。

综上，正是由于对民歌的社会功能与美学功能的过分强调和关注，而使民歌的意义生成功能长期地被遮蔽。现在是让民歌这种本然的功能向我们敞开的时候了。

四、民歌意义生成功能的在场

对民歌的社会功能，以及与此相关的其他实用功能的强调，很大程度上取决于中国传统文化中儒家的入世思想，同时也是儒家思想强调依经立意的经典建构过程中逐渐形成的"书写中心"观念对民歌这种兴于草野的民间之声进行遮蔽的结果。但不管怎样，其实民歌的意义生成功能一直是在场的，只是这种在场是一种隐性的在场罢了。

从民歌属于中国古代的"声文"的角度，我们可以透视出民歌的意义生成功能在古代的隐形在场。在中国古代"文"远非仅指作为文字的"形文",还包含"声文""情文"等,它们"在心为志(情),发言为诗""情发于声,声成文谓之音",形诸笔端则成"形文"。由此可见,"声文""情文"与"形文"三者相辅相成、不可分割,这也正符合中国古代的"诗舞乐"一体。而"声文"又包含"天籁""地籁"和"人籁"(《庄子·齐物论》),民歌作为"人籁",是民间之民众在天地山川中的自然、自由歌唱,其与无言之大音的"天籁""地籁",即自然环境中的风声、水声、鸟鸣声相应和,如风行水上自然成文。由此,民歌作为一种沟通天地人之间的符号表征自然地具备在文化与生态的互动中的生态功能,这种生态功能有别于主客二分的自然与人文的对立,正如刘勰在《文心雕龙》中提及的"自然""我心"与"人文"的三分法一样,其实,这是一种将世界三分的生态观念,这种三分法将世界分为物质的世界、精神的世界和文化的世界[1],因为物质的世界是客观存在,精神的世界在我们每个人的心中,它们要进入文化的表述的世界才能交流沟通。人类正是通过文化表述实现文化的生存[2],这种文化的生存关联于人的精神生存和自然生存,从生态的、一分为三的角度来重新审视"文"中之"声文"的民歌便能发现其意义生境生成功能的在场。

这种"声文"产生于文字创生之初,饱含了文之表意的原

---

[1] 三个世界的分法借鉴张皓:《生态批评与文化生态》,载《江汉大学学报(人文科学版)》,2003年第1期。
[2] 关于文化即表述参见第十一章相关论述。

生性和生动性，这是单纯强调文字所不能涵盖的。比如闻一多先生就在其《神话与诗》中写道："想象原始人最初因情感而发出'啊''哦'或者'呜呼''噫嘻'一类的声音，那便是音乐的萌芽，也是孕而未化的语言……那不是一个词句，甚至不是一个字，然而代表一种颇复杂的含义……这样介乎音乐和语言之间的一声'啊'便是歌的起源。"故此，古人才说"歌谣所兴，宜自生民始也"。由此可知，歌谣产生于远古时代。也正因此，那时的关于歌谣的记录都相当简略。比如先秦时期的《弹歌》："断竹，续竹。飞土，逐宍。"用极简的文字描写出先民削断竹子、制成弹弓、射出泥丸、打击野兽，在先民的文字表达能力还很弱的情况下，这应该不是先民用字精练，而是发自本能地在歌唱中用充满简单节律的声音将意识中混沌的意思凝练为极简的字，而这也让我们看到了民歌在意义生成时的含混性和原生性。

另外，从其他典籍来看，在《易经》《诗经》中我们都可以看到民歌意义生成功能的隐性在场。《易经》历来被人们推崇为群经之首、大道之源，而在此文化源头也富含着民歌元素。比如，《易经》中的卦爻辞就被称为"谣"，联想之前提到的《说文解字》所述"徒歌，曰谣"，我们可以将卦爻辞理解为古代民歌，因为从这些卦爻辞中我们明显感觉到它们是按照歌的节奏和韵律来记述的。比如《易·屯·六二》的爻辞为："屯如、邅如；乘马，班如。匪寇，婚媾。女子贞不字，十年乃字。"《屯·六四》写道："乘马，班如，求婚媾。往，吉。无不利。"《屯·上六》写道："乘马，班如；泣血，涟如。"整个联系起来看，我们可以猜想描写的就是上古的抢亲习俗，男方骑着马去抢亲，说自己不是匪寇,远道而来是为抢亲,而新人在此过程中乘在马上泣涕涟涟,可见是一段不幸的婚姻。[1]这种两字一句极其简略的叙述表明了古代文字刻写的艰难,但从中我们可以明显看出古代民歌的简单节奏和韵律,在卦爻辞这种神圣的占卜中用民歌式的词句记述情境,其意义生成功能可见一斑。再看被称为我们第一部诗歌总集的《诗经》,虽然在被强调社会实际功用而遮蔽,但其意义生成功能依然在场。比如作为《诗经》首篇的《关雎》:

关关雎鸠,在河之洲。窈窕淑女,君子好逑。
参差荇菜,左右流之。窈窕淑女,寤寐求之。
求之不得,寤寐思服。悠哉悠哉,辗转反侧。
参差荇菜,左右采之。窈窕淑女,琴瑟友之。
参差荇菜,左右芼之。窈窕淑女,钟鼓乐之。

《毛诗序》认为此为吟咏"后妃之德",而现代学者又多认为是描写恋爱的作品。后者的观点更符合作品的实际,因为读了这首诗,我们自然会在眼前呈现这样的境界:在美丽的河畔上,雎鸠鸟自由地鸣叫着,但在心中想着情人的青年男子看来,这似乎是在吟唱那求之不得的好伴侣——窈窕淑女。虽然求之不得,但青年男子仍然展开了不懈的追求。他涉水过河,河中到处长满茂密的荇菜,窈窕淑女在其中若隐若现,他在其中找来找去,总是找不到,求之不得夜里便辗转反侧,白天又来到这满是荇菜的河

---

[1] 滕丽民:《〈易经〉中蕴含的音乐资源概述》,载《音乐创作》,2013年第1期。

中找寻，后面他边采摘一些荇菜以便送给情人，又弹起琴瑟、敲响钟鼓，以此来取悦情人。这样的场景既可以是实际的青年男子追求情人的场景，也可以是青年男子思念情人的心象、心境，但明显，这是在以歌唱的形式表露自己的心迹。"雎鸠""之洲""好逑"明显是在一唱三叹中循环往复"ou"这个韵，"ou"既是吟咏又是叹息，在循环往复的咏叹中使歌者身协其韵、身心摇荡其中，而"窈窕淑女""参差荇菜"不断重复交错其中，使得歌者的这种咏叹置身于荇菜茂盛、美人在畔的情境（不论这是真实情境还是心境）。由此可见民歌的意义生成功能的在场，且这种在场关乎情境的生发，并非单纯的意义表述。

不仅《关雎》具有意义生成功能，《诗经》中其他诸篇亦复如是。诸如被认为表达"后妃之志"的《周南·卷耳》循环往复地用"陟彼崔嵬""陟彼高冈""陟彼砠矣"，而又将"我马虺隤""我马玄黄""我马瘏矣"和"我姑酌彼金罍""我姑酌彼兕觥""我仆痡矣"交错其间；再如《王风·黍离》段段皆有"彼黍离离""行迈靡靡""知我者谓我心忧""不知我者谓我何求""悠悠苍天"，"彼稷××"逐渐变为"彼稷之苗""彼稷之穗""彼稷之实"，"中心××"逐渐变为"中心摇摇""中心如醉""中心如噎"……如此种种在《诗经》中比比皆是，皆是在民歌既在生发意义，又使得这种意义的记述生发具体的情境，并且是多重意义、多重情境。

正是民歌的这种意义生成功能使活跃于民间民众中的不为任何单一意义所规约的活力，使其超越时代而绵延至今，这在如今仍盛行的东兰民歌中亦有生动表现。如《红水河壮族对歌》[1]中的《屋里歌》有这样一首《交情歌》：

  交情第一春，台楼蝉声欢。和妹初交情，针线不分离。林边栽秧苗，盼日月光照。交情第二春，求神降喜雨。同饮鸡血酒，不准谁忘谁。大官坐高楼，手书留作证。

  交情第三春，天鹅飞过山。不结双就罢，但得共日月。我们作双对，喝粥水也饱。

  交情第四春，生死不分离。我俩交情好，千万不离分。分离了就了，情爱也枉然。

  交情第五春，嘱妹细思量。奴话语有错，请妹莫计较。今夜得相见，似神仙交谈。

  交情第六春，纵横线交织。话嘱乖妹妹，莫作多心人。燕子飞高天，莫给毛落地。

  交情第七春，愿草籽粘衣。管他皇爷女，不如我甜蜜。正月到初一，烧香共敬神。

  交情第八春，稳当坐考台。先当家为大，莫拆散竹排。绸织绸才厚，纸压纸严实。

  交情第九春，好似对蛟龙。兄妹得合欢，如初升太阳。同献善良心，定能成双对。

  交情第十春，重把旧话提。交情交到底，双方对吉祥。山中来栽树，要种榕荫树。

---

[1] 摘自覃剑萍东兰民歌手抄本。

从歌中我们可以看到，时光流逝而情意弥坚的诗情画意。从第一春到第十春，歌手唱蝉声、唱针线、唱日月、唱喜雨、唱天鹅、唱绸缎、唱蛟龙、唱榕树……通过大量比兴描绘出了一个充满诗情画意的情境。歌者可能是真正处于这个情境之中，可能是在歌唱中以想象构造了这样一种心境，也可能是兼而有之地既在此情境中演唱又在精神中生发。而大量平常生活物象的运用使对"交情"的表达自然生发出来，使其置身的不论是现实的还是精神的，抑或兼而有之的境界皆是充满了真实感和现实感的自然情境。在这些充满了真实感和现实感的情境中不论是歌者还是听者都能睹物思人、情境互生，从而生动地体现了民歌意义生成功能的在场。

这种表情达意让歌者置身于一种由熟悉物象造成的意境的歌唱并没有流于自说自话，而是在对唱中将这种多重表意、身感体悟的情境彼此生发、绵绵不休。比如下面这首《答交情歌》：

伴哥第一春，阳光照大地。得蛟龙作伴，如新花怒放。晒台来晒米，日盼三见光。

伴哥第二春，全身衣欢开。妹得伴仙哥，心似棉桃开。得伴远乡哥，月亮伴星星。

伴哥第三春，近王享福禄。鱼虾水中游，早晚论古今。和哥共条船，菜无盐也咸。

伴哥第四春，似金花开放。结对走京城，同取功名归。棉线织丝线，哥妹实命好。

伴哥第五春,棉团伴纺机。得伴远乡哥,乐在心坎里。三日大同圩,到拱桥相会。

伴哥第六春,竹笋伴竹林。蠢妹伴乖哥,来日多指教。河里水回旋,盼驾水车人。

伴哥第七春,如王□树茂。伴远乡乖哥,似十五月圆。得和哥交情,火烧脚不跳。

伴哥第八春,如金鸟展翅。哥丢妹不丢,永世在广西。走入遍银坛,妹倍觉心欢。

伴哥第九春,恰似双凤飞。来日得十全,欢歌谢命运。挑粪上花园,培育云天花。

伴哥第十春,重把老话提。欢歌唱到头,不夸多心人。我们织情网,不可解可折。

用"伴哥第××春"答"交情××春",歌中并不用冬夏,年年都以"春"代年,可见妹与哥的情意之深,无论时光如何流转,只要有情人相守,四季皆是春天,而对这年年如春的景象也是极尽比兴之能事。从天上的"三光"到地上的"草木"再到水里的"鱼虾",甚至上天入地潜水腾空的蛟龙等,这些大量物象的使用同样让歌者和听者置身于优美的充满浓情蜜意的境界中,而"哥丢妹不丢,永世在广西"与前面《交情歌》中的"山中来栽树,要种榕荫树",又带有浓厚的地域文化色彩。如果我们展开想象,回归到现实的对歌场面,想象男女歌手在优美的广西风光中深情款款地自由对歌的情境,而非将此完全作为一种案头读物的话,那悠扬而富有韵味的歌声所带来的身感体悟进而身心摇荡的意境感受是难以比拟的。

通过上述民歌实例的分析我们看到，民歌天然地具有意义生成的功能，也正是靠了这种功能的艺术魅力，民歌才能经久不衰。当然，民歌的这种意义生成功能对当下的文化生态也有裨补作用，而这正是本文所要着力解决的问题。

此外，民歌意义生成功能的在场也是历史发展到当下的时代必然和必需所致。前文我们简述了20世纪以来的民歌发展，无论是五四新文化时期的"歌谣学运动"，20世纪五六十年代的"新民歌运动"，还是改革开放以来民歌的恢复和发展，一以贯之的是随着社会历史的发展，在向人民共和国的时代转变中，作为民间民众演唱的表达民之心声的民歌，逐渐从封建的文化中心中解放出来并被日渐重视。只是在此过程中，民歌作为民间文化事项，不时被卷入精英文化与官方文化的对话中，但通常只作为他者被重视、被言说，其主体言说仍然面临失语境地。而在新时期，受全球文化一体化的冲击，无论官方文化还是精英文化，皆面临西方强势文化的冲击，在此语境下，民间文化中真正的、原生的"民"的特性显得尤为重要，这也是当代世界范围内非物质文化遗产保护受到重视的一个重要原因，从而也使得民歌意义生成功能的在场更加凸显。

综上所述，不论从民歌作为原始先民表意萌芽的角度，从古代"声文"与"文"的天然共生关系，还是从古至今的民歌实例，我们都可以看到民歌意义生成功能的在场。这种在场之前可能只是隐性的，而在时代语境的冲击下，这种在场却越来越凸显，也越来越需要被重视。

五、何为民歌的意义生成功能

我们可以看到，民歌的意义生成功能具有呈现多种意义、多种景象，引起多种联想的特点。而对何为民歌的意义生成功能，还需我们进一步地深入探讨。

深受皮尔斯三元性符号学理论影响的生态符号学是一种一分为三的生态观，现我们由此观照、发掘、探析民歌意义生成功能的生成机制。

民歌作为符号，其声音对应符号的可感知部分，它作为"人籁"[1]在与天地万物的应和中自然、自由地歌唱，从而与生物表意关联。比如不同的自然地域环境形成不同的语音；民歌所指的对象（意义）可以有多重解读，而民歌又多为对唱，从而在对话中具备了主体间性的意味；民歌的解释项，我们暂且可以理解为多个民歌手或者听众，他们是多主体的解释，而这种解释因人生于不同自然文化环境中，又在主体以歌为符号表意的过程中生发他们独特的符号域进而生发环境界。[2]由此可见，民歌作为人类文化形态之一，蕴含了人类文化最重要的本质，即表意。通过表意建构主体生存时，它在表意中所生成的意义又因通过一个物质性符号（声音）在自然找到了生境，由此它所生发的是一个既有意义（并且是富含主体间性的意义），意义又有生境的活态整体，

---

[1] 陈鼓应《庄子今注今译》关于天籁、地籁、人籁的论述，此处指称民歌，取自然的声响之义，强调民歌的自然性。

[2] 符号域、环境界的说法参见第十一章相关论述。

故而我们暂且称为意义生境。

民歌的意义生成功能所生发的意义生境对当下文化生态中所存在的平面化、均质化、同一化的问题具有积极的裨补作用。

之所以如此，是因为民歌所呈现的这些多种意义和多种景象，以及所引起的多种联想，既可以在歌者与听者之间建构起一个暂时的虚拟的生态之境（如歌手装扮成情人或夫妻关系，歌手在对歌中消除现实人际关系的不平等，从而达到一种自由嬉戏之境），还可以介入现实的人际关系、自然环境等建构起具有现实感的生态之境（如由唱情歌最后发展为现实的夫妻）。笔者在东兰县城拔群广场歌圩上就得以看见过这样的生动场景。拔群广场依山而建，四面环山，地势开阔平坦，占地约 60 亩，加上配套的韦拔群纪念馆、铭记园、将军园，会同烈士陵园共占地 200 多亩，其间绿树成荫，到处是亭台阶梯，体育运动器材合理布局。歌手们在广场上、林荫下、阶梯上、石碑旁、雕塑下进行自由对歌，来自不同地方的民歌手因不同的韵调分为不同的群落，分布在园区各处，民间的自由歌唱和作为主流意识形态官方话语的叙事（革命者雕像作为物的叙事加入其中）交映成趣，其间更有广场舞、街舞、流行歌曲等各种文化形态充斥其中，各种文化事项组成一个和谐的文化生态景观，而民歌作为承载这片土地和这片土地上世世代代人们记忆的声音，则为此文化生态景观奠定了深厚底蕴。在现实歌圩中我们发现，不管是七八十岁的老头老太太，还是十七八岁的青年男女，对歌皆称"哥"啊"妹"啊。在这种"哥"啊"妹"啊的对歌中就自然地生发出一种虚拟的生存（生态）之境，在此境界中，对歌者都暂时地成了谈情说爱的恋人，而实际上他们不是这种关系，只是虚拟性、假定性的恋人而已。这就是一个由民歌的意义生成功能所建构出来的一个虚拟性、假定性的境界，也可以称为歌内生成的意义世界。

当然，如果两个陌生的年轻人因对歌而生情，并结为夫妻，或者两个陌生的中老年因对歌而结成很好的朋友，从根本上改变了两个人的关系乃至生存状态，这可以说是歌外生成的意义世界了。这一境界是现实的、活生生的，而且又是由民歌作为媒介而生成的，因此这一境界也可以称为民歌生成的现实生存之境。由于是在歌外存在的，因此又可称为歌外生成的意义世界，与上文提到的歌内生成的虚拟性的意义世界形成鲜明的对比。

民歌的这种生发虚拟之境与现实之境的能力，决定了其对当下文化生态具有积极的裨补作用。而民歌所生发的境界的内容性质，又往往与其演唱表达的场合、表情达意的方式以及声音曲调有着密切的关系。具体说，就是与民歌表达的仪式化、诗意化、音韵化有着密切的关系。这三方面的因素可以说是决定民歌的意义生成世界的性质的最主要因素，同时也是其对当下的文化生态起到裨补作用的主要因素。

第十三章

民歌意义生成的方式和途径

民歌的意义生成不在于其文本的经典性，而在于其意义生成方式所内蕴的文化活力。民歌的意义生成方式比较典型的有三种：一是以仪式化的方式生成；二是以诗意化的方式生成；三是通过音韵化的方式生成。当然，这三种方式有时是相互缠绕在一起、难以决然分开的，但实际上它们又都是可以让人有所侧重地单独感受到的民歌的意义生成方式。为了更深入地了解民歌的意义生成功能，以及更好地说清其对当代文化生态的裨补作用与方法，笔者觉得有必要在此对它们分别进行专门的阐述。

一、民歌仪式化表达的意义生成途径

仪式化内蕴于民歌产生之初，在原始先民那里正是民歌的仪式化起着沟通天人的作用。从皮尔斯符号三分法[1]来审视民歌意义生成的这一功能，应是对应对象，这个对象在民歌中指的是它的意义建构。而这种意义建构是切实根植于生存和生命的仪式建构，故关联于时间/记忆/深度/叙事/神话/超我，裨补的是当下文化生态中的均质化和平面化。在此，我们先从民歌此功能的仪式化表达展开论述。

---

[1] 皮尔斯符号三分法详见第十一章相关论述。

(一) 何为民歌的仪式化表达？

所谓民歌的仪式化表达，就是指为了达到特定的目的而在仪式上演唱民歌表情达意的方法。

仪式，是文化人类学中的一个重要术语，它与神话紧密相连。泰勒将神话分为"物态神话"（Material myth）和"语态神话"（Verbal myth），前者指的是行为方面，后者指的是语言叙述方面，后者基于前者是对前者的描述，前者就是仪式；涂尔干在其《宗教生活的基本形式》中将宗教分为信仰和仪式两个基本范畴，两者分别对应神圣世界和世俗世界；马林诺夫斯基也认同神话对应观念、仪式对应实践，两者并存，他的"功能主义"认为巫术是为了帮助人们实现他们想要却又达不到的目的，但巫术又需要仪式行为的展演表现出来，由此这种仪式就是建立在一种信仰或者巫术思维之上的[1]，弗雷泽在其巨著《金枝》中将这种巫术思维概括为"相似律"和"接触律"。

虽然仪式是人类学研究中最古老也是最重要的概念，至今仍很难有一种统筹所有关于仪式概念的说法，但通过以上概略的叙述，我们至少可以看出仪式的一些基本特征：仪式与神话具有同构关系，是一种人类古老的行为和观念，仪式侧重于行为和实践层面，通过这种看得见的行为和实践，人们可以表达愿望的、看不见的、神圣的观念和信仰，通过仪式行为，人类打通了世俗世界与神圣世界之间的道路，并使它们在仪式中成为一个世界。因此，我们可以说，仪式对人类的精神或者说信仰的生存显得尤为

---

[1] 彭兆荣：《人类学仪式研究评述》，载《民族研究》，2002年第2期。

重要。

作为源于原始神话时代的文化形式的民歌，天然地充满了仪式化的表达。《吕氏春秋·仲夏季·古乐篇》中有这样的描述："昔古朱襄氏之治天下也，多风而阳气畜积，万物散解，果实不成，故士达作为五弦瑟，以来阴气，以定群生。昔葛天氏之乐，三人操牛尾，投足以歌八阕：一曰载民，二曰玄鸟，三曰遂草木，四曰奋五谷，五曰敬天常，六曰达帝功，七曰依地德，八曰总万物之极。昔陶唐氏之始，阴多，滞伏而湛积，水道壅塞，不行其原，民气郁阏而滞著，筋骨瑟缩不达，故作为舞以宣导之。"从中我们可以看到，在诗舞乐一体的先民仪式行为中，民歌被赋予了神圣的使命，在这样的场合，民歌被赋予调节阴阳从而化育生民万物的神奇力量，这明显是先民在巫术思维的作用下，运用民歌的仪式化表达试图操控神秘莫测的大自然。而《诗经》中的"颂"、楚辞中的《九章》《九歌》以及后世众多的"郊庙歌曲"也均被后世学者考证出是出于祭祀的目的。当然，在当时，它们都是以"诗""舞""乐"三位一体的共生状态呈现的。只是到了后来才通过"征圣宗经"的经典化、书面化过程，逐渐成为案头文本，从而成为封建等级制度的建构工具，成为压制人们的意义结构。通过这些经典所塑造的"意义中心"结构向外辐射成整个封建伦理道德体系，同时也让它们的仪式化表达因此而被遮蔽了。但从口传文学的角度考察少数民族地区依然存在于民歌中的祭祀歌曲、风俗歌谣等，我们仍可以清晰地看见民歌文化的仪式化表述的图景。

在东兰民歌的田野考察中，我们发现蛙婆节曾是这一地区的重大节日，直至被特定历史阶段的意识形态视为"伤风败俗"而禁止。在此之前，每年从农历正月初一至月末或者二月初，人们都要举行盛大的找蛙婆、唱蛙婆、孝蛙婆、葬蛙婆等祭祀活动，男女老少在此期间日夜沉醉于欢乐的歌舞之中。虽然蛙婆节歌谣现多已失传，但从覃剑萍先生于20世纪八九十年代从民间老艺人、老歌手及蛙父（主持蛙婆节的村老）记录下的珍贵蛙婆歌本中我们可以看到，人们在蛙婆节上唱的蛙婆歌将一年十二个月人的生产、生活、生存都与蛙婆联系起来，在"唱蛙婆"中充满了仪式化的表达。"找蛙婆、孝蛙婆、葬蛙婆"等显著的仪式化行为，更将这种仪式化的表达表露无遗。正是因为蛙婆对农事的护佑，人们才要举行隆重的"找蛙婆、孝蛙婆、葬蛙婆"的仪式。而这种仪式反过来又使得在仪式上演唱的蛙婆歌具有了鲜明的仪式化表达的色彩，人们借助这种仪式化的演唱，达到了暖大地、传心声、孝蛙婆、"敬她为神母"的目的，不仅因此而建构出了一个蛙婆的神灵世界，而且还将此神灵世界与人生的现实世界勾连起来，构成一个既相互独立又和谐一致的神人一体的世界。这个神人一体的和谐世界的具体表征就是人们祈求的风调雨顺、五谷丰登。无论是这个神人一体的世界，还是彼此独立的神、人世界，都是借助仪式化的唱蛙婆歌而产生出来的，它们实际上就是蛙婆歌谣的仪式化表达而生成的意义世界。

　　这种借助仪式化的演唱来沟通人、神世界的情形，在体现民俗信仰的民歌中也有鲜明的表现，如冰雹谣、设神棍谣、搭情谣、离情谣、禁命谣、赎命谣、留魂谣、禁血谣等，在这些歌唱中人们沟通人、神世界的渴求表现得淋漓尽致。

当然，随着世事推移，人们的认识能力提高，神话式的民族叙事演唱渐渐淡出人们的视野，取而代之是大量的风俗歌谣的社会人生的仪式化表达。生命礼仪贯穿人的一生，而这方面的民歌也因此而贯穿人生的整个历程，几乎任何人生阶段的仪式行为都有相应的歌谣，如有怀胎歌、接生歌、三早歌、婴儿出门谣、婚源歌、发媒歌、说亲词、答亲词、讨媳妇歌、哭嫁歌、送嫁歌、嘱妞歌、嘱女歌、嘱婆歌、待嫁歌、不落夫家歌、祝寿歌、恭贺歌、还花歌、丧歌、守孝歌、死婴打记号谣、花婆歌等。这些歌谣都是在相应的人生仪式上演唱，并生成和实现其相应的仪式化意义。[1]

不仅在重要的人生阶段需要民歌的仪式化表达，就是在日常的生活礼仪和重要的节日庆典上也同样需要。就像无酒不成席，重要节日没有歌唱，其仪式意义是很难完成的。比如席间敬茶酒，要唱敬茶酒歌，对方敬你，你要用谢茶酒歌回应；在重大节日如谷雨节要唱谷雨节歌，三月三要唱三月三歌，除夕要唱除夕夜火歌，甚至洗脸也要唱"洗脸"歌，故人重逢有重逢歌等。[2]

综上，我们可以看到民歌的仪式化表达是民歌存在的常态，也是体现民歌意义生成功能的一个重要的窗口。

（二）民歌仪式化表达的意义生成功能

我们都知道，语言具有意义生成功能。对此，海德格尔的阐述最为具体形象，他在《诗·语言·思》中写道："语言凭其为

---

[1] 摘自覃剑萍收集的手抄歌本资料。

[2] 摘自覃剑萍收集的手抄歌本资料。

存在的初次命名，把存在物导向词语和显现。"[1]通过语言符号，世界向人类敞开了，成为人的世界，而非"物理的世界"。他们不再像其他动物、植物甚至无机物那样受制于物理和化学的规律而被动存在，而是可以通过语言符号让世界万物在他们的意识中澄明，让他们意识到自我的主体化存在，进而通过语言符号考察建构新的人与自然、人与人以及不同物质之间的关系，并在这种关系建构中形成不同的文化模式，通过将这种文化模式付诸实践，并且建构属人的不同世界。这个世界不仅仅是属人的意义世界，也是因文化的物质性和实践性而成为现实的世界，这也是马克思所说的"自然的人化"与"人化的自然"。由此，从文化主体生存的角度来看，语言的本质就是人的本质，语言的本质就是赋予人自由。

但语言不同于文字，文字产生于语言之后。布龙菲尔德在其《语言论》中就谈到："文字并不是语言，而只是利用看得见的符号来记录语言的一种方法。"[2]这种"看得见的符号"在中国是象形文字，在西方主要是以记音而发展起来的拼音文字。在此，我们分别简述中西方如何通过文字建构文化之路。先看东方中国，黄侃在《声韵略说·论斯学大意》中写道："书契之兴，依声义而构字形。"[3]关于"文"的出现，《周易·系辞下》中写道："仰则观象于天，俯则观象于地，以类万物之情。"许慎继续在其《说

---

[1]〔德〕马丁·海德格尔，彭富春译：《诗·语言·思》，北京：文化艺术出版社，1990年，第4页。
[2]〔美〕布龙菲尔德：《语言论》，北京：商务印书馆，1980年，第22页。
[3] 黄侃：《黄侃论学杂·声韵略说》，上海：上海古籍出版社，1980年，第93页。

文·序》[1]中引申为"仓颉之初作书，盖依类象形，故谓之文"。由此，衍生出与天、地、人相对应的"天文""地文"和"人文"。对于"文"的解释，在《系辞》中又说道："文者，错画也。"由此可见，中国的文字是象天地万物之形，并用不同的笔画来代替它们，然后将它们交错成"文"，而"字"又成于"文"后，所谓"独体为文，合体为字"[2]。人们既为了指事而象形造了文字，又因象形的文字达到了指事的目的，这也就是为万物命名。"无名，天地之始；有名，万物之母。"（《老子》第一章）莫可名状的"道"是宇宙万物的根本，人类对其本无可言说，也就更谈不上把握，但人类能够"法地""法天"进而能够"法道"，就是因为人类借助了文字的沟通作用。在此基础之上人类文化才得以建立，所谓"文化"正如《周易·贲卦·象传》所言："刚柔交错，天文也，观乎天文以察时变，观乎人文以化成天下。"人类正是通过"文"造了"字"，又通过"文字"去"化成"天下而成就了"文化"。从这个意义来讲，文化就是人类建构人与自然、人与人的关系，并不断反思自己这种关系建构的思考的符号工具。然而当这种关系建构经过"原道""宗经""征圣"的一系列"依经立意"的官方意识形态建构之后，其形成的"书写中心"便将人打入了"意义的牢笼"（话语意义的背后是权力，准确来说，应该是权力结构的牢笼）。由此，文字建构的文化又走向了它的反面，丧失了语言创生之初赋予人自由的功能，反而沦为束缚人

---

[1]［清］段玉裁注，［东汉］许慎:《说文解字》，第753—754页。
[2]［南宋］郑樵撰:《通志》，北京：中华书局，1987年影印万有文库十通本第一册第2页。

的话语权力牢笼。与之相似，西方也有一条用文字建构文化的道路。卡西尔将人定义为"人是使用语言的动物"，这与中国的"人之所以为人者，言也。人而不能言，何以为人"[1]颇为相似。但是西方以拼音文字形成的"逻各斯"语音中心在历代思想家及政治力量参与中，建构了一个强大的具有决定作用的先验意义，任何"此在"的生存体验都要在"逻各斯"的阴影中才能得以言说，从而造成了一个先验的"在者"对"在"的遮蔽。现代西方的结构主义对话语意义的不断追索，找到的就是这样一个具有强大压迫力的话语权力结构，一个"逻各斯"不断将人们他者化的独白世界。而解构主义大师德里达的"延异"，就是努力延迟终极意义对"此在"的裁决，并不断在书写的差异中寻求自由存在的体验。

从以上简述中，我们已经看到人们已越来越意识到这些"文字中心"对人类主体性的压迫，但人类又不能拒绝文字，就像人们不能拒绝文字表征的文明而重新回到野蛮洪荒的前文明时期一样。其实，文字只是语言表意符号中的一种，当文字这种表意符号在各种现实语境和话语权力压力下沦为僵化意义中心时，我们完全可以突破此僵化，重新让语言焕发其本然赋予人自由的功能。这在文字内部就是诗语言的创生，而在文字外部，我们则完全可以通过其他表意符号激发这种语言创生时的本然功能。

在众多没有文字的民族那里，民歌就起到了语言的意义生

---

[1]《春秋谷梁传注疏》见《十三经注疏》，1979年版影印世界书局阮元校刻本（下册），第2400页。

成功能。当然，作为不同的表意符号，其意义生成的方式也有别于文字。仪式化就是其中一种最常见的意义生成方式。我们已提到了民歌的仪式意义相当于皮尔斯符号三分法中所指的对象（意义），在索绪尔符号两分法那里所指与能指二元对立，对所指的意义解释逐渐受控于现实僵化话语权力的监视之下，而民歌的仪式化意义生成则不同，它以其生存的神圣性与神圣世界关联，在对神圣世界的叙述中关联于时间、记忆和深度，使其生成的意义可以裨补当下文化生态中的平面化和均质化缺陷。借助民歌的仪式化表达，一个人神和谐共处的世界就被很好地表述出来了，如前面我们提到的《蛙婆歌》就具有此鲜明的功能。雨水，对农作物的生长至关重要，可以说是人们生存的命脉，《蛙婆歌》叙述道：

在那远古的年代，天空无风云
人间种庄稼，天不下雨也枉然
世间无云雨，天界不知情……

于是，人们便"烧香拜庙神"，让土地神将人间疾苦传达给天娘，天娘送一极蛋给土地神，让其带到人间泡在山泉之中，三天之后蛋生仔成蛙，"蛙声动天地，高山结云雾，蛙声多甜美，唤醒高山桐花放……蛙声是福音，天娘全知情……蛙声传得远，天娘开天门，遍地降喜雨"，于是"山山吹和风""稻田谷金黄"。从这些唱词我们可以清晰地看到，蛙既是沟通天地人神的中介，也是构建天地人神和谐境界的重要使者。而这样完整的境界便是

《蛙婆歌》借助蛙婆节的仪式演唱所生成的意义世界。接着,《蛙婆歌》还具体地表现了蛙是如何一年到头辛勤地为建构这样的和谐世界而努力工作着:

二月到小满,田中传蛙声,山上涌云雨,耙田浸秧谷。
多谢蛙婆开福音,耕种不发愁。
……
四月种田地,天上雷滚动,见到禾叶绿,蛙传人耙田。
蛙声唤地暖,丰年在前头。
……
五月蛙开声,唤人快施肥,田间风暖和,加肥好收成。
……
六月阳光照,天热如火烧,稻田绿油油,可怜汗水干。
山沟传蛙声,人间不愁旱……
七月耕田第三回,谷穗正包胎,蛙声传云天,稻谷灌满浆。
有蛙婆做主,人心甜蜜蜜……
八月到十五,田间断蛙声,种田人心开,天地多清朗。
天娘持公平,不给乱降雨……
八月稻谷黄,田间要晴朗,种田人欢心,天地多清朗。
九月蛙入洞,细语田坎里,禀报过路人,金银〔金银指金黄的稻谷。原歌本注。〕落大地。
……
十月粮满仓,家家笑语欢,谢蛙婆恩德,管理好年景。
吃饭莫忘米,喝酒莫忘酒药,谢蛙婆恩德,管理好年景。

十一月蛙声静止了,冷天到来了,吃饭心挂牵,还念田中蛙。
蛙婆恩情大,时刻记在心……
一年十二月,分春夏秋冬……[1]

从《蛙婆歌》的这一段叙事中,我们看到人们把农事的耕地、播种、施肥、收获均与蛙声相连,把他们看得见的实践行为与看不见的对大自然的神秘幻想通过蛙声勾连起来,通过仪式化的表达建构了一个充满意义的世界。这个意义世界将天地神人纳入一个整体的关系网络中,而在长久的时代传唱中弥漫着悠久时间的记忆,关于生存、大地与神灵的记忆。

在平常的节日歌圩的仪式化演唱中,民歌也照样能够显示出鲜明的意义生成功能。笔者在东兰拔群广场的歌圩看到,当众多歌手聚在一起时,他们不像普通生活中的寒暄,谈论那些关于工作、学习的事务性、功利性的问题,而是用民歌唱此刻看到的风物人情。他们坐在一块石头上就唱这块石头如何好、怎么来,今天如何在此晴朗天气来到这树荫下、石凳上歌唱,有其他歌手被其歌声和内容吸引后,或许未见其人,但是即使相互背对着,他们也开始唱出自己的歌作为应答,对方听见之后觉得歌路对,便现场编歌,你来我往,绵绵不休,山川风物、历史人情无所不包。由此我们可以看到人们通过民歌这种符号建立起了人与大地、人与他人的联系,将自我编织进社会和世界的网格之中,赋予了自我存在的意义,并且这种意义关联于历史,具有记忆的深度建构,

---

[1] 摘自覃剑萍收集的手抄本民歌本。

践行着人类通过"语言"（这里的语言不是文字，是大地之歌）"诗意地栖居于大地之上"。

总之，民歌仪式化表达的意义生成功能是客观存在的，而且其所生成的意义世界往往与特定的仪式及仪式目的相联系，或者是神灵的世界，或者是世俗的世界，或者是天地人神和谐共生的世界，但不管是哪种性质的意义世界，都起到慰藉人的灵魂的作用。

二、民歌诗意化表达聚生文化生境的方式

如果说民歌的仪式化意义生成方式侧重强调的是民歌于演唱场合所生发的意义世界的话，那么，民歌的诗意化意义生成方式强调的则是民歌的意义生成的艺术化手段。它对应皮尔斯符号三分法中从所指中拆分出来的解释项（歌者主体），主体在歌唱中生存（精神的生存和现实的生存）于境中，这种境就是消解单纯仪式化意义深度可能形成如逻各斯中心的空间，使意义在多主体的对话中走向主体间性，将人文意义扩大到极致，并且其由象生境，境已经在向第三个功能，即音韵化表达过渡了。这一部分关联于空间/抒情/广度/自我。它以根植于原生态的象和境对当下文化生态中的均质化有裨补作用，且空间具有消解意义中心僵化的作用。那么，具体什么是民歌的诗意化表达，其生成意义的状况又是怎样的呢？

（一）何为民歌的诗意化表达？

所谓民歌的诗意化表达，就是指民歌通过形象化和情感化相

融合的方式来表情达意，并生成相应的意义世界的表达方法。民歌的这种诗意化表达应该是与生俱有的、本能性的，但成为一种自觉的意识，就中国文献看，最早见于《易传·系辞上》，其文说："子曰'书不尽言，言不尽意'，然则是圣人之意其不可见乎？子曰：'圣人立象以尽意，设卦以尽情伪。'"（高亨《周易大传今注》）这是说言虽不足以尽意，但可以通过立象来尽意，以补救言之不足。那么，什么是象？"夫象，圣人有以见天下之赜，而拟诸其形容，象其物宜，是故谓之象。"（注：《易传·系辞上》，高亨《周易大传今注》）可见，"象"就是物象之意，就是要求运用形象思维来尽圣人之意。在"意"的显现方面，"象"较之一般的"言"有更大的优点，比逻辑思维给人以更大的想象空间。对于民歌来说，其以"象"来表意，主要体现在比兴手法的运用上。比兴，是民歌所必用的表现手法。所谓比兴，按照朱熹的说法分别是"比者，以彼物比此物也"，"兴者，先言他物以引起所咏之词也"（《诗集传》）。由此可见，无论是比还是兴，都是需要借助物象的。因此，也才有"《易》象虽包《六艺》，与《诗》之比兴，尤为表里"（章学诚《文史通义·易教》）的说法。

  民歌用比兴之物象，目的是使所要表现的事物更形象、生动、贴切，使所传之道理与情感更易为人理解。当然，歌者所要传的情也自然地寄寓于形象中。在我们收集到的东兰民歌和京族民歌中亦可以看到，比兴比比皆是。在关于生产生活民俗的民歌中有一首《绣花鞋歌》这样唱道：

  一绣桃叶青又青，桃叶逢春片片新。

绿色丝线穿针眼，绿线连针人连情。
二绣桃花红又红，再秀蜜蜂飞当中。
红色丝线不说话，蜜蜂采花知内情。
三绣桃枝弯又弯，又绣桃果挂中间。
黄色丝线全知晓，姑娘本爱花果园。[1]

姑娘在绣花鞋的时候要唱歌表达自己的情意，但在歌中我们看到她并不抽象、空洞地表达，而是将绣花所绣出的物象一一道来，先说桃叶青、桃叶逢春片片新、丝线与针眼的关系，比兴之后才自然唱道"绿线连针人连情"，接下来的二绣、三绣绣的哪儿是花？分明是将姑娘内心的情意一针一线地绣在其中，而这到底又是什么样的情意呢？我们说不出也说不好，但在一遍又一遍地回味绣花鞋的这些美丽的物象时，便自然体认了其中的况味，正如歌中所唱"红色丝线不说话，蜜蜂采花知内情"。当然，姑娘心中所期待的美好的爱情世界，也随着这样的形象化的诗意表达而呈现了出来。

不仅在对生产生活的歌唱中用比兴观物取象，就是唱日常生活内容也离不开比兴取象。比如在接生的时候，为了减轻产妇的痛苦，同时也作为新生儿出世的重要仪式，家婆、长嫂等妇女要唱《接生歌》：

树上喜鹊叫，河里鱼虾跳。盼望九个月，吉日良辰到。

---

[1] 摘自覃剑萍收集手抄歌本，以下民歌出自此歌本不再一一标出。

媳妇时运好，火塘哈哈笑。凤凰送吉祥，贵人出世了。
……

歌中表现对新生儿到来的欣喜，对产妇的祝福自然地用"树上喜鹊""河里鱼虾"起兴，既是兴又是比，以喜鹊、鱼虾比人们心中的欣喜之情，借物抒情的传统中国诗性表达在此如此鲜活，同时也将对新生儿有一个美好人生的憧憬与期望形象展现了出来。

歌唱节日也是如此，在壮家人传统的三月三歌节上所唱的《三月三歌》就以其诗意化表达将节日的欢畅心情、热烈气氛表现得淋漓尽致。其中唱道：

三月三，春色鲜。
枫叶绿山坳，木棉红水边。
蝉声长鸣寻知己，鹧鸪声声唤同伴。
三月三，春意浓。
流水招手笑，青山搭歌棚。
出门不唱歌，又虚度一春。

以"枫叶""木棉"起兴，继而以蝉鸣和鹧鸪声比人们对歌，以拟人化的"流水""青山"表达人们在三月三歌节上欢腾的景象，用语简练，而言简义丰、韵味浓厚，同时也将三月三节日景况展现了出来。

在民歌中最为发达的情歌，更是将比兴手法运用得淋漓尽致，其表达的诗意也愈加浓厚。鉴于情歌例子繁多，在此仅从感情的相互试探到感情的逐渐深入，再到感情的最终建立分类，每类各选一首情歌为例看其中的诗意化表达。《野外歌》是情歌中最直露的，是男女在户外的自由对歌，直接谈吐爱情。除此之外，从互相试探的《喻物歌》，到男女们在堂屋所对唱的壮族《屋里歌》，都是借物谈情，不直接唱及情爱，故此种比兴手法运用得尤为精彩。

在男女双方初吐情爱的有《喻物歌》，由于男女双方还未相互了解，或有意回避，起初谈情务须隐蔽，故不能开口见情，只能以物作媒，将情爱寓于其中，由此民歌的比兴手法在此类情歌中运用得更为集中，也更为完美，其中尤以引借花鸟至为动人。由于对唱《喻物歌》颇费巧思，故在辨音协意以至对答如流中，歌手寓意越深其才华越能得以展示，当棋逢对手，自是以比兴手法将民歌的诗情画意演绎得淋漓尽致。如这首：

女：十五月亮明，圩上摆绸缎。划船下柳州，码头驾浮桥。
　　夜间熟睡时，手搧怀远扇。十五月亮高，越升高越明。
　　心想下田州，随鹅游大江。脚踏店门前，盼牡丹花开。
　　十五月亮清，庭院吐蛛丝。想走大地方，望地黑茫茫。
　　山坡金刚树，最好明处树。十五月亮秀，相见红花开。
　　流水下滩去，蛟龙迎水来。山中金刚树，小树多可爱。
　　十五月亮圆，大地明光光。人书写壮文，妹无能动手。
　　园中花盛开，盼双凤飞来。十五月亮团，光亮全天下。
　　大船在河里，人上下拥挤。百花繁似锦，最爱花满枝。

十五月亮明,凤飞往高楼。挂纱要织布,逢暖好欢坐。
京城一枝花,想移步靠攀。十五月亮转,爱上山作乐。
水下崖不回,青春实珍贵。船高挂风帆,不断向前进。
十五月亮美,滩中鱼中毒(药)。
江水汇河水,凤凰斜翅飞。
四月立夏时,插秧盼下雨。
男:十二只蜘蛛,吐丝挂山崖。羊占好座位,太阳占高山。
出门望天地,望后山星星。十二只燕鸟,展翅飞田间。
屋檐喳喳叫,不见毛落地。想地理先生,登高朝远望。
十二只天鹅,高飞穿云天。……

十五的月亮不断被"明""高""清""秀""圆""团""转""美"等词修饰,并由此附之大量物象的描述;"十二"是中国传统文化中的吉利数字,这里通过大量可爱的、日常生活中经常接触的动物来抒情达意。这种不同于概念化的信息传达的事物表述,正是穷形尽相的诗意表达,以达到"圆照之象",通过各个侧面细致入微的,不仅有静态的表述更有动态的传达,从而突破了词的抽象性,而进入一种诗意的观照形式,给人一种通过"感"物之"象"的整体性的诗性感受。

《嘱咐歌》是《屋里歌》的高潮,为男女歌手互相嘱咐、寄予厚望的古老情歌。《嘱咐歌》是深夜鸡叫前后双方歌手面临分别时的哀情歌,由《指责歌》《盘歌》《鸡叫歌》《答鸡叫歌》《离别歌》和《答离别歌》等歌组成。其中,《指责歌》表面看来唱的是互相指责对方不敬父母之过,但实际上是通过演唱互相勉励要孝敬父母，起到教化作用，不仅是对彼此的教化，更是对周围在座的人的教化；而《盘歌》则是通过互相猜谜不断盘问以显示歌才；《鸡叫歌》和《答鸡叫歌》是在天亮之前分别之际依依惜别之歌，通过反复不断地从鸡叫第一遍循环往复一遍一遍地唱到鸡叫十遍，在此不断的反复中唱出彼此的不忍分别之情；《离别歌》和《答离别歌》均是如此在循环往复的唱答中表现连绵不绝的情意，但所有这些歌均是用大量物象来兴发感情，其诗意化表达的情真意切正是通过这种大量的"象"构成的"画"传达出"诗情"，所谓"诗情画意"正是如此。

在这些民歌中我们可以看到，其叙事抒情甚或说理都大量铺陈物象、极尽比兴之能事，并以其"象"的大量运用构建出丰富多彩的意义世界，让人在对"象"的整体感知中，获得一种回味悠长的审美感受。总之，比兴的形象化、诗意化的表达方式，是民歌生成各种意义世界的重要方式。

（二）民歌的诗意化表达与聚生文化生境

民歌比兴的诗意化表达还具有鲜明的聚生文化生境的功能。所谓生境，就是某物生于某境，境因物之生气而活，物因境而得生机展现之空间。民歌以其活态性在具体时空中演唱正起到对当地文化的聚生功能，从而将各种文化事项聚生在歌声传播的空间之内，唱歌之人和听歌之人在此歌声所聚生的文化生境中得到一种诗意化的生存体验。在田野调查中我们获知，民歌手到别村对歌，先就是以歌赞美当地风物，其山川河流、历史传说、风土人情无所不包，正是在这种唱答中，这个外来人进入当地的文化时空中，因为作为生物的人已经从物理意义上进入这个空间了，但从精神的人格化存在来说，还要通过歌唱当地风土人情从而取得精神性地进入此地，而在此精神性的进入中，民歌以其诗意化表达在歌手和歌手之间，以及歌手与当地环境之间创造环境，使各方融为一个活态整体，从而起到了聚生起一个活生生的文化生境的作用。其机制体现为境由象生，象生于境。

民歌作为一种活态的表意符号，在其诗意化的传达中存在着某个具体的空间，从而与空间中的其他存在者，如歌者、听者、周围环境的风光、花草树木，界定出一片符号化的存在空间，即符号域。民歌这种符号化表达，是在天长日久的世代传唱中，人们不断适应人与人之间，以及人与周围环境之间关系的过程中，所沉淀下来的形态，故这样的符号在与环境（不论是人文环境还是自然环境）的互适中形成的符号域是文化适应、生态适应的结果，它所界定出来的符号域正是民歌符号在人文与生态之间的动态调适空间。符号域以语言为边界，外来语要进入这个符号域都要经过变形、翻译、改写，符号域就像细胞膜一样起着细胞之间的过滤、调适作用。可以说，民歌的对唱正生动地体现着通过这种过滤、调适而聚生文化生境的情形。[1]说到生境，可以用一个更加贴近的生态符号学术语"环境界"来谈民歌聚生文化生境的内外区分而不隔的生态性。乌克斯库尔所定义的"环境界"并非从主客对立的角度将作为主体的人与外在于他们的环境对立起来，而是一种主体性的环境界。所谓主体性的环境界，就是指作

---

[1] 代玮玮，蒋诗萍：《从符号域到生命符号学：塔尔图对符号界域的推展》，载《江西师范大学学报（哲学社会科学版）》，2014年8月。

为意义携带者的主体与环境之间是一种互构关系，主体（有机体）在认知、适应环境中形成的模式形成了主体的"内在环境"，而这种"内在环境"与"外在环境"又通过我们之前提到的"符号域"进行调适，从而"内在环境"也是"外在环境"的构成部分，而非传统意义上的主体外在于客体的主客二元对立状态。突破这种主客对立的状态的重要意义，在于它消解了二元对立的无限纠缠，从而通过一个中介（在此是民歌这种符号）实现共生，这种共生既不是"人类中心"对自然、客体的压制，也非矫枉过正地进入"自然中心"而对根本的人文关怀置若罔闻。这样的"内环境"与"外环境"的关系其实已经将传统的主客二元对立关系化成了主体间的关系，即主体间性。人是构成世界的部分。

民歌通过诗意化表达聚生文化生境所生成的符号域和环境界，既可以是同一种民歌曲调之间通过对唱所聚生的境界上，亦可以是不同民歌曲调之间的混搭对唱所聚生的境界上。民歌本是一种地域性很强的文化形式，但民歌又天然地以对唱形式存在，比如仅仅在东兰县就有武篆民谣、文龙调、勒脚调、长排调等不同曲调，它们既是不同曲调的区分，也是对不同文化地域的界分，但这些不同的民歌调又共生在一个共同的环境之中。首先是同调之间歌手的对唱，在这种对唱中，即使同调但不同歌手的歌唱仍有其个性，在对唱中不断进入那个共同的调中，从而形成一个将对歌双方以及当时周边环境共生在一个特定的文化生境之中；其次，那些富有歌才的歌手兼通不同调子，他们与不同歌调的歌手对唱，从而将不同的文化圈层用歌声贯通、勾连起来，从而生发出一个歌与人与境互动、互生的境界。由此聚生的文化生境以

"声文"跳出语言的意义之外走向诗意,同时民歌唱山唱水唱花唱鸟时,实又是在与天地万物的声音、形象的应和中沟通"天籁"和"地籁",从而向"天文"和"地文"打开。这既是一个充满人之意义的世界,又是一个向整个环境中的天地万物敞开的全通的世界。民歌的形象化的诗意表达,就这样奇妙地生成一个个圈层的意义世界来。

三、民歌的音韵化表达的播散途径

前面两节笔者分别从民歌仪式化表达的意义生成和民歌诗意化表达聚生文化生境的两个角度,探讨了民歌的意义生成的两种途径。这两者一者从场合时空的角度(对应叙事)、一者从表现手法的角度(对应抒情)表现了民歌的意义生成的方式与特点,但除了这两者,民歌还有一种构建意义世界的方式与途径,那就是这一节将要探讨的民歌的音韵化表达。用皮尔斯的符号三分法来看,民歌此一功能对应符号中的可感知部分(从精神分析角度来说对应本我),既是富含人类表意的符号,同时又是以物质形式存在于自然环境中,与自然的生态(生物)表意相通,从人文走向自然之文的功能,故称播散。在此,我们先从何为民歌的音韵化表达展开对民歌此意义生成功能的探析。

(一)何为民歌的音韵化表达?

所谓民歌的音韵化表达,就是指民歌通过曲调的抑扬顿挫所形成的特有韵律来传情达意的方法。

民歌存在的本质是一种有韵律的声音,这种有韵律的声音天然地关联于天、地、神、人，是四者互相应和的自由律动。借助这种律动，不仅人与人之间可以相互沟通，而且人与天、地、神之间也可以相互沟通。那些在祭祀仪式上唱的民歌，就是人通过民歌之韵律而与天地神相沟通的具体形象的例子；而鲁迅所说的"杭育杭育派"，则是人与人之间通过歌之律动实现沟通的形象写照。因为在抬重物的劳动中，忽然有一个人喊出"杭育杭育"的声音，这个人从自己的身体节律的感受出发，发出的声音让其他的人也感觉到了，于是跟着一齐喊，从而采用同样的节奏去行动，进而让各人都获得一种轻松愉快感。这也同样是民歌韵律传达意义的形象表现。

由于民歌之律动能够传达意义，因此被怀特海称为人类灵性最富于创造性的产物之一，另一个则是纯粹数学。[1]民歌之韵律的创造性，还表现在它能够对建构自然、社会和文化之和谐秩序发挥积极的作用。《尚书·尧典》载"八音克谐，无相夺伦，神人以和"，就是说音乐的韵律可以有助于建构天人和谐、人人和谐的社会、自然秩序。民歌之韵律的建构作用也应作如是观。笔者在东兰县的民歌调研中就看到大量这样的生动实例。人们通过斗歌反而增进友谊的例子自不必说，此外，我们问大多数歌手他们为什么歌唱，得到的回答都很简单：快乐啊！更有歌手给我们举例说明这种快乐的形式可以化解现实中的人际冲突和矛盾，比如曾经有村民之间因生活琐事起了冲突，一般人都不能劝和，而高明的歌师却通过唱歌来引领冲突双方一起对歌，最终化解了矛

---

[1]〔英〕A.N.·怀特海：《科学与近代世界》，北京：商务印书馆，1959年，第20页。

盾。冲突双方在通过第三者而对歌的过程中，身心得以疏解，一种发自身心的快乐让他们将矛盾都抛到九霄云外了。在此过程中，我们可以清晰地看到民歌音韵化表达建构和谐社会秩序的功能。

民歌之韵律之所以能够关联于社会秩序、自然秩序，甚至关联于宇宙的奥秘，在于音乐所固守的人类的生物性原则。人类对声响的选择是一种生物性选择，他们自然地选择那些让他们身心愉悦的声响，而逃避那些让他们不舒服甚至可能伤害他们的声响，正是他们这种对声响自然的、自发的选择才形成了音乐。[1]在所有民歌中，情歌最多，这也充分说明了音韵化表达所内蕴的生理基础，即使被儒道思想不断雅化、经典化、简单化，但人类与生俱来的原初生命能量是不能被完全掩盖和压抑的。人类通过声音聆听、感受这个世界，并在聆听和感受中对所处的环境做出反应并力图适应，正是在这种感应和适应中人类才建立了与世界的联系，并因此而建构起各种各样的意义世界来。

（二）民歌音韵化表达与播散功能

民歌的音韵化表达之所以能够建构、生成意义世界，主要在于其特有的播散功能。为了更好地了解民歌韵律的这一播散功能，我们需要稍微提及一下德里达的一个非常相近的词语"播撒"。我们知道解构主义大师德里达在其解构西方根深蒂固的"逻各斯语音中心"的策略中运用了"延异""播撒"等重要词语，而针对拼音文字形成的"中心"，德里达用文字充满差异的书写来逃离、延迟终极意义的审判，从而为此在的自由生命感知中寻得生

---

[1] 臧艺兵：《作为文化的音乐》，武汉：华中师范大学出版社，2010年，第6页。

存的空间，而这种空间就是书写在每个此时此刻的痕迹，从意义中心"播撒"出去的"踪迹"。

从对"播撒"的简述中，我们可以看到德里达以书写的意义空间打破文字媒介束缚的"播撒"功能与我们所要说的民歌这种声音符号的"播散"功能是相通的，但也有很大的不同。"散"少掉提手旁的用意，在于表明在文字书写的范围内所追求的自由仍处于极强的人为意义的缠绕之中（提手旁的手是人的书写）。因为在书写之时，既处于极强的意义编织之中，同时又要突破终极意义对自我的裁定，且在书写完成之后文字所生发的自由之意又消失不见，还需读者再次激活，但民歌的声音符号却是在演唱的过程中即时与周围的人声、自然之声相应和，它固然是由人发出，但其"播散"出去所生发的境界和所要抵达的地方却是自然之境。此外，民歌演唱此时此刻的活态性，使其不存在"作者已死"之后需要再次激活的文字框架，它以深入人心、适于自然和人文之境的韵律时时鲜活地涌动着。正因如此，我们以去掉提手旁的"散"这种更带有自然之行为的词代替"撒"，所要表明的也是不同的媒介符号在表意活动中追求自由的不同路径。

我们说德里达在播撒的过程中，抵达的是未知的、超越于已有意义的同时又被即刻感知到的自由存在，而民歌之声播散的过程中，抵达的也正是对方歌手未知但又亟待敲开的心扉，并且这种播散不同于文字书写只由一个人建构的独白化倾向（只有那些超凡的艺术家，如陀思妥耶夫斯基，才达到复调的多声部的对唱之境）。由此民歌对唱还是主体之间极富主体间性意味的自由对唱，这种主体间性的实现并非强制的书写意义结构，也非那个超验的声音的"逻各斯",而是在对韵律的感知中所达成的主体间的互相认可。同时,歌手们对唱的歌声在山间、田野、广场飘荡,自然地与鸟鸣山涧、天地风物相应和,其共造之境更近天然。

　　民歌音韵化表达的播散,还自然地关联于时间记忆的深度。因歌声必然是一个声音接一个声音在时间中伸展开来的,而在每一个时间点的声音又自然地关联于所播散的环境之中,进而在韵律的扩散中获得空间的广阔性、意义世界的多样性,从而不为单纯的时间性的意义深度所束缚。民歌韵律的播散功能介于中国传统的"书写中心"和西方拼音文字的"逻各斯中心"之间,是一种活态的自由舒展状态。因中国的象形文字在"远取诸身,近取诸物"的字形构造中形成的诗性思维自然地关联于空间,并由此形成了中国文化思维中重感性、重经验、重直寻的特点,只是这种诗性体验被后来的"书写中心"遮蔽,然而在作为中国国粹的书法中却保存完好。西方以记音为手段发展起来的拼音文字,以其对声音在时间的流逝中的记录过程而发展为重逻辑、重推理、重理性的思维方式。民歌的音韵化表达整合二者的关键在于音韵形成于重复,不断地在上下句重复某一个音,这种重复是诗、画甚至整个人类文化的基础,因对称其实是在空间上不同的位置重复一样的图像,而节奏则是在时间不同点上重复同样的声音,其中长短、轻重、缓急、浓淡的变化就形成丰富多样的画面和韵律。人类的文化其实就是对外在事物的模塑,通过各种符号(比如文字、图画、数学符号等)重复人们从外界感知到的、从内心体会到的东西从而形成不同的模塑系统,不同的模塑系统通过不同的抽象成为不同的文化形式。当然,更重要的是民歌之音韵通过不断地有规律的重复，建构出了一个既形象又蕴含理性的意义世界，这就是民歌韵律的播散功能，介于中国传统的"书写中心"和西方拼音文字的"逻各斯中心"之间的原因。

那么，民歌又是如何实现其音韵的播散功能的呢？主要是通过歌者的身体记忆和无意识记忆来达到的。我们曾诧异于歌手为何能在瞬间组织如此丰富的语言表达物象、心象，并能在关键的地方将字音准确地落入相应的位置，其实正是因为民歌固定的韵律在天长日久的演唱中已印入他们的无意识之中，他们需要做的不是像我们用文字书写表意那样先从意义入手去找字词，而是在身体记忆的作用下自然地从音韵的角度去筛选那些字句，故那些字句恰恰落入相应的位置，是韵找字，而非字找韵。在长久的程式化的演唱中这种韵律已经深深印入他们的身心，是一种心口一体的韵律的无意识记忆，故演唱起来无需理性的意义思考，而是感性的即刻迸发，充满生机活泼的诗意。

总之，民歌的音韵化表达所具有的播散功能，是民歌通过曲调来建构意义世界的又一重要途径，这一途径对我们裨补当代文化生态的平面性、均质化和僵化意义中心缺陷也有积极的作用。

第十四章

民歌的意义生成功能对当下文化生态之裨补

民歌的意义生成功能之所以能对当下的文化生态具有裨补作用，在于其内里的一分为三的生态观从文化逻辑上消解了二元对立的种种文化与文化、文化与生态的冲突，而外在的是民歌这种意义生成功能可以在当下声像符号兴盛、媒体发达而文化生态受其巨大影响的情况下，能够以"歌"的形式广泛渗入当下的文化生态中，从而对文化生态起到裨补作用。尽管民歌意义生成的三个途径都三位一体地存在于民歌身上，但由于意义生成的途径不一，侧重点也不一样，因此它们对当下文化生态的裨补作用也就各有不同。基于此，本章拟逐一做具体的分析。

一、民歌的仪式化意义生成裨补平面化的不足

作为原始神话时代文化形式的民歌的社会基础已被现代社会的工业化发展摧毁，但它们作为"剩余文化"，其文化因子依然进入当今的文化生活。这种进入分为两种形式，一是在诸如东兰等地的现实歌圩，二是以其蕴含的仪式化意义成为重要的文化资源，作为新仪式化的成分而存在。民歌的仪式化意义的这两种存在形式在文化生态中互动生发，从而在当代文化生态受到大众文化全球化冲击而出现民族文化认同危机以及信息化时代过量、过度的符号消费所导致的后现代文化景观中寻得契机，并对其缺陷起到裨补作用。

在此，我们先从理论角度切入分析其如何裨补，再谈谈此功能如何渗入当下文化生活，从而发挥现实作用。

正如本雅明在谈到机械复制时代的艺术作品一样，现代工业文明的飞速发展导致艺术品"展示价值"凸显，而膜拜（仪式）价值失落，现代艺术逐渐失掉了光晕。思想家近百年前的预言如今已变成了活生生的现实：电视、网络等大众传媒的发展使得整个世界对我们来说变得触手可及，通过声音和画面的超时空、高效率、大范围、均质化甚至是虚拟化的传播，我们确实能看得更远、更多，听得更清楚，通过3D、4D技术甚至还可以模拟出整个真实的感官刺激。但是这些看得清清楚楚、听得明明白白、感受得真真切切的东西却越来越让我们变得视而不见、听而不闻，在清清楚楚、明明白白、真真切切之中似乎遗落了些什么。或许这就是现代文明高度发达造成的对环境、时间、空间的依赖越来越小所带来的影响，它一方面通过降低人们对环境和时空的依赖而增强人们的自由度，另一方面也因为脱离环境和时空而出现一种无根感，从而导致精神世界深度的丧失。任何事物都可以通过科技手段进行拼贴、戏仿、拟真，似乎获得了远古时代人们通过神话力量才能达到的目的，但其中的感性生命体验却越来越少，一方面似乎自由自在，一方面却又时刻面临着我从何而来、将去何方的迷惘。单纯的高保真音响能够刺激我们的感官听觉，却越来越难以唤起我们根植于生命和生存的关于那个神圣世界的信仰，这也是笔者在第十一章中谈到的在当代大众传媒中风靡一时的各种歌唱选秀节目中有"民"失落而"歌"凸显的褊狭之嫌。

与此相反，正如笔者前文所述，原生态民歌富含仪式化的表达正是通过感性的、有形的仪式化行为而体验到那个无形的、超凡的神圣世界,并通过这种仪式行为将现实的凡俗世界与那个神圣世界在歌唱的行为和环境中合二为一。我们知道,仪式与神话有不解之缘,从实践行为上讲是仪式,从语言叙述上讲是神话,由此仪式关联于叙述,叙述关联于时间,时间关联于记忆,记忆关联于深度。这种关于世界由何而来、人类由何而来、代际如何传承、人伦制度如何等关乎人的自然生存、精神生存和实际生存的深度时间记忆,从精神分析来看又可以关联超我,是人格中的神圣位格所在,也正好弥合了现代人在现代性和后现代精神平面化景观中的流浪。

然而,我们也不得不正视在民歌被现代工业社会的发展冲毁的社会基础。但是"乐"(yuè)也是"乐"(lè),当代感性解放的潮流、大众传媒对感官消费的保驾护航让人们"乐"(lè)在其中的时候为"乐"(yuè)找到了合理存在的生态位,作为"乐"(yuè)的"歌"的凸显也有可能整体性地带出"民"。民歌仪式化表达的意义生成功能对当今大众文化生态中的歌唱的意义,在于不仅原生态民歌仍然活跃于当今的文化生活之中,大众文化形态的歌唱也在借鉴、吸纳民歌的这种仪式化表达的意义生成功能。比如各种歌唱选秀类节目对大量原生态歌手、草根歌手的发掘等,也让我们看到了民歌仪式化表达的意义生成的生机。原生态民歌的重要价值在于其根植于生命、关乎于记忆的生态性,作为文化资源,有可能在当今意义平面化的时代被新的技术激发出来。

在此,我们具体从民歌如何广泛渗入当今的文化生活来谈谈其对当今文化生态的裨补作用。

首先，是少数民族地区民歌歌唱活动，如壮族"歌圩"，成为民歌仪式化表达裨补当代文化生态的单一化、平面化毛病的重要空间。"歌圩"的存在与发展是多方面因素相互作用的结果：有经济的发展改善了人们的生活条件，让人们有时间与心情来参加歌圩；有政府出于弘扬民族文化以及发展旅游经济的"文化搭台，经济唱戏"等因素；有民歌作为民族心理、民族性格、民族精神、民族记忆积淀的惯性在人们心中产生的强大传承性；更有在大众文化全球化冲击以及城镇化导致人们背井离乡到外地打工而产生的聆听"乡音"的情结等原因。总之，在这一系列现实的内外部作用下，歌圩实实在在地在当下文化生态中存续着。

笔者在对广西东兰县民歌的田野考察中发现，凡重大节日，如"三月三"、端午节、中秋节等，人们都自觉地从乡镇、县城的各处（包括远从巴马、金城江等地）汇聚到县城的拔群广场参加歌圩。广场上及广场边的山上人潮涌动，人们不辞辛劳赶到此地，只是为了自由地对歌、听歌，并感受这样的节日气氛。我们不排除歌唱所带来的快乐驱使着人们聚集起来，但我们也不能忽略在这些重要的节日、庆典的歌唱所具有的使节日得以完成的仪式意义，因节庆本来就是一种仪式。

人类学家阿劳德·凡·盖尼普将此类仪式称为"历年再现仪式"（"历年再现仪式"和"个人生命转折仪式"同属"过渡仪式"）[1]，就是人们每年在一个特定的时刻通过某种行为的展演表现这是一个特殊的时刻。我们不排除这些时刻的感官体验，正如

---

[1] 薛艺冰：《对仪式现象的人类学解释（上）》，载《广西民族研究》，2003年第2期。

笔者前文所述仪式恰恰是通过感性的、可见的行为来体验超出于这种行为的超凡的所在，它和神话并存，与过去相关联，令节日庆典上的民歌让人们在体会到节日的快乐气氛时仍隐含着某种莫可名状却又不能抹去的记忆。

人类学家维克多·特纳在其著作《仪式过程：结构与反结构》中对"过渡仪式"三阶段（隔离阶段、阈限或转换阶段、重整阶段）的中间阶段进行了进一步的探讨。特纳认为，"过渡仪式"不仅可以在受文化规约的重要的人生转折点举行，也可以在年度性节庆、部落出征、政治职位的获得等重要社会活动的时刻举行。我们可以说，通过这种仪式行为使得这些时刻显出意义、变得重大而与众不同，而这正是仪式行为所要达到的目的。特纳还进一步区分了"过渡仪式"中的阈限阶段的前后两个时期，在进入阈限阶段之前，人们处于日常的社会关系中，有稳定的职务、职位、等级、地位等，特纳称之为"位置结构"；而当人们进入"阈限期"中时，人们便处于一种有别于"日常生活及社会关系的仪式状态"，这是一种"反结构"状态，在这种"反结构"状态中人们成为"阈限人"，日常的稳定的社会关系结构被颠倒过来，富人可以扮成穷人，穷人可以扮为富人，民众可以对王公"作威作福"[1]，一切固有秩序被打破，社会暂时进入一种"狂欢化"的自由状态。

以此观照东兰拔群广场的歌圩，我们亦可以清晰地感受到这种"阈限期"中的"狂欢化"自由状态的存在。在东兰拔群广场歌圩上，笔者有幸采访到了一位老农，他就非常直白地将歌圩

---

[1] 薛艺冰：《对仪式现象的人类学解释（上）》，载《广西民族研究》，2003年第2期。

仪式化的民歌演唱所蕴含的"狂欢化"自由状态描述了出来。他说:"过去农民穷啊,地里活都忙不过来,哪有时间大老远从乡下跑到这广场上唱山歌、听山歌啊?现在我种板栗、做点儿小买卖,儿子长大可以挣钱了,日子也好过了,所以我就到这广场上来逛逛,看有多少农民在唱歌、听歌。我刚才逛了一圈发现,农民人数和那些在政府里工作的干部职工、经商的相比,都差不多。这说明啥呢?虽然以前我们农民好像要低人一等,但你看看这广场上对歌的、听歌的农民,他们不也和干部职工、经商的一样平等吗?大家都是来对歌,你不对我歌路,我管你是谁照样不和你对;你我歌路对,不管你是谁,我们就可以对歌对到通宵达旦。"通过这位热心老农的表述,我们可以看到歌圩中的仪式化民歌演唱建构出了一个让歌者暂时忘记平时身份差异,只专注于对歌的狂欢化性质的自由之境。这就是民歌通过仪式化的表达所生成和建构出的意义世界的具体表现。它让人们通过对歌的狂欢获得了情绪的宣泄,忘记了日常生活的烦恼与喧嚣,然后再以平静的心态回归到日常生活中,干自己该干的事情,为社会正常发展做出自己应有的贡献。这也是民歌的仪式化表达的意义生成世界,对抵制当下日常文化生态的单一的平面化景观对人的审美与心灵的麻痹、磨钝作用具有积极的裨补意义的表现。

其次,民歌的仪式化表达在重要人生仪式上的演唱,具有唤回传统、维护民族文化记忆,裨补当代文化生态因传统缺席所产生的单一、乏味的毛病。

以前,人生的许多重要阶段,如婚丧嫁娶、生日祝寿等,人们都举办有民歌参与其中的相应的仪式活动,但在工业文化的冲击下，不仅这些人生仪式办不了了，即便有办的也要么简省了，要么是运用新样式了，使得这些人生的重要节点因此变得冷清，少了很多味道。人生因此而变得有点单一、乏味，这是当下文化生态单一化、均质化所造成的人生味道的失落。要想避免这一人生的缺陷，请回这些仪式及其上的民歌的仪式化表达，不失为一个好的办法。笔者在东兰县考察时采访了当地的非物质文化遗产中心主任韦荣生，他说他的亲戚结婚，仍会请远近各地众多歌师、歌友来为新人唱歌祝福，我们在拔群广场访谈到的其他歌师也均表示，讲究的人仍然会花钱请歌师为新人唱歌祝贺。在老人、青年人的民歌对唱中自然生成了人伦记忆的延续，以带有历史和地域文化记忆的歌唱又为现代婚礼平添了一股浓厚的仪式意味，这与当下婚礼中全盘照搬西式婚礼或者在婚礼中纯粹用现代乐队唱大江南北甚至全球都一样的流行歌曲迥异其趣，而这正是民间文化元素的进入对这种全球化、均质化文化倾销起到了制衡作用。

除了这些明显的仪式场合的演唱，民歌仪式化意义还渗入人们现实的日常文化生活从而发挥其功能。其实，在当代均质化、平面化的乏味文化生活中，不管是当地民众的日常对歌，还是外来旅游者或者文化考察的学者、文人，都带有文化寻根、追忆历史的仪式意味，这种日常仪式化行为自然地共生于当下文化生活中。通过东兰民歌的田野调查我们发现，在拔群广场，虽然有中老年妇女跳广场舞、有青年人跳交际舞、有青少年跳街舞，有跑步、打羽毛球、滑滑板的，等等，但是唱民歌作为一种文化景观依然自然地存在于整个广场的文化生态中，传唱着带有民族记忆的古老声音。我们这些外来的田野调查者虽然听不懂其歌唱的内容,但在当代大众文化的喧嚣嘈杂之后的文化反思,让我们能够以他者的角度反观自我,从而体会到这种世代口耳相传的民间歌唱的仪式性。而对那些不会唱只是听的中青年人,以及那些跑跳打闹的孩童,这种悠远古老的声音则会潜移默化地在仪式化的表达中叙述多年后他们离家将要感到的浓浓乡情。因为从现场的采访中,我们得知很多人孩童时期或者青年时期都不会唱,只是在这广场上玩耍,但长年累月的潜移默化,当他们外出求学或者外出打工或者年老退休之后又回到这个地方,自然而然地就唱起了民歌。甚至有些外出打工者还用手机将自己认为唱得好的现场歌声录下来带到都市去听,我们问这样的打工者:"大都市不是有KTV吗,为什么还要录山歌去听呢?"受访者只是笑笑,说KTV他们也唱,可就是没有山歌那种味道。从朴素的"味道"二字,我们可以体会到民歌的仪式化表达所包含的那些关于历代唱歌人的故事,以及他们所生长的大地、山川、社会历史等悠久而辽阔的记忆内涵,而这种关于自我族群、关于生存大地的深度的记忆,正是大众文化超时空、跨地域、跨民族、均质化批量生产所缺乏的。民歌在拔群广场这样的县城广场自然和谐地与当下其他文化娱乐形式共生,对当下文化生态在记忆、时间、深度和信仰等方面的缺失起到了裨补作用。

最后,民歌的新仪式化表达,可以裨补当代文化生态中现代传媒所造成的"民"失落而"歌"凸显的毛病。

所谓民歌的新仪式化表达,是指民歌借助现代传媒在一些重要的节庆、节目甚或影视剧中的展演从而传达出仪式化意义。其实仪式化表达并非仅仅是传统文化、民间文化中蕴含的表达方式,当代大众文化甚至政府主流文化都在以再造仪式的方式进行新仪式化表达。我们知道仪式行为以向大众展演的方式塑造一种精神共同体，从而起到凝聚族群的作用，只是这种仪式行为在传统文化和民间文化中以其根植于先民巫术思维，加之悠久的历史传承，从而具备了意义生成的深度历史记忆，而在需要塑造记忆、建构凝聚力的时候，人们就会再造仪式。只是大众文化在商业利益驱使下的这种再造仪式（比如制造、包装、加工各种所谓的节日），目的在于刺激消费，真正的关于历史和记忆的意义深度缺位了。但在大众文化潮流下，网络、电视、移动网络等现代传媒的发展使得声像符号的传播日益充斥我们的文化空间，它一方面以其批量化的文化生产造成文化生态的平面化、均质化倾向，另一方面声像符号的易于传播也可能使民歌以"歌"的形式进入这个文化空间带出整体性的"民"，从而发挥其意义生成功能。

民歌元素渗入电视歌唱类节目从而实现新仪式化表达。最著名的例子就是央视的全国青年歌手电视大奖赛（简称"青歌赛"）中加入"原生态民歌"的内容。2006年，来自贵州大学艺术学院的吴继珍、吴宇珍、吴勇勤、吴慧、杨丽等同学以侗族大歌"蝉之声"组合参加了第十二届CCTV"隆力奇杯"青歌赛，并获得原生态唱法银奖和"观众最喜爱歌手"奖，当时在全国观众中引起了极大反响。人们在听惯了批量化生成的流行歌曲以及高雅但又早已成熟的美声歌曲之后，为此耳目一新，由此引起了关注原生态民歌的热潮。一时关于"禅之声"组合的新闻报道遍布纸媒、电视、网络等各种媒介，而关于原生态民歌的研究也引起学界（包括音乐界、文学界等）的关注。人们通过媒介去了解"蝉之声"组合的生平，揭开了黔东南那片孕育这天籁之声的独特地域文化环境的神秘面纱，学界也通过进行大量研究来探讨原生态民歌蕴含的独特魅力。此外，壮族歌手和京族歌手均曾以本民族民歌参赛并获得大奖，这也极大地增强了民族歌手对本民族民歌的自豪感。民歌在大众传媒上的传唱固然不能称为"原生态"，但通过在大众传媒的传唱并获得歌唱类节目的奖项却有力保障了原生态民歌的生存。大众传媒这种大面积覆盖的传播形式，有利于拓展民歌生存的文化空间，让那些在乡间市镇上的歌手看到他们的歌被展示在现代的平台上，不仅增强他们的自豪感，同时勾起那些异乡游子对"乡音"的文化认同。而当我们听到汪小敏唱起美妙的《藤缠树》时，会联想起这个关于浪漫爱情的传说，它勾起的叙事的深度关联于仪式的时间性，是有别于普通的抽离时空背景直抒胸臆的爱情歌曲的。甚至在娱乐气息、商业气息浓厚的电视歌唱类节目《我是歌手》中，我们都能看到民歌仪式化元素的渗入。比如在第三季第9期黄丽玲携父母唱的《一想到你呀＋老人饮酒歌》以其民歌的深度和民俗叙事使歌手大为加分，我们可以从现场所配的视频短片（VCR）中看到：黄丽玲从小在台湾临海的村庄中长大，她父母皆能唱歌，她对着石头唱对着大海唱，其母说："阿玲为什么这么会唱？是因为这样的环境感染到她。"携父母同台演绎将地域性及深入血脉的岁月记忆带来，可见大众传媒与民歌的融合，民歌仪式化表达通过当代大众传媒的渗入触动到观众久被大众文化平面化叙事干涸了的文化心理，这也是打动现场观众和评委的重要深层原因。如此种种，让我们看到，正是民歌根植于大地、族群记忆的仪式意义使其在平面化、均质化的文化语境中引起人们普遍的关注，并由此产生一系列连锁反应，而民歌也正是通过电视、网络这种现代传媒的新仪式化存在对当下文化生态起到积极的裨补作用。

电视剧和电影其实具有一种新仪式化的展演作用，比如《新闻联播》，每天固定时间段在中央电视台等播出，它以向大众展演的方式塑造了一种精神共同体从而起到凝聚大众、构成人们生活时间中的重要一环。我们知道影视娱乐以其文化工业的运作体系已极大地占领了我们的文化娱乐空间，但是民歌元素对其巧妙的渗入，却在我们观影时勾起关于那片大地、那片大地之上世世代代生活的人们的悠远的怀念，从而起到对文化生态失衡的调节作用。比如由广西著名作家东西先生创作的小说《没有语言的生活》改编成的同名电视剧以及电影《天上恋人》中，就巧妙地用上了民歌元素。在该电影中，王家宽在其父王老炳和蔡玉珍的陪同下来到朱灵家门口，蔡玉珍敲鼓，王家宽用唱山歌这种传统的、民间的方式向朱灵求爱，其淳朴的民歌配上清丽的广西乡村景色，令电影给人一种别样的民俗风情，这种民俗风情关联的仪式记忆所产生的美感令人回味。此外，前几年受到评论界好评的电影《赛德克巴莱》叙述了台湾当地的少数民族人民对日本侵略者的反抗，他们以血捍卫了民族的尊严，捍卫着作为那片土地的儿子的荣耀。巴莱牺牲前在山崖上跳起古老的民族舞蹈，向着太阳唱起古老的祖灵之歌，梦想着回到那个彩虹一样的祖灵之家，画面唯美，歌声动人。如果没有民歌元素的运用，没有民歌表达所蕴含的仪式化意味，我想这部电影很难达到这种美学效果。同样，由著名作家路遥创作的《平凡的世界》改编的同名电视剧中，孙少安在告别他深爱的润叶时,站在广漠的陕北高原,任何语言都难以表达他的心情,当他在苍茫的大地声嘶力竭地唱起"羊肚子手绢哟,三道道蓝,我们见个面面容易拉话话难,一个在那山上哟,一个在那沟,我们拉不上个话话,招一招个手"时,黄土地上平凡男女淳朴而厚重的感情便夹杂着醇厚的歌声传达出来了。以上种种,让我们看到仪式化表达深具魅力。也正因此,我们可以考察一下影视剧片头曲和片尾曲的仪式化表达。当然,这是一种再造的仪式化,当我们看过这部影视剧后,再听到它的片头曲和片尾曲时,我们想起影视剧为我们叙述的那小段历史,似乎我们也经历了一样,给我们一种类似关联于历史记忆的感受。这与我们单纯听一首歌曲的感受是不一样的。当然,较原生态的民歌而言,这种再造的仪式化便逊色了许多。因此我们看到更多的是影视剧直接对民歌元素的运用,虽然影视剧里的民歌并非原生态的民歌,但原生态民歌的仪式化意味却弥散出来,并以其广泛介入我们的文化生活而对文化生态起着积极的调节作用。

　　总之,民歌在当代新的文化生态中以其"歌"的形式广泛介入乡、镇甚至县城现实的文化生活,通过对电视节目、影视剧的渗透继续散发着仪式化表达所起到的意义深度的建构作用。在民歌仪式化演唱中生成的意义,通过歌声让人联想到关于他们生存的大地、大地上世代传唱的人们、人们文化血液中流淌的悠长记忆,这正是海德格尔所说的艺术所召唤而来的"世界"或"诗意的栖居之境",它弥补了大众文化凸显"歌"忽略"人"的缺陷,为平面化、去深度的文化生态寻得了海德格尔所讲的天地神人和谐嬉戏之境中的"神"的"光晕"和"人"的发现。

二、民歌的诗意化表达破解僵化意义中心、裨补均质化

上文已经提到，中国的象形文字"依经立意"在一系列典章制度的建构中形成了"书写中心"的话语霸权，造成了语言的僵化；西方的拼音文字在"逻各斯"的独白化言说中形成了一个超验的"语音中心"僵化着书写；而民歌则介于书写和声音之间，并以其比兴的形象性的诗意化表达，突破这两个僵化的中心所制造的"意义的牢笼"，生成丰富多彩的、圈层递进的意义世界来。民歌诗意化表达之所以具有如此功能，是因为它对应皮尔斯符号三分法从所指中拆分出的解释项（主体），主体在歌唱中生存（精神的生存和现实的生存）于境中，这种境就是消解单纯仪式化意义深度可能形成如逻各斯中心的东西，使意义在多主体的对话中走向主体间性，而在其诗意化表达中聚生的文化生境又使得这种多重意义获得了大于主体间性的生境，它关联于空间／抒情／广度／自我，以其根植于原生态的象和境又对文化生态中的均质化有裨补作用，这种裨补也是以其广泛参与到现实的文化生态中起到作用的。

在此，我们首先从民歌如何运用比兴手法突破僵化的意义中心展开论述。在探析何为民歌诗意化表达时，我们提到"书不尽言，言不尽意，圣人立象以尽意"。然而为何要尽意？意尽之处是何处？

所谓尽意，就是主体通过表意实现自我的主体化存在，但单纯的意义表达并不能达到这种主体的精神生存，由此需要通过比兴手法进入诗意，而诗意就是一种既表意又不停留于单纯表意的多重表意和多重意境。运用比兴手法进入诗意的重要环节就是托

出"象","象"在活生生的歌唱环境中出场,而不是像诗歌、小说那样在文本中出场。这种出场是以民歌符号沟通精神意义上的"象"与自然之"象"的互生、互动,象生于境,境因象而生,所生之境不是完全自然之境,亦非完全人文之境,人之内部环境与外部环境互动,民歌作为独特符号表征在此内外之境沟通,就像人的声音气息与歌者所处环境中的花鸟之声、山岭树木之气息往来。由此可见,尽意在于表多重意义,意尽之处诗意生,诗意以其象又生于境。正是这种诗意化表达在与空间的互动中走出意义的自我缠绕,从而中和疏解了仪式化意义可能生成的极端时间性,使其时间性的意义深度避免了落入西方拼音文字以记音形成的"语音中心"。

其次,我们再看民歌主体如何在境中生发主体间性,从而突破僵化意义中心,并对均质化起到裨补作用。我们说歌唱主体对应解释项,皮尔斯正是从所指中拆分出解释项才为主体阐释寻得了阐释空间,这在民歌诗意化表达中有生动体现。笔者在东兰拔群广场的歌圩中看到的正是歌者在自由对歌中聚生自然之境和人文之境,民歌诗意化表达聚生的带有主体性的境界在参与自然环境的互构、共生中又容纳了这种主体间性,因为不仅歌手之间是一种主体性的互相认可,且歌手们又是以歌声的生态适应性适应着具体环境的生物表意。正是民歌诗意化表达促使人们在歌唱中获得精神生存和自然生存的融合,从而在民歌诗意化表达的融合中获得文化的主体生存。又因文化主体(即人)是历史的、社会的、流动的,民歌手同样生活于当下的文化生态之中,因此,文化生态是一个动态、开放的系统,民歌之生境亦未完全隔绝于现代的文化生活，恰恰相反，歌手见物唱物、观物取象，在其即时即地的创造中将当下文化事项纳入其歌唱，从而使其歌唱进入当下的文化生态并对其良性构建起到重要作用。一方面是民间自发的民歌生境的生成，比如笔者在东兰县拔群广场所见到的场景，政府投入巨资在县城的后山上建大型广场，民歌手自发地在此聚集，他们将革命叙事、改革开放以来的文化变迁以及广场上大量市民的现实生活唱入歌中，与主流意识（通过大量的革命烈士雕像以物的叙事进入此民歌生境）及当下的市民、农民意识相应和，从而使民歌的诗意化聚生文化生境的功能进入当下文化生态系统，并对其进行调试。我们在广场上没看到任何单一的文化形式或者文化力量统治整个广场，而是既有跳广场舞的，又有民歌群落自然地散落于广场各处，各种文化事项在此文化生境中都取得了合理的生态位。从广场延及县城，在市区正中的小广场，我们依然会看到每晚有民众自发地摆放并敲打铜鼓，其鼓声与山上广场的民歌遥相呼应，同时与市区中播放的现代音乐相互应和。从访谈中我们发现民歌手不仅有离退休教职工、机关单位人员，还有大量农民工，并没有人组织他们怎么敲打铜鼓，但如民歌传唱所产生的文化认同一样，他们循着铜鼓声自由组合、应声而作，其同为民族的、诗意的声音传达在此表现得尤为自然。而对农民工的访谈更让我们认识到，这是农民工在现代都市文化中寄托乡愁的重要途径，这也表明了同为民族文化记忆的声音传达在城乡文化变迁中为那些由乡入城的人们带来人文关怀。与此相似，民族文化生态村的整体保护有利于诸如民歌这种民族文化事项的原生性保护，这种不仅保护民间文化传承人，同时保护其文化以及自然环境的整体，使得民歌等民间文化之根不失其土壤，从而可能更真实地存在于当下的文化生态之中。当然，这不仅需要政府的投入、引导，需要商业力量的支撑，更需要民间自发力量的文化自觉。在此多种文化力量的合力中所营造的文化空间，不仅是一种带有地方性知识的文化空间的动态建构，在旅游、文化的交流中亦对其他地区尤其是深受都市化、现代化文明的均质化熏染的人们提供一方精神疗救之地。

民歌中少有独唱，皆以两人及以上对答而成，故非独白化的单向意义传达，而是多主体通过歌声的对话形成互相的主体间的关系。这样的关系的形成首先要懂调，同时还要对路，对路才能在对方那里获得主体地位的确立，由此起到制衡当下文化生态中的大众文化存在的独白化倾向的作用。我们知道，流行歌曲通常都是一个明星在舞台上拿着话筒对着万千"粉丝"歌唱，他/她将情歌唱得哀婉缠绵、轰轰烈烈，即使能够获得万千"粉丝"的认可，但是词曲的创作仍是由个别人完成的。我们不否认词曲作者在创作中的真情实感，但这种真情实感是个人的独白、个人的情感书写，然后通过大众传媒的扩音、传送，且不说能否产生共鸣，即使产生共鸣，"粉丝"的感情进入的也是这个个人独白、书写的单声部意义框架。我们也不否认听众对流行歌曲的再创造所纳入的主体感受，但这相比于民歌对唱中歌手即刻的、关于自我生命记忆的情感表达而言，毕竟逊色不少。问题不仅在于独白式表达造成的他者化而遮蔽听众的主体性，而且在于即使意识到这种独白化表达的遮蔽性进而意识到多元主体的存在，但却在这种强调多元主体的意图中用一种声音将其重新熔铸进了独白式表达的意义框架之中(正如巴赫金在其《关于陀思妥耶夫斯基的诗学问题》中所说)。

再次,从民歌诗意化表达聚生的独特的文化生境看其如何裨补当下文化生态中的均质化倾向。在传媒时代的当下,通过声光电影技术同样可以逼真地造境,现代流行歌曲同样可以在此声光电影的现代技术包装下既有歌之声又有歌之境。民歌的诗意化表达聚生文化生境与此有何不同呢?用生态符号学的观点来看,这种通过声光电影制造的环境仿真程度甚至达到逼真的境地,但仍是二度甚至三度自然,这种"自然"与原生态的自然之境隔了好几个层面,而这种现代技术在文化工业的批量生产中极易均质化,这种均质使得我们离自然之境越来越远,越来越丧失掉地方性知识。那种"一方水土养一方人"的根植于自然之境、与天地万物相往来的自由气息越来越稀薄,在批量的文化生产中我们越来越难以辨别出这些地方性知识,如此先进的技术在迅速席卷全球的广大地域的同时却使人们生活、文化体验的丰富性大打折扣。在这种语境下,民歌根植于民间、兴于草野,歌者在对歌中聚生自然之境,其天然的生境对此均质化造境恰好有制衡作用。

最后,从民歌诗意化表达与现代技术的融合看其如何参与当下良性文化生态的建构。比如从《印象·刘三姐》到《龙船调》等山水实景演出。在广大壮族地区被尊为"歌仙"的刘三姐在民间流传甚广,1960年由长春电影制片厂拍摄的电影《刘三姐》红极一时,从而使"刘三姐"这个民歌文化符号不仅在广大壮族地区成为民歌的象征,更在现代传媒的助力下广为传颂,影响波及海外。作为中国第一部风光音乐故事片,片中大量民歌物象的运用使得"歌"与"境"互生。这种整体性的民歌生境通过影片的形式给不同地区的观众带来极大的审美震撼，也正因此，此片在当年既被誉为"山歌之王"，又在《大众电影》"百花奖"的评选中获得最佳音乐奖、最佳摄影奖、最佳美工奖等奖项（大众电影百花奖在很大程度上是由观众投票产生的），其声画互动所构建的民歌文化生境是有目共睹的。如果说电影版的《刘三姐》所生发的民歌文化生境纯粹是现代技术的"仿象"的话，那么山水实景演出的《印象·刘三姐》则不仅是现代声光电影技术的造境，更是桂林山水的真情演出。通过大量农耕文化物象，比如众人在江上拉渔网、农民在山间放牛等既类似行为艺术，又如大型装置艺术的展示，这种艺术环境的构造固然有导演的刻意安排，但真正使这种山水实景演出获得巨大成功的还是山水的真情演出，是天、地、人通过声音和物象共同构建的一个关于《刘三姐》的文化生境，此生境虽有人力，但更要有天地造化之工。当然，《印象·刘三姐》也通过刻制光碟的形式传播，这与之前的电影版《刘三姐》所造之境颇为相似，但其与山水实景演出形成互动，从而又是一番别样的文化生态景观。与此相似，《龙船调》是湖北恩施地区流传久远的民歌（具体来说，恩施所辖的利川被称为龙船调的故乡），这首民歌曾在20世纪80年代被联合国教科文组织评为世界25首优秀民歌之一。这首民歌深刻反映了当地的土家族民族民俗、民族文化、民族心理以及这种习俗、心理所生成的自然环境。2014年，恩施亦以大型山水实景形式推出《龙船调》，这固然有诸多原因推动，但以国内最大的峡谷——恩施大峡谷为背景，融合浓郁土家族民俗文化，配合现代声光电影技术获得较大轰动，深刻说明了大众文化心理中对意义之外诗意和诗意所生发的境界，以及根植于大地的记忆的渴求。正是因为切中了这种文化心理，这类大型山水实景演出才能获得成功，而这也生动地表现了民歌诗意化表达聚生文化生境的功能对当下文化生态中均质化的裨补作用。

总之，在通过民歌编织的意义网格中，歌手获得了自我的主体存在，同时因民歌比兴手法的运用所托出的象生于具体场景之中，民歌又在对唱中与具体环境呼应，从而使得民歌成为自然与人文环境融合、沟通的重要媒介，获得了大于主体间性意义的文化生境。民歌这种通过诗意化表达聚生文化生境的功能通过现实歌圩、电影、山水实景演出等形式进入现实的文化生态之中，从而参与到良性文化生态的建构当中，为在文化生态中所存在的僵化"意义中心"找到了一个消解的空间，从意义走向诗意，从诗意走向生境，民歌在此文化与生态的互构中既将人与人之间的主体间性扩展到人类与自然，同时又将自然环境与人类之间的主体间性内化到文化逻辑内部，民歌符号在这种双向互适的表达以其内部环境和外部环境的互构突破了简单的主客体对立，境分内外而不隔，从而为良性文化生态的构建起到重要的作用。

三、民歌的音韵化表达裨补平面、均质、僵化

用皮尔斯的符号三分法来看，民歌此一功能对应符号中的可感知部分／时空结合／本我，既是富含人类表意的符号，同时又以物质形式存在于自然环境中，与自然的生态（生物）表意相通，

是从人文走向自然之文的功能，故称播散。

在民歌意义生境的生成中，音韵化表达的播散功能是另外两个功能得以生成的落脚点，同时也起到贯通仪式化和诗意化表达的作用。音韵化表达的独特之处还在于其音韵的载体声音是可感知的物质存在形式，故民歌此功能既是衔接、贯通其他两个功能的"体"，又以其物质存在形式在具体时空中播散可以沟通文化和生态的"用"。如果说民歌的仪式化表达的意义生成功能是这三个功能中的"张"，民歌诗意化表达聚生文化生境是这三个功能中的"弛"的话，那么，民歌音韵化表达的播散功能则是衔接、贯通"张"与"弛"的枢机。由此，民歌的意义生成功能得以一张一弛进入"道"的三生万物的状态，正是因为民歌音韵化表达的播散功能的存在。与其他两个功能一样，民歌音韵化表达的播散功能同样是以其参与到现实文化生态中去而实现对文化生态的调节功能，此调节功能使民歌生成的意义生境既避免了走向极端的仪式化表达，追求意义深度不可自拔，也避免了走向极端的诗意化表达，仅仅表现聚生文化生境的平面景观感受，从而使这种意义生境成为一个既有时间意义深度又有空间感受广度，同时还可以与生态互动的活态整体境界。此外，民歌以刺点的形式刺破任何人文构造的意义，从而使原先极度融洽的意义避免走入自我僵化，重新焕发其活力，这主要是民歌以方言的形式演唱所达到的效果。

作为"声文"的民歌，其音韵化的表意明晰度远低于文字，这似乎是它的一个弱点，但它在激活文化生态，消除其僵化、均质化、平面化方面却大展身手。文化生态的"文"指的是人类的表意行为，人类在"文"的基础上逐渐建构了种种文化制度、观念，并在文化的实践活动中创造了大量的物质文化。但是近代以来的工业发展，人类的文化建构越来越强大，却也越来越与文化建构之初的"天文""地文"相疏离，甚至出现了人类的文化和文明与自然的尖锐冲突，以致酿成生态危机。民歌作为"声文"在天地之间自由舒展，以其自然律动沟通天人。很多时候，听民歌让我们感到愉悦，并非其中字句传达的意义多么令人感动，甚至很多时候我们根本听不懂以方言演唱的民歌究竟唱的什么内容，但单纯是民歌的韵律携带的那一方水土所浸润的气息和律动就直入我们心田，令我们感受到莫名的舒服。而这也正是民歌作为"人籁"在实际的声音震动中协调着生物性的人的体内的自然节律，并让这种节律在天地山川中的歌唱与自然环境中作为"天籁""地籁"的生态节律互动和共生。比如来自东兰县城甚至乡下各地的民众自然地聚拢对歌，这种自然的群落以东兰不同的歌调为区分，比如长排调、勒脚调、武篆调、文龙调、三石调等，人们自然地循声而去，音韵化表达实现了自然的文化圈层的区分，同时与广场上其他文化形态自然共生，从而起到调节文化生态的作用。

原生态民歌以方言演唱，方言完整地保留了民歌的独特韵味，也成为其刺破极度自洽人文意义的刺点。"意趣"和"刺点"是罗兰·巴特在其著作《明室》中提出的概念，在这部分析、鉴赏照片的著作中，罗兰·巴特指出，意趣就是我们看到某些照片所能勾起的我们关于各种意义的联想，当然，这也包含诗意的联想。当我们总是徘徊于已知的意义的联想中时，难免让我们感觉到腻从而生厌，刺点就是那些完全超出于我们理解范围的莫名其妙的天外来客，总是在我们感到厌倦时激起我们的鲜活感觉。民歌以方言演唱正好起到了这样的作用，正如前文我们用"符号域"概念来谈论民歌，民歌这种符号化表达，是在天长日久的世代传唱中，不断适应人与人之间，以及人与周围环境之间的关系的过程中，所沉淀下来的形态，故这样的符号在与环境（不论是人文环境还是自然环境）的互适中形成的符号域是文化适应、生态适应的结果，它所界定出来的符号域正是民歌符号在人文与生态之间的动态调适空间。符号域以语言为边界，外来语要进入这个符号域都要经过变形、翻译、改写。[1] 这一点我们甚至可以在观看国外电影时感受到，比如我们看一部美国电影，有些时候是用普通话配音，在流利的普通话配音中，我们不需要看字幕也能清楚地明白剧情，但是普通话配音不论多么力求生动地表现美国风情，看着影片里美国人的动作行为，我们要么感觉他们是乔装打扮成外国人的中国人，要么感觉他们是由美国人生硬扮演的中国人，而当影片出现带有地域风情的美国乡村歌曲的时候，普通话配音就显得更加束手无策了，唯有原声的美国乡村音乐能将我们带入那片独有的情境中。这一点在现实的歌圩中表现得更为明显，笔者在东兰县拔群广场上访谈到的民歌手就谈到，用壮语唱的壮族山歌只能用壮语去对才能体会到其中的味道，翻译为普通话即使和韵也没有那个味道了。我们这些不懂壮语的人也感觉到

---

[1] 代玮玮，蒋诗萍：《从符号域到生命符号学：塔尔图对符号界域的推展》，载《江西师范大学学报（哲学社会科学版）》，2014年8月。

听壮语唱的排歌（又称马肠歌）其韵律如马肠一样顺道直下却无迂回拐弯，不像勒脚歌那样回环反复。当地歌手更是根据这种韵律自然地聚成不同的对歌群落，用桂柳话唱的山歌同样出现在拔群广场。这些不同语音的原生态民歌正是以其方言形式在彼此之间形成"隔"，又在声音的交汇中"错"成整体的歌圩生境，正类似于我们谈到的"文者，错画也"。此处强调的不是不同的"声文"交错为一个整体，而是在不同的"声文"的交错结合的地方，由对陌生语音的音韵感知所生发出不同的审美感受，这种感受对我们这些外来的访谈者尤为明显。其实这就是音乐与语言的过渡地带，如果将可以明晰表意的语言称为"有"，将表意不明的音韵称为"无"的话，不同方言之间的民歌对听者来说，正是不同语音交错从"无"向"有"生发的语言最原初的也是最鲜活的状态，这与俄国形式主义在谈诗语言通过陌生化恢复人的感觉颇为相似。再联想《系辞下》中的"物相杂，故曰文"，我们可以对此有更深入的认识。"文"指的不仅是多物交杂错彩成"文"（古代最初的"文"甚至就是纹路的"纹"），更是不同的物（以象的形式）交错在碰撞和结合部生发的活力，这正是原初之"文"最深层的动力所在。这种以方言为区隔的形式正好形成了我们之前所说的刺点，在听不懂方言的我们看来，正是由于我们听不懂它，它在我们的意义解读的地图中是个盲点，才激发了我们产生想要去了解它真正的意图的愿望，而这种愿望或许永远达不到，但却又总是引发我们的好奇。这个意义盲点并非完全没有意义，它在用方言演唱的歌者心中充满了我们之前所谈论的仪式化或者诗意化的意义，正是这种既是意义又是不能了解的意义刺破了我们意趣的自洽性，从而给我们一种独特感受，这对当下通用语言所生发的意义有极大区别，也正因此，它在不同文化人群的存在中以音韵的播散持续地作为一个"异类"裨补着文化生态的均质化倾向。

民歌以其音韵化表达的播散功能超出人文之外，还表现在其与器乐、自然之音的互构从而进入文化生态的良性建构。比如京族独特的独弦琴就有一根有别于其他民族乐器的摇杆，琴弦系于摇杆之上，在拨弄弹奏的时候发出独特的波音、颤音、滑音等声音。这种声音与鸟鸣、潮水等自然之音相似，同时也与京族方言中独特的由"平声、锐声、玄声、问声、跌声、重声"等六个音调组成的鼻腔共鸣的带有哼鸣声的语音相似。此外，京族民歌的韵律也与此独弦琴声音相得益彰。[1]比如，笔者出于对京族这样一个海洋文化民族的兴趣，通过在网上查找京族民歌，其中就找到一首《过桥风吹》。虽然笔者完全不懂京族语言，但当笔者听到京族姑娘用方言演唱然后配上独弦琴伴奏，其声音自然、清丽而富有水波荡漾回环之感，由此自然令笔者进入一种莫可名状但又很舒适的境界。后面笔者再去查这首歌的意思才知道原来歌词讲的是一个如此鲜活生动的爱情故事，而此时再听这首民歌，才发现既好像知道这首歌的故事和情感，但方言的阻隔又将人拦在理解的门外，这样反而让人在自然感知其方言和独弦琴独特的声音律动中感到无穷韵味。在此，我们可以清晰地看到人声、器物之声、自然之声的互相形拟，这不是一种强表意的意义追索和模

---

[1] 陈丽琴：《京族独弦琴艺术生态研究》，载《广西民族大学学报（哲学社会科学版）》，2013年第2期。

仿,而是自然的生态适应中所形成的天人合一。

在声像传媒兴盛的当代,民歌的播散功能以歌的形式进入文化生活而发挥重要的裨补均质化、平面化作用。比如笔者就曾在网上看到一期寻找民间歌手的节目,其中有一个恩施的土家族老汉,平生最爱唱民歌。但随着文化的变迁,民歌越来越淡出人们的文化生活,人们听得更多的是现代流行歌曲,看得更多的是电视,平时谈论得更多的是在这个迅猛发展的时代中的实际事物,唱民歌的风气和人数都减少了,爱唱歌的人的歌声反倒成了"噪音",吵着邻居,于是这个老汉为唱歌搬到了深山之中。在深山中老两口过着简单的生活,恩施巨大的峡谷就像天地巨大的胸怀,当然能容得下他唱的歌,他的歌声也与这大峡谷的鸟鸣、山涧的天籁、地籁相应和。虽然我们不知道他们几十年的生活体验,但是当这个老汉走上电视节目一开口唱《龙船调》,便惊艳了在场的评委和观众,也惊艳了电脑前的笔者。正如后面评委评价的那样,这就是大山里真正的民歌啊!在大峡谷中天长日久地歌唱让他的歌声似乎已经渗入了那一方天地的声息,他一开腔,不用灯光舞美、场景布置,一下就用这个歌声将我们带到了那片自然而自由的天地之间。我们从他天然质朴的声音中感受到乡土的活泼生机,也让那些身处异乡的土家族人一下从原汁原味的乡音中感受到家乡的韵味。这种韵味如诗之韵味,味在酸咸之外,不能言说却令人百感交集!民歌这种对方言的原汁原味的表现正是通过音韵沉淀浓厚的情愫,这是任何现代音响技术都难以做到的。在此,不知道那些曾经以为这样的歌声在现代语境的冲击下像噪音一样不合时宜的人们（或者潜意识中这样认识的我们），在被文化工业批量生产的文化产品的覆盖下，对这样一缕来自山野的清新气息作何感想？土家族老汉带有浓厚原生态韵味的民歌恰恰通过现代传媒技术感染了我们，并且穿透了现代技术制造的种种器乐，纯以音韵动人！此外，《龙船调》还在多媒介以及多环境的演唱中生发并扩散着它音韵化表达的播散功能。比如我国著名歌手宋祖英就曾在维也纳金色大厅演唱此曲。在异国他乡、交响乐的伴奏下通过一个著名歌星唱出曾为民间乡野广为传唱的歌曲，这多重元素的交融正表明了民歌以其"歌"的形式带出"民"的互动，这固然不是真正"民"的演唱，但它实现了以"歌"的形式聚生不同文化圈层的作用。同样，在诸如《印象·刘三姐》和《龙船调》等大型山水实景演出中，民歌更是以其声音的物质存在形式自然地参与到自然生态中的山水之声、山水之形的演出中。而这正是民歌意义生成功能进入文化生态的重要途径。

总之，民歌的音韵化表达作为可感知的符号，以方言为阻隔，看似表意模糊，实际却恰恰以此成为刺破极度自洽意趣的刺点，从而避免此前两种意义生成功能形成僵化。它以有韵律的声音天然地关联天、地、神、人，是四者互相应和的自由律动，从而固守了人类的生物性原则，使得人类表意与生物表意相沟通。借助这种律动，不仅人与人之间可以相互沟通，人与天、地、神之间也可以相互沟通，由此令我们抵达自然宇宙的奥妙之境。它同样在声像符号兴盛的当下文化生态中以声音的形式介入其中，从而对其僵化意义中心及均质化、平面化起到裨补作用。

结语

民歌的意义生成功能之所以能对当下文化生态具有裨补之效，是因为其内蕴的文化内核，这个文化内核就是通过仪式化、诗意化、音韵化三位一体表达所生成的整体生命律动。所谓三位一体的表达，是指仪式化表达的意义生成（意义/神话/叙事/时间/深度/超我），诗意化表达聚生文化生境（解释项/诗意/抒情/空间/广度/自我），音韵化表达的播散（可感知部分/时空结合/本我）。具体而言，民歌在神人相和的仪式化表达中体现出一种此在生命与超越性生命的应和；在诗意化的表达中将自我编织进世界的意义网格中，从而实现一种诗意化的生存；在音韵化表达中突破个体自我存在而将自我与他人、天地沟通连接起来；由此将个体的与大全的/物质的与精神的/此在的与超越的生命贯通为整体生命的律动。

对现代工业文明在创造极大物质财富的同时，所造成的人与自然、人与社会、人与自我的剧烈冲突，这种整体生命律动是疗救现代文明病的良药。但这种疗救绝非简单地照单抓药即可药到病除，我们需要直面民歌这种民间文化形式的生存状态。无法生存就谈不上建构文化生态，民歌需要在与其他文化事项的互动中，在众多的"民"的自我选择中去寻找其合理的生态位。而我们对其文化内核和意义生成功能的揭示，意图在于指出在这种互动中我们最应该珍惜和注重的是什么。真正的良性文化生态的构建有待全民，有待将来。

第十五章

民歌在京族海洋文化生态构建中的功能及表现

本章所录京族民歌个案研究为笔者初涉民歌研究的尝试之作，前述四章关于文化生态构建与民歌意义生成功能的思考可以说就是由这颗"种子"生长而成，其中某些枝节已在前文有所引用。民歌之活力源于其原初的生命力，现将这颗"种子"完整重录于此，以期重回原点、展望未来，化大为小、由小见大。

现代文明的飞速发展造成的双刃剑效应众所周知，它一方面带来物质财富的极大丰富、人们生活的极度便利，整个世界不断趋于一个"地球村"的形态，然而它所造成的均质化、一体化对人类文明的多样性存在仍是一种挤压。在一个机械化高度发达的时代，诗意、"光晕"消失殆尽，人们逐渐被"理性的牢笼"束缚，在分工日益细化的现代大机器中逐渐沦为"单向度的人"，由此出现的现代性危机导致的文化批判虽锋芒锐利，但对日益凸显的世界性生态危机而言，仅仅在文化内部进行探讨显然不够，由此产生的生态文明吁求实为时之必然。显然，这种由人类文化的危机导致人的异化，进而扩展到整个人类与生态环境的紧张关系，问题的解决不仅需要将环境纳入思考，还需要在思考如何实现人与环境的生态和谐的同时，考察这种和谐关系如何内隐到人类文化内部，从而去消解人类文化危机。京族民歌在这方面提供了某种有益的借鉴，京族文化中最重要的"哈"的语义之一就是"唱"，民歌作为"唱"贯穿于京族文化和生态最重要的哈节、哈亭、独弦琴、海洋环境等，使之成为一个活态的海洋文化生态整体，内蕴着一种海洋文化生态意蕴。

一、以海洋文化为底色的融合型文化的符号表征

京族是中国唯一的以海洋渔业经济为主的少数民族，其祖先在四百多年前由越南涂山、宜安一带赶渔而来，至今人口仅两万余，主要聚居于东兴江平镇的"京族三岛"。然而，正是这样一个历史不过四五百年、人口不过两万余、主要聚居于三个海岛之上的少数民族却成为中国最富裕的少数民族之一，其民族文化的特质中必有过人之处。有论者指出，这主要源于京族文化内核的融合性，正是这种融合性文化内核使他们坚实地生存在这三岛之上，繁衍四百余年而不衰且日益昌盛。[1]值得注意的是，这种融合型文化并非先验概念的意义设定，而是在基于生存策略的文化建构中自然生成的。京族作为一个外来民族，并非一到京族三岛就立刻成为真正意义上的民族，他们脱离越南之后要在新的自然、人文环境中生存下来，并确立自我在此环境中的主体身份，必然要合理处理与环绕三岛的海洋环境以及周边汉、壮等族的关系。正是在处理这种关系的生存过程中形成了京族文化的融合性，在这种融合中，京族不仅没有丧失自我的民族特性，反而形成了真正意义上的京族。京族文化的这种融合性使它包含小农耕文化、海洋农业文化、海洋商业文化三种文化形态，这三种文化形态融

---

[1] 尹东海：《从〈走进京岛〉看京族文化的融合性》，2007年硕士学位论文。

为一体内蕴于京族文化之中,只是因时不同各种文化形态所占比重不同、显隐各异而已。[1] 各个民族在处理与周边民族的关系中都会促成其民族文化的融合性,对京族而言,其民族文化的融合性特点在于与海洋这种自然环境进行信息交换的过程中内化为一种海洋文化,这种海洋文化不仅表现为海洋风物的呈现,更内化为民族的集体无意识,从而影响其思维方式,形成一种像海一样博大而包容的精神品格。

在这种以海洋文化为底色的融合型文化的形成过程中,京族民歌作为这种文化的符号表征也体现着京族文化生态的融合性。用文化唯物论的观点来看,这种符号表征在不断融合文化与生态,以及京族与汉、壮文化中形成了一种融合功能。这首先体现在京族民歌题材广泛,内容无所不包。以《京族民歌选》为例,它包含引歌、唱哈词、礼俗歌、海歌、儿歌、苦歌、情歌、叙事长歌、新歌等,另有大量史歌如《京族喃字史歌集》。其次,京族民歌在京族生活中应用广泛,无所不唱,"无论讲历史、拜圣神、搞生产、谈爱情都是以歌来表达"[2]。

具体来说,作为一种文化表征,京族民歌中普遍出现的海洋意象将文化与生态融合起来。如《渔工苦歌》将从正月到十二月各个月份渔业劳作的艰辛写入歌中,歌中普遍出现的"渔汛""船穿浪谷"、海上大风、海中鱼虾等,将作为人类生活方式的文化与海洋意象融合、编织在一起。《挑选歌》"山上选得树一枝,海

---

[1] 尹东海:《从〈走进京岛〉看京族文化的融合性》,2007年硕士学位论文。
[2] 内部资料,苏维芬编:《京族文化艺术》,2012年,第1页。

上选得一条鱼，岛上选上妹一个，内外健美似珍珠"[1]，将人类情感与海里的鱼、岛上的妹与海里的珍珠编织、融合在一起。将这种人类情感在海洋意象中写得深沉缠绵的还有下面这首京族海歌《问明月·神仙也难猜》：

> 海边竹筏排对排，初次见面口难开，
> 有情装作无情样，就是神仙也难猜。
> 日头落海半天阴，葫芦落水半浮沉，
> 哥若真心沉到底，切莫半浮半沉挂妹心。[2]

"海边竹筏排对排"犹如哥妹两人面对面，"日头落海半天阴"如妹猜测哥之情思的苦楚，"葫芦落水半浮沉"是哥的心如落水葫芦难以猜测呢，还是妹无法猜测哥之情思心中忐忑？若葫芦表示哥之真心那就该"真心沉底""切莫半浮半沉"。民歌写人情用海景，浑然一体，情境相生，很好地将人类文化情感和海洋生态环境融合起来，且显示出一种如海般阔大的胸怀。

在以海洋文化为底色并与周边的汉、壮文化融合方面，京族在哈节上用京语京曲唱白居易《琵琶行》、苏轼《念奴娇》即可见一斑。[3]同时，民歌作为一种活态存在，在对歌过程中需要与周边的汉、壮民族交流，于是从形式上也将其他民族的民歌形式

---

[1] 苏维光，王戈丁，过伟编：《京族民歌选》，南宁：广西民族出版社，1988年，第36页。
[2] 苏维光，王戈丁，过伟编：《京族民歌选》，南宁：广西民族出版社，1988年，第18页。
[3] 苏维光，王戈丁，过伟编：《京族民歌选》，南宁：广西民族出版社，1988年，序第5页。

内化到本民族当中。比如上面这首盘问歌,明显看出和壮族对山歌的"什么……"又"什么……"相对,在此对答互应中传情达意。此外,京族民歌被称为"唱六八",一般为六言、八言,押"六六、八六环链腰脚韵",如下例:

祝萌,本何翁巴,得艾全改,屯华为纽;
祝萌,本何等州,得艾全改,为纽万代。

意译如下:
祝贺四姓父母,双方结义和睦相亲;
祝贺四姓结亲,选得吉日成亲万代。[1]

此种韵律六、八交错、换韵,如海浪起伏,但又是每六字一押韵,显出平稳,而这些押韵的字被句段分于各句之中,从而显出交错、变幻,由此,这种"腰脚韵"既形拟了海浪之韵,又内蕴了京族人民祈求在以海为生中保持平稳的心态。

此外,京族民歌的融合性还体现在兼唱京、汉两种语言。汉族山歌七言四句,双句押韵,而京族用汉语粤方言和白话山歌,既唱本民族歌曲又唱汉族古典诗词名篇,尤其表现这种交融性的有唱哈词《京汉结义歌》:

一代千秋功在汉,共同日月结义同天,

---

[1] 苏维光、王戈丁、过伟编:《京族民歌选》,南宁:广西民族出版社,1988年,序第9—10页。

本耿耿专一誓言，地裂山崩亦不能志移心变！[1]

又如前文所及《问明月·神仙也难猜》以七言双句押脚韵又正是京族唱"白话山歌"吸取汉、壮民歌押韵技巧的例证。再如下面这首盘问歌：

（女）什么山上成双飞？什么海里两相依？
　　　什么东西共百载？什么根深扎海底？
（男）山上斑鸠成双飞，海里□鱼两相依，
　　　恩爱情侣共百载，海榄根深扎海底……[2]

这首盘问歌也明显受白话山歌影响，但又将海洋意象编织其中，以歌传情，以海写歌，情得境而深。

总之，京族民歌作为京族以海洋文化为底色的融合型文化表征，从内容和形式上将自己与海洋以及周边的汉、壮民族编织融汇在一起，这种基于生存策略的文化方式表征作为一种符号以民歌体现出来，它使族群在其生存的自然和人文环境中人格化，其符号本身展现出一种强烈的如海洋一样的融合性。

---

[1] 苏维光，王戈丁，过伟编：《京族民歌选》，南宁：广西民族出版社，1988年，序第3页。
[2] 苏维光，王戈丁，过伟编：《京族民歌选》，南宁：广西民族出版社，1988年，第10页。

二、仪式化表达的意义编织

一个族群在将自己生存其中的自然、人文环境人格化之外，往往还会追怀自己祖先在这片土地上的历史，以更加稳固地确证自我作为这片土地的主人。此外，他们还会通过一系列仪式活动将其神圣化，以此仪式意义产生自我对族群的归属感以及族群对此自然、人文环境的拥有感。京族民歌中的史歌、哈歌在此仪式化表达中起到了重要的意义编织功能。

京族史歌有《潕尾京族简史》《忆潕尾京族史》《巫头史歌》《山心史歌》《京族迁徙传说诗歌》《镇海大王故事》《京族英雄杜光辉》《京族统领苏光清》等。[1]《潕尾京族简史》《忆潕尾京族史》《巫头史歌》《山心史歌》中叙述了京族祖先于洪顺三年（洪顺为越南十六世纪后黎封建王朝的年号，即1511年，大约为我国明朝武宗正德六年），因赶渔由越南涂山来到三岛，从此他们同心协力共同生产、生活，建立村寨，在遭遇恶劣自然环境以及海盗侵袭中，建立哈亭，供奉祖先、神灵以期保佑。《镇海大王故事》叙述了镇海大王化身乞丐，除掉了海上危害京族人民的蜈蚣精，蜈蚣精死后化为三岛，从此京族人民建立哈亭供奉镇海大王的故事。如果说前面的史歌从叙事上确定了很早以前京族人民就生活在这三岛之上，那么后面的《镇海大王故事》则以神话的形式将这三岛作为神仙赐予京族人们的家园，从而使族群获得了对这片土地的神圣所有权，史歌在此族群心理和文化记忆的塑造

---

[1] 陈增瑜主编：《京族喃字史歌集》，北京：民族出版社，2009年。

上起到了重要作用。

作为京族"一年一度的敬圣神、求平安、庆丰收、传文化的盛大活动"[1]，哈节对京族的族群认同和民族心理的形成具有重要的仪式意义。"哈"有两义：一曰"吃"，二曰"唱"，尤其侧重"唱"。关于"吃"与"唱"的关系未见文献论述，如我们猜想表征着生存的"吃"在生产力比较落后的时期被放在首位无可厚非，而"唱"被放在如此高的位置，则不能不让我们想到"唱"对于京族的神圣性和仪式性了。京族史诗《琴仙》《镇海大王故事》《斩龙传》《十三哥卖鬼》《宋珍与陈菊花》《刘平杨礼结义》等均作为唱哈的主要内容在京族最重大、最神圣的节日上演唱。[2] 哈节上所唱之歌为哈歌，哈歌在哈亭之内演唱，哈歌作为向圣神、祖先传达意愿的媒介便具备了浓厚的仪式意义和仪式功能。在祈求神灵、怀祖追宗的哈节上演唱哈歌，从而有别于一般民歌具有了神圣性和仪式性。所谓神圣性就是将自我族群在这片土地上存在的身份神圣化，而这又是通过仪式来实现的；所谓仪式性就是人们在做这样的行为时，相信这种行为具有某种超越此行为的神圣意义，从而努力运用这种形式将自然力量与人类力量结合起来。由此，作为祖灵之歌的哈歌在充当这种形式起到仪式化表达的意义编织功能时，又具有了我们这个时代渐趋消失的膜拜价值。通常的膜拜价值带有浓厚的蒙昧性，不可否认京族哈歌在早期也带有这种成分，但作为一种仪式在长时间的定期坚持举行中，尤其

---

[1] 内部资料，苏维芬编：《京族文化艺术》，2012年，第15页。
[2] 王红：《海洋文化的诗性表达：京族史诗研究》，载《广西社会科学》，2012年第3期。

在怀祖追宗的意义上举行，所具有的膜拜价值就更多地带上了一种信仰的色彩，并且这种信仰关系自我身份的确认。

总之，京族史歌在叙述自我族群迁徙、繁衍历史中编织了其民歌的意义结构，其哈歌在怀祖追宗、敬奉圣神的哈节上演唱中被赋予了神圣的仪式意义，而这种意义结构和神圣仪式意义又是交互产生、融为一体的，因在哈节上也会唱史歌。此外，在京族民歌的其他歌曲中也普遍具有仪式意义，比如其礼俗歌、盘问歌在婚礼上演唱，男女双方婚姻关系的达成需要这种歌曲作为重要的沟通、连接作用，这也体现出其民歌的仪式意义和功能。

三、播散、穿透海洋生境的声音展示

正如本雅明所说，现代艺术与传统艺术的重大转变在于膜拜价值的丧失和展示价值的突显，在此转变中往往出现膜拜价值与展示价值的撕裂或冲突。然而京族民歌在形式上具有展示价值的同时并未丧失仪式意义（膜拜价值），同时其仪式意义也未形成一种完全僵化的意义结构并导致对主体的完全压制。简言之，京族民歌两者兼而有之，且关系较为和谐。这主要有两方面的原因，一是海洋生境使其仪式意义得以伸展而免于僵化成一种固态压制主体的结构；二是民歌作为一种声音具有穿透性、播散性，其本身难以为某种意义编织之"网"所束缚。

从京族民歌的海洋生境来看，前文笔者已经论述了京族以海洋文化为底色的融合型文化是基于其生存策略而自然建构起来的，其民歌作为这种文化的符号表征，广泛地将海洋意象和人文

信息编织、融合在一起。值得注意的是，通过这种文化与生态的互渗、对生形成一个海洋文化生态整体，民歌作为这种文化生态整体的符号表征便与海洋生境不可分离，民歌的仪式意义能够不自缚手脚，也正是由于内蕴的海洋意象使其意义结构伸展到阔大的海洋生境中去，得自然之生机而长青。

民歌的播散性和穿透性又是紧密与其海洋生境相关的，正是海洋生境的存在使得民歌可以既具有仪式意义，又能从这种意义编织的"网"中播散、穿透出去，这就像其独弦琴一样，琴声既产生于琴弦又不拘泥于琴弦而播散、穿透出去。就京族民歌而言，与海洋生境的交融不仅表现在广泛地将海洋意象唱入歌中，还表现为将海洋内蕴融入民歌韵律。

此外，京族民歌的播散、穿透性还体现在人们对歌音本身的重视上，即对民歌仪式意义之外独立的、纯粹的声音上的认识。识歌音、听歌、传唱如下这首《唱歌之人识歌音》：

犁田之人识牛性，养蚕之人识蚕情，
驾船之人识水路，唱歌之人识歌音。[1]

歌中明显表现出对歌音本身的认识，且把这种认识与他们的生产技巧相比，这就在一定程度上可以突破简单仪式意义的束缚而突出其民歌的展示价值。再如下面这首《人翠歌也翠》：

---

[1] 内部资料，苏维芬编：《京族文化艺术》，2012年，第1页。

人美话也靓，人翠离得远了歌也翠。

人醒声也醒，好钟轻敲边城也闻声。[1]

以声识人，人之形貌与歌声之甜美相联系，充分体现了京族对歌音本身审美性的重视。

更加突出反映京族对声音本身穿透性的关注表现在关于独弦琴的传说。关于独弦琴的传说颇多，此处略举三例。在《独弦琴的声音》中讲到，石生被困水牢，他在牢中弹起龙王送给他的独弦琴，公主得以循琴声寻找水牢，从而救出石生。在这里，水牢阻绝了石生与外界的联系，导致石生似乎求救无门，但是声音却可以穿透任何存在，即使水牢也不例外。[2]这反映了京族人民潜意识中对超越一切有形无形压迫的向往，这种向往被寄托在声音之上。在《独弦琴的神效》中，阮三伯在灾年入森林挖金狗头度荒，不慎跌入古井，他弹起独弦琴引众鸟站在井边舔竹尾听琴声，鸟越来越多导致竹尾越垂越低，从而得救。[3]在这个传说中独弦琴的声音可以与动物沟通，反映了京族人民对声音穿透性、超越性的认识和向往。更为著名的《琴仙》这首京族叙事歌讲到，鲨鱼精欲娶龙王漂亮的七公主，不能得逞便偷取蜈蚣笛到京岛为非作歹，七公主以仙琴伏妖，鲨鱼精被琴声震跑，但鲨鱼精趁七公主睡熟后扯断琴弦并拔光了七公主的仙发，为镇住鲨鱼精，七公

---

[1] 苏维光，王戈丁，过伟编：《京族民歌选》，南宁：广西民族出版社，1988年，第1页。

[2] 内部资料，苏维芬编：《京族文化艺术》，2012年，第46页。

[3] 内部资料，苏维芬编：《京族文化艺术》，2012年，第47—48页。

主将琴留给京家人，并用头上漏拔的最后一根头发作为琴弦续上，没有头发的七公主死后被京家人尊为琴仙。[1]在这个传说中京族人用生命之弦为独弦琴赋予了神性，表现了对琴声神奇功能的膜拜，以及对此付出代价的琴仙的悲悯之情。

如果说关于独弦琴的传说只是说明了京族从认识上对声音的重视的话，那么从对独弦琴本身的考察我们会发现，独弦琴与京语以及京族民歌对生、互渗，从而使歌声与乐音在海洋生境中播散、穿透。"独弦琴的演奏技巧一般有大、小、上、下滑音、倚音、波音、颤音、人工泛音等，可以模仿潮水声、鸟叫声、喧闹声等等。因善用颤音、波音、倚音、滑音等装饰旋律，其曲调绵延悠长，如吟如诵，柔美细腻，显示出特有的韵味。轻盈飘逸的琴声，如同大海的性格，有的曲调高亢，传递很远，高低起伏，像大海的波峰浪谷，又像海上的渔船在海浪中飘摇、渔民撒网的抛物线，而有的旋律缠绵回肠，犹如平静的海湾，这正是海洋文化的形象表现。独弦琴的旋律曲调体现了人们描摹自然的自然之子情怀和善用自然的审美创造。"独弦琴作为京族民歌的伴奏乐器在广泛应用中与京族民歌对生、互渗，同为海洋文化的产物。"京语有平声、锐声、玄声、问声、跌声、重声等六个音调，发音多在鼻腔共鸣，因而每一种音调变化都会形成一种装饰润腔的哼鸣声，在音乐上形成了多样的装饰音。独弦琴发音与京语有密切关联，体现在对人声模仿。弹奏独弦琴时，用拨弹后的余音（长音），再做推、拉摇杆提取它音，发出的声音别具一格，有如

---

[1] 内部资料，苏维芬编：《京族文化艺术》，2012年，第87页。

京族人用鼻腔共鸣发出的'嗯……''叮……''咚……'等语音效果。独弦琴在演奏技巧上有拍杆、摇杆、碰杆等多种方法,使其产生颤音、回音、波音等多种装饰音,具有很强的歌唱性和模拟性,能与京语的各种语调产生共鸣,其音色淳厚圆润、优柔委婉,与京语音色十分神似,演奏时宛如京族少女涓涓细语。"此外,从曲调上来看:"独弦琴乐曲很大一部分来源于京族民歌,如民歌《打鱼归来》《饮水不忘挖井人》《摇网床》《渔家四季歌》等等都已成为典型的京族独弦琴曲目,可看出独弦琴与京族民歌的密切关系。"[1]

综上所述,京族民歌和独弦琴共生、互融于海洋文化,并共同促成了其声音播散、穿透其海洋生境,从而使京族民歌不为自我仪式意义所缚。

结语

京族民歌贯穿于其民族文化和生态中最为重要的哈节、哈亭、独弦琴和海洋环境,通过融合、编织将京、汉、壮文化与海洋生态融为一个文化生态整体;通过仪式化表达的意义编织使这个文化生态整体具备一定的仪式意义和膜拜价值;通过与独弦琴和海洋生境的对生、互渗形成其声音的穿透性,从而从其海洋生境和自我编制的仪式意义结构中播散出去,避免了这个整体沦为

---

[1] 陈丽琴:《京族独弦琴艺术生态研究》,载《广西民族大学学报(哲学社会科学版)》,2013年第2期。

一种僵化的意义结构。值得注意的是，京族民歌并非单一向度的要么编织要么融合要么播散，而是三位一体的耦合整生，编织为"张"，播散、穿透为"弛"，融合衔接张弛，"一张一弛谓之道"，正符合中国传统哲学中的大道，不同的是融合了海洋文化的京族文化凸显出顽强的生机和自我独特的地域特色。如此形成一个京族海洋文化生态整体，这个文化生态整体不仅仅体现在文化与生态的和谐关系上，更体现在文化与生态在对生、互融中你中有我、我中有你，物我为一。由此，京族民歌所构建的海洋文化生态整体实现了膜拜价值和展示价值兼具的和谐形态，为现代艺术膜拜价值与展示价值的冲突和撕裂提供了一种借鉴。

当然，京族民歌也同样受到现代性语境的冲击而呈现出风险与机遇并存的局面。比如，传统渔业生产方式的没落导致民歌海洋生境的丧失，在此情境下如何保护民歌这种活态艺术？哈节申报非物质文化遗产的成功可以一定程度保护其民歌的仪式化意义生成，但与之而起的如何做到主流意识形态与民间文化意识形态的良性互动值得思考；同时，如何避免所谓的民族文化在日益兴盛的旅游业中沦为一种仅仅被他者观赏的景观？大众文化、流行文化作为"机械复制时代的艺术"可以大批量、跨区域地散播从而造成对京族民歌这种地域型文化表征的冲击，如何趋利避害？这些都是在当下语境中如何保护京族民歌需要思考的问题。

初冬随笔（代后记）

每本书都需要有一篇后记。

就像在南宁市中山路吃生榨米粉，总得撒点葱花、蒜末，否则就会觉得少了点什么。

与写正儿八经的学术文章相比，我更喜欢写可以率性挥洒的学术随笔。没有固定的条条框框，只要怀有一颗学术的心，拥有学术研究的敏感度，就可以依据确定的学术范式去观察日常生活中的一切现象。就像朱光潜先生所说的那样，"一切事物都有研究的价值。科学并不把世间事物划为'应研究'的和'不应研究'的两种"，我们需要"学会看重枯燥的事实，和在枯燥的事实中寻出趣味"。[1]

---

[1] 朱光潜:《朱光潜全集（第1卷）》，合肥：安徽教育出版社，1987年，第198、200页。

在整理和校对这本书稿的过程中,我零零散散记了些随笔,不料越写越多,经过修改还成了一篇学术漫谈,索性留在书末当作代后记。有时候感觉自己每天都在跟时间搏斗,作为一个喜欢将所思所想形成文字的人,总是努力在买菜、等车、吃饭等碎片时间里把自己的想法在手机上记下来,晚上睡前再导入文档里。这篇代后记也不例外,是由"百衲衣"一般的许多片段集成的。感谢"讯飞语音"这款手机软件,让我得以用语音输出的方式直接把自己的话语变成文字,极大地节约了我的时间,也避免了我很多想法还没来得及用笨拙的手记录下来就消失了。人生总有许多"敝帚自珍"的东西,比如我楼下的老头总喜欢收藏些瓶瓶罐罐,老太则喜欢把用不上的废旧布片当宝贝一样攒起来。像我们这种跟文字打交道的人,则喜欢把自己的感悟集成一段段文字。正所谓"每一个词和每一个字都是人性的,随着神经纤维的扩张或收缩,透明或模糊,致使时间和空间的变体随着感觉器官的不同而变化"[1]。这些记下的流水账,别人看了甚是啰唆,但对我们而言,却是一条条通往过去的线索。轻轻一碰,便能牵扯出许多酸酸甜甜的记忆。昔日情形涌上心头,或是微细无声,丝丝入骨,或是呼啸作响,如逢骤雨。总之不管是喜是悲,都是确证自己存在过的标识物。寒来暑往鬓发衰,风霜堆作额头纹。年华如影去无声,唯有文字留其痕。

---

[1]〔美〕W.J.T.米歇尔著,陈永国等译:《图像理论》,北京:北京大学出版社,2006年,第132页。

一

我针对广西区域文献资料开展整理和研究工作的想法产生得颇早。读大学时，学校开设有"民俗学""中国传统文化"等课程，我听课之余又凭着兴趣去查阅相关资料，在此过程中直感该领域尚有许多工作需要进一步展开。比如老师让我们去对身边各种民俗、建筑、美食等进行调研和综述，其中就涉及对它们的历史沿革的文献追溯。可是我在图书馆把书逐页细翻也找不到多少历史记录，由此开始思考这些方面的工作缺失。不过当时限于自己学养不够、功课又多，所以既无能力也无精力在这方面做点事情，想法始终只是想法而已。

2005年我硕士研究生毕业，到广西艺术学院工作后，与同事赴那坡、隆林、荔波等地进行多次田野调查。在此过程中我意识到：一方面，当地对民间文献资料的收集和保存的重视程度不够，不少资料好不容易整理出来，却只是写在油印纸上，抄在小本子上，一本本地被束之高阁，最终被老鼠咬、被虫啃，无奈淹没于时间之中；另一方面，诸多资料被整理出来之后，往往也就停留在资料整理的层次上，较少被上升到思想史的角度进行更深入的分析整理，比如里面涉及的民俗现象、节庆细节背后的思想史问题往往没能被细致阐析出来。而我随后做的学术工作大致就围绕这两条线索展开：保存这些脆弱的文献，以及挖掘文献蕴含的思想史内容。

我在开展区域文化研究的过程中，对其涉及的若干问题颇有些感触。

首先，区域文化研究不能仅停留在资料整理和现象描述的层次，还需具备思想史的哲理深度。

对于思想史研究而言，未经反思的材料毫无意义，须从更高的学术层面将这些资料蕴含的复杂意蕴挖掘出来。如果我们停留在做些文献收集整理工作，那就是在低水平的层次做个"仓库管理员"。学者葛兆光指出，思想史研究必须联系到事情发生的社会史、政治史、经济史、文化史、宗教史等宏观背景，同时在各种实物文献和遗迹中考察其历史语境，从而以全面、历史、辩证的学术态度去理解材料。[1]换言之，必须以思辨精神进行判断、反思，才能理解蕴含在材料背后的那一套丰富、复杂的文化结构与秩序。

葛兆光还对"何谓有价值的中国文史研究"给出三条标准：第一，是否给本领域、本学科内提供了新资料和新文献；第二，是否给学科外提供了新的范式和新的方法；第三，研究课题成果表达是否和国际发生一定的关联，能否成为国际学术界的话题之一。[2]我觉得他的三条标准也适用于整个文科类的学术研究。热情的态度无法替代冷静的思考，无论是学术上还是生活上，努力都需要在更智慧的层次上展开，否则就是在做低效的重复劳动。有时候你以为你很努力，其实你只是在用重复劳动去逃避深度的痛苦思考。

原地踏步式的辛苦并不值得赞赏，否则我们更应该称赞那些

---

[1] 葛兆光：《中国思想史（导论）》，上海：复旦大学出版社，2001年，第112页。
[2] 葛兆光：《思想史研究课堂讲录》，北京：三联书店，2019年，第173—174页。

不断把马车制作得愈加精致的匠人,而不是嘉许那些在艰难试错中设计汽车的探索者。相形之下,哪怕是幼稚的、粗糙的、零碎的创新,甚至是那些最终被证明是走错路径的创新,也比那些停留在原地的、愈加成熟完备的内卷更有价值。朱光潜先生曾说:"要朝抵抗力最大的路径走。"[1]而季羡林先生则提醒:"没有新意,不要写文章。"[2]我常常把这几句话牢记心间,动笔之前先想想自己的文章有没有新意,值不值得写,而写的过程中则思考自己是否写出了思想深度。

文艺作品的内容跟其所处区域和时代的具体语境息息相关,广东的粤剧跟广西的粤剧就因为地域原因存在若干细微却关键的差异。广东的粤剧在民国逐步雅化,由于更多是在剧场演出,唱腔更加细腻柔婉,乐器类型也随之剧场化了,连小提琴、大提琴、萨克斯管等西洋乐器都被纳入进来。广西的粤剧则由于多是在乡野演出,故而更侧重于向乡民的趣味靠拢,武戏(尤其是高难度武戏)被格外凸显,乐器中锣鼓等音响效果极强的类型得到倚重,有道是"锣鼓一响十里闻"。由古思今,我听《渔樵问答》时不禁想,渔夫、樵夫是那个时代标志性的职业,而如果同样的场景放在当下,表现的内容会不会变成外卖员和快递员之间的对答?毕竟古代渔、樵被认为是见多识广的民间职业,而如今见多识广、藏龙卧虎的难道不也是各类走街串巷、看尽世间繁华与沧桑的职

---

[1] 朱光潜:《朱光潜全集(第4卷)》,合肥:安徽教育出版社,1987年,第19页。
[2] 季羡林:《读书与做人》,北京:国际文化出版公司,2009年,第44页。

业吗？正所谓"人只要留心，处处都是学问"[1]，以上这些都值得我们在思想史的框架内加以细致研究。

其次，区域文化研究要对资料进行甄别。正所谓"认识的能力，决定认识的范围"[2]，人们在进行叙述的时候，总免不了要掺杂许多个人的偏见，叙述往往存在一定程度上的失真。我在阅读历代关于西南地区少数民族民俗生活的文献记录时注意到一个问题：这些叙述全部是来自作为旁观者的外人，可谓是一种"旁观者叙述"而非"当事人记录"。至于作为民俗活动实施者的本土民众，他们没留下任何只言片语，沦为了文献记录上"沉默的被叙述者"。正如葛兆光提醒的那样："中国古代正统的历史文献是由一些承担了意识形态使命的文人写出来的，它给我们留下了很多经过古人眼光过滤过的固定的观察框架。"[3]我们面对的这些史料也是被"旁观者叙述"给过滤、筛选，乃至误读过的内容。

因此有时候我会想，从宋代到民国，如果那些文献的写作者是西南地区的本地人，那么他们记录的内容是否会和现在的"旁观者叙述"有极大的不同？比如，我们今天都很清楚"黑衣壮"最初并不是以黑为美，而是当地人普遍穿黑衣，只是到了晚清民初时，由于商品贸易带来了新的风尚而让山下的民众开始逐步放弃黑衣，身处偏僻区域的"黑衣壮"与这些服饰潮流并不同步，

---

[1] 何涛：《哲思之门：从已知把握未知的可能性》，桂林：广西师范大学出版社，2019年，第57页。

[2] 朱光潜：《朱光潜全集（第2卷）》，合肥：安徽教育出版社，1987年，第88页。

[3] 葛兆光：《屈服史及其他：六朝隋唐道教的思想史研究》，北京：三联书店，2019年，第211页。

故仍保留了黑衣特征。如果"黑衣壮"的服饰变迁史是由他们自己来记录,是否会有另外一种说法?

当然,这就引发出第二个问题:本地人的叙述也需要进行甄别。这世间许多事情都颇为复杂,时过境迁之后,即便是同一群体对同一事件的叙述也会在诸多外在因素的影响下而发生变化。还是以"黑衣壮"为例,当时间走到21世纪,当地人逐步意识到在"非遗"语境下可以以此作为自身的审美特色,从而使自己处于有利的文化地位,于是他们反过来对自己的服饰话语进行了重塑,开始对外声称他们"自古以黑为美"。但只要在这一片地区有一定的居住经验就会知道,当地民众在很长一段时间里无论什么民族都穿着黑衣。黑衣不是"黑衣壮"的特征,而是当地服饰的共同特征,这跟本地染料取材方式有关。即便到了现在21世纪20年代,我们仍然可以在隆林各族自治县的集市上看到苗族和壮族的男士便服的款式和面料几乎一模一样,唯一的区别只是苗族的男士便服在袖口和领口加了五色线——大家的服装区别其实并不太大,只是在现代人的叙述里,不同族群之间的差异被人为强调了。这就提醒我们,无论是旁观者还是本地人的叙述,都有可能因为某种特殊原因而失真。他们叙述历史时,无可避免地带着某种"前理解",并且很可能由于各种原因而在叙述时对原本的历史状况进行了改写,夸大甚至杜撰了某些对自己有利的部分,同时缩小甚至抹去了某些对自己不利的部分。由此我们必须如同伽达默尔所提醒的那样,关注潜藏在叙述之中的预设性问题,"纠正经常所进行的理解用以理解自身的方式"。[1]

这世间任何事情只要涉及经济利益都有可能变味,甚至区域文献资料这种原本非常冷门的东西都无法例外。比如,当下很多地方的经济活动需要"文化搭台",所以许多原本存在时间极短、活动区域极小、内容极为有限的民俗活动被包装成了"历史悠久""影响范围很广""体系复杂完备"的"古老传统民俗"。更有甚者,历史上从未出现过的某些所谓民俗忽然冒了出来。但相关利益方在创作和包装这些新兴的人造民俗时必然涉及一个难题,即这些凭空造出来的东西根本没有文献支撑。于是现在"口述史"的运作手法便应运而生了,历史需要通过文本去触及,结果他们通过"口述史"的方式去创造文本,从而创造出"历史"。历史,在这里变成了一种"叙述"。按照葛兆光的分法,历史的写作会因为社会观念的改变而出现话语系统的调整,有些内容被删掉,有些内容则被增加进来,即所谓思想史的"加法"和"减法"。[2]但葛兆光所不知道的是,现在还有一种"硬塞法",那些明明在历史上不存在的民俗也会被某些人通过口述史硬塞进历史文本中,这相当于是资本对学术的战术袭扰。因此,我们作为学者必须去伪存真地在各种真假文献里进行一番"理论探险"。葛兆光强调过,一定要"守住底线",要保证"让学术不至于崩溃到别人不相信这是学术"[3],他这番话用在当下的口述史问题上尤

---

[1] (德)汉斯—格奥尔格·伽达默尔著,洪汉鼎译:《伽达默尔著作集(第1卷)》,北京:商务印书馆,2002年,第387页。

[2] 葛兆光:《思想史:既做加法也做减法》,载《读书》,2003年第1期。

[3] 葛兆光:《思想史研究课堂讲录》,北京:三联书店,2019年,第172页。

为贴切。

　　再次，区域文化研究涉及的文献引用规范性需要进一步加强。我开展区域文化研究需要引用相关文献材料，在此过程中翻阅了相当多的民俗类学术书籍，但是当我读到他们的注释、参考文献时却颇为诧异。比如某句话本来是有出处的，来自某书第几章第几页，这些古籍（如《岭外代答》等）在各个出版社也都整理出版了，但几十年来很少有引用者标注出规范的出处。更有甚者，其中最初某人引用出错，后来写的人也以讹传讹，不加分辨地跟着引用那些出错的内容，不去认真核对原始的出处。此外，还有些学者将出处标识为"引自百度百科"，让人不禁哑然失笑。核对文献的原始出处这个工作确实很苦很累，我有时就为了查找几句话的古籍出处而不得不逐行查阅电子版古籍，一耗就是大半天，弄得眼疼脖子酸。但这种辛苦是必要且值得的，因为这是维护学术研究严谨性的必要步骤，切不可偷工减料，马虎应对。实际上，恰恰是这种累人的阅读原文的工作，能让人发现诸多以往未被人关注过的细节，我本人就由此挖掘出若干重要的资料，比如《太平春》等文献的版本问题。这些历史的边角料，一旦如同葛兆光所言"被安置在历史叙述的合适位置"[1]，就会焕发出不一样的光彩。

　　其四，区域文化研究还须跳出"区域"，走向宏观思辨领域。这是最关键也是最难的。这里有件旧事，大约是在2014年秋季，我到杭州参加文联系统的培训。当时童庆炳先生还健在，在他的

---

[1] 葛兆光：《思想史研究课堂讲录》，北京：三联书店，2019年，第133页。

讲座结束之后，我就自己正在做的区域文化研究请教他。他委婉提醒我：如果你在做区域文化研究时不能跳出自己的区域，进而上升到更为宏观的理论高度，那么这种研究就只能把你困在"区域"的局限之中。他的这番话对我触动颇大，仔细想想，如果弗雷泽的《金枝》只关注一时一地的地方习俗，而不能提升到思想研究的高度和不能推导出一套相对完整的理论框架，那么他也不可能在学术史上留下自己的足迹。类似的，费孝通之所以能被后世学者记住，不是因为他做了哪些具体调研。毕竟，田野调查虽然辛苦，但任何接受过相关学科培训的人都能完成。费孝通能成为一代大家，乃是因为他从更高的层面提出了诸如"差序格局"等具有统摄性、全局性的关键命题及相关理论。同理，如果我们的广西区域文化研究只囿于广西，未能提升到宏观分析的高度，那就仍然没能跳出藩篱去开创更大的格局。

当然，知易行难，跳出"区域"去建构更具普适性的理论绝非易事。我只能说是将此作为自己的目标，而不敢说自己总能做到。此外，我还认为，民俗学研究可能需要走向人类学才能打开自己的格局。因为民俗学研究范围太狭窄，很多民俗现象仅从民俗角度加以研究，只能得其皮毛。只有从人类学的高度结合其他学科的研究范式和成果，才能真正进入其深层结构。

其五，要在文献阅读和现象观察过程中寻找到属于自己的学术乐趣。子曰："知之者不如好之者，好之者不如乐之者。"若真把材料读到了深处、细处，在感性的材料中挖掘出了其深刻的思想史内涵，那就照样能体会到学术工作本身的快乐。比如我们可以从河南曲子《关公辞曹》里的曹操唱词中，读出其独具当地韵味的地方特色：

曹孟德骑驴上了八里桥，尊一声关贤弟请你听了：

在许昌俺待你哪点儿不好？顿顿饭四个碟儿两个火烧，绿豆面拌疙瘩你嫌俗套，灶火里忙坏了你曹大嫂，摊煎饼调榛椒香油来拌，还给你包了些马齿菜包，芝麻叶杂面条顿顿都有，又蒸了一锅榆钱菜把蒜汁来浇……

我在想，这段唱词如果置于广西的语境下，比如放到桂剧、粤剧、邕剧、彩调等地方戏曲里面表演，会不会把里面的"火烧""绿豆面拌疙瘩""摊煎饼调榛椒香油"等河南元素，都重构为米粉、干炒小米辣椒加鲜剁紫苏、蜜汁叉烧撒碎葱等广西元素？反正我是知道在广西某些乡村版的《梁山伯与祝英台》里，结局被设定为"有情人终成眷属"，甚至在百色一些壮族地区，连梁祝俩人接着生了几个娃的情节都设计出来了。原因是原版的凄凉结局与广西老百姓朴素的"大团圆"认知模式产生严重冲突，在表演时激起民愤，迫使戏班把原本的结局按乡民喜闻乐见的形式进行了修改。粤剧院一位前辈对此说得颇为详细，说是清末民初时有戏班在靖西唱《梁祝》把结尾的悲惨情形演绎得过于到位，气得当地老百姓不给戏班劳动付费，还差点把戏班演员揍了一顿，最后戏班不得不临时改成喜剧版结局。之后这种喜剧版结局被戏班延续并且传播开来，一度形成了本土《梁祝》版的特色。乡民按照自己的思维习惯和想象要求戏班将戏曲原本所未详细论述的内容进行修改，这种修改的过程便是一种本地化过程。

最后，作为学者个人，一定要找准自己的研究路径。我作为一个资质愚钝的人，常苦于找不到努力的方向。于是就设法寻觅一些学界领军人物的论著来阅读，试着从他们的研究成果中了解他们看待问题的角度、对资源的挖掘和运用、对材料的整合与凝练等治学方面的信息。即便不是领军人物，只要是他的思想有独到之处，其书读之也能让人受益颇丰。所谓"宁要好梨一个，不要烂梨一筐"[1]，有针对性地精读几本好书，比看几十本平庸之作要强。那些优秀的学者，往往能从寻常处见非常，把现象背后深刻的奥妙以凝练的话语揭示出来。

佛学有所谓"转识成智"之说，换成现代学术语言，即单纯的知识只是苍白而没有生命力的信息片段，它需要与其他知识一起形成彼此相关联的知识链，进而凝聚为见识，在运用中再升格为智慧。在面临方向性问题的选择时，发挥着极其重要作用的不是人的知识而是人的见识，因为方向的选择比努力更重要。如果点歪了技能树，那么一开始就注定会步入死局。在错误的方向上越努力，走的路就越偏。比如，玛雅人把打制石器的技能越做越精细，以至于精细到现代人看了都感到震撼，然而再怎么精细也始终没有走出石器时代，沦为让人叹为观止的奇技淫巧。老鼠再优秀，至多只能教你一些挖洞的知识。如果不能到老虎那里学扑、跃、抓，那你一身的气力再强，也只能用在挖洞的技能上。因此科研团体则需要有一批远见卓识的带头人带领着走向正确的研究路径，而作为学者个人，也一定要多看看学界的前沿发展动向，

---

[1]《列宁箴言》编选组编：《列宁箴言》，上海：中西书局，2018年，第17页。

弄清楚该往哪个方向走再使劲。

当然，过于优秀的人在做出判断性论述时往往会意识不到自己存在的某些盲点。比如钱锺书流传甚广的名言就是"大抵学问是荒江野老屋中，二三素心人商量培养之事，朝市之显学，必成俗学"。我也一度将之作为自己治学的格言，但许多年下来，我慢慢琢磨着感觉到一个问题：他这句话在精神气质上确实非常正确，但在具体研究路径上却有待商榷。因为他这样的素心研究是基于他那世间少有的深厚功底进行的，如果你也跟他一样的话，很容易把他的闭门之学研究成闭门造车之学。显学固然有流俗的成分，但它之所以能成为显学，很可能是因为它回应了时代最迫切需要解答的诉求。这就需要用勇气和智慧去探索和试错。那些没几个人研究的学问固然非常重要，甚至在某些时候恰恰是引领未来发展的前沿探索。但大部分人都是普通人，能有几个能超越时代看得到趋势，去做素心之学的研究？

许多年前，我听过一个商业案例。说是麦当劳和肯德基在中国开店之前一定会做非常详细的本地化调研，它们只在客流量足够大、购买力足够强的地段开店。当然，做这样细致的调研是要相当高成本的，并不是每一家小店铺都愿意负担。不过中国一些头脑灵活的商家有自己一套搭便车的方法，在选店址时索性就看看这两家店开在哪，有它们在的地方就不会出大错。这个案例是十多年前的，如今时过境迁不一定准了，但它给了我们一些启示：当你还是个"学术青椒"的时候，不要着急盲目去垦荒，先跟着学界最优秀那一批人的路径去磨炼一段时间，把本领学到了，再开创自己的天地。我常提醒我的硕士研究生，作为普通人应当忌讳那些容易走火入魔的素心之学，而须仔细观察和认真对比当下最优秀的这一批学者的研究方向和内容，思考他们为何会聚焦在这一领域，才能以自己的弱势地位去借势而起，顺势而发。"思想也有耕耘之时和收获之时"[1]，应当把学术视为一个找准目标之后长期积累，最终厚积薄发的过程。

二

扬州有一个很好地提升本地文化的举措：在城市各区域设置城市书房，让市民能非常方便地在家门口读到高价值的书。我现在住处往蜀岗体育公园走几百米，就是一家城市书房。靠近大路这边的书柜上有非常多合我阅读胃口的休闲读物，诸如《穿越历史聊经济》《复盘：一个经济学家对宏观经济的另类解读》《哲学是怎样炼成的：从普通常识到逻辑推理》《创新者的解答》《新消费时代》等。可惜我只能用我的边角料时间来读，每天最多只翻几页。每天刨掉买菜做菜、教学弄材料等事情，剩下用于我个人科研的时间就已经很紧张了，哪里有时间仔细阅读这些书？我很羡慕这里的管理员，他们每天有这么多的时间可供自由阅读，这对我而言是可望而不可即的事情。但让我难过的是，他们宁愿到门外去聊天也不想摸这些书。当然，人只会对自己接受范围内的知识感兴趣，说得更功利一点，就是只会对自己有用的知识感兴

---

[1]〔奥〕路德维希·维特根斯坦著，许志强译：《文化和价值》，杭州：浙江大学出版社，2020年，第63页。

趣。这里的书所承载的知识对于不需要它们的人来说，可被归入无效知识的类别，而闲聊更能让他们获取直接有用的信息，因此他们更宁愿闲聊。我其实已经把自己的时间开发到近乎极限了，为了能更好地利用边角料时间，我还用了听书软件"喜马拉雅"，在上下班路上顺便用耳朵"看书"。我上下班尽量蹬自行车，这样可以叠加做事情，不用专门花时间去跑步锻炼。别人关心的是自己的可支配收入，而我更关心的是我自己的可支配时间。

我在城市书房翻看苏世民的《我的经验与教训》一书时，其中有几句话让我颇受触动："如果你足够渴望一件事物，即使没有条件，也总会找到方法达成愿望。只要你努力，只要你坚持，就会变不可能为可能，就会功到自然成。"在高考之前，智力因素对人的成功影响最大。但从大学开始，意志力和对身边资源的运用能力才是成功的关键。苏世民又说："做大事和做小事的难度是一样的。两者都会消耗你的时间和精力，所以如果决心做事，就要做大事，要确保你的梦想值得追求，未来的收获可以配得上你的努力。"这句话一定要在年轻时就认真读，同样是费时费力雕刻，你在紫檀木上雕花，与在柴火上雕龙，最后作品的价值相差甚大。因此一开始就要想清楚如何去选出紫檀木而非柴火。阅读这些行业资深人士的文字，就如同聆听智者在耳边畅谈他们用阅历写就的经验，确实颇有启发。阅读量大，不代表能阅读得深刻。但阅读量少，就很难借助巨人的肩膀来培养起更高远的辨识眼光。

单个文本只有置于与其他文本的关系之中才有意义。或者说，我们只有把单个文本与其他文本联系起来，才能真正获得对文本本身的透彻理解。书读少了，就相当于自己意识中掌握的文本少了，于是往往只能看到文本表层的内容，而无法把理解推进到文本结构的深处。如果没有足够的知识储备、专业训练量以及个人的问题敏感度，那么面对再丰富的材料都没有办法开展深入的研究。

为什么孔乙己非要说"窃书不是偷"？我读中学的时候老师没有说清楚，她只是含糊地说"偷"这个字不好听。我估计她之所以答不出来，主要是因为教学参考书里没有谈，而她的知识仅限于参考书范围之内。后来我又读《孟尝君窃符救赵》，才恍然大悟，原来鲁迅居然在现代文当中，不露声色地以文言文的形式用典。"窃"和"偷"两者看似相似，但如果以文本间性视角观之，就能意识到原来鲁迅借着孔乙己之口说这番话是有用意的。"偷"，是为了个人私利，而"窃"，则是为了大义。联想到孔乙己偷的那些书，这种意味就更加显著。那些老爷们宁愿让书在书柜里面喂书蠹，也不肯让需要它们的人去读。因此孔乙己才会说自己是"窃"，就像孟尝君一样"窃"。

后来我为了整理邕剧资料而去找书时，更加深刻理解了孔乙己的心情。我最需要的书就躺在那些单位的仓库里积灰，那些单位就是不允许我把那些书借出来，哪怕我拿手机拍照也不允许，这让我非常懊恼。好在其中有些书孔夫子旧书网有售，我自己花高价买了，虽然有点心疼，但好歹有了资料来源。正所谓"在历史资料脆弱的情况下，强大的理论体系及意识形态体系，会将经验本身的逻辑吞噬，经验本身没有能力展开说话"[1]，没有充分的

---

[1] 贺雪峰：《在野之学》，北京：北京大学出版社，2020年，第111页。

资料，很容易在叙述时被当下概念牵引而对历史文本做出强制阐释、过度阐释。学术研究需要合理猜想，但所有猜想都必须是依据史料铺垫的逻辑路径去延伸，而不是凭自己的想象去进行主观臆断。后来我到美国访学期间，通过华盛顿大学图书馆的检索系统发现了这些书，还找到了它们的姊妹篇，得以顺利无阻地阅读、扫描。在美国找到这么多20世纪初期的书，且毫不费劲地就把它们借出来，而当地图书馆还提供给我复印它们的便利条件，当时让我在狂喜之余不禁有些黯然。我作为一个广西人，为了读广西的书，居然要通过美国的大学图书馆才能实现，这多多少少有些滑稽。希望随着时代的进步，这种事情将变为过去时。

朱熹曾在诗中感慨时光的匆匆："未觉池塘春草梦，阶前梧叶已秋声。"转眼间，我从初步开展广西区域文化研究工作至今已过去十余年了，当年整理资料的场景依旧历历在目。如果说自己对广西的文化有什么贡献的话，我觉得最主要的就是把那些本来已经逐渐湮灭在灰尘中的文献重新整理出来，出版了《邕剧》三卷本，为这些文献又续命了许多年。按照原本的计划，我还准备用五年左右的时间将《广西特种部族歌谣集》梳理一遍，整理出该书的电子版，然后立足于思想史的角度对其所涉相关文献资料进行更深入和广泛的阐释分析。

以现代的眼光视之，《广西特种部族歌谣集》的缺陷其实还是挺明显的，那就是我们可以从中看到整个集子当中给外人看的仪式性叙述很多，历史歌、古言歌、祭祀歌、礼仪歌、抗战建国歌等皆是如此；而给自己看的、属于个人真切抒发的则很少。作为对比，"古诗十九首"之所以在文学史上获得很高的评价，就在于其中的诗歌不是运用于宏大叙事式的空洞话语,而是立足于个体生命那独特又能引发共情的感触去娓娓道来。人生于世,总要面对许多艰难时刻。真正有深度的文学,恰恰就是要面对这种现实和理想之间的悖论去展开自己的叙述。

此外,我还想对广西省会国民基础学校艺术师资训练班(广西艺术学院前身)早期校刊《音乐与美术月刊》做一番考察。正如费孝通所言:"乡下孩子在教室里认字认不过教授们的孩子,和教授们的孩子在田野里捉蚱蜢捉不过乡下孩子,在意义上是相同的。"[1]不同的生存状况和生存规则造就不同的关注焦点、技能取向与生存能力。同理,仔细观察《音乐与美术月刊》里面所刊登的论文,也可从彼时人物关注的问题反推他们所处的学术环境,其中必然包含诸多值得重新审视的思想史细节。

不过由于我工作调动的原因,以上的研究计划就此搁浅。来扬州大学之后,我回归自己的美学老本行,专注于意象理论等领域的研究,短时间之内也无力再推进原有的广西区域民族民间文化研究计划了。这就像一场准备了许久的旅行,在临近远行前忽然取消了,原本设计的路线"只待成追忆",颇让人有些唏嘘。

现在我美学研究分两个方向,主方向是意象理论研究,意象理论是成熟的理论,拥有普遍的社会共识,可以稳扎稳打地研究;次方向是后人类美学研究,侧重于思考人工智能、虚拟现实技术等科技对美学、人文等领域的影响,由于这一片是全新的领域,因此我们所做的探索,大部分都会被证明是幼稚、无效,乃至根

---

[1] 费孝通:《乡土中国》,北京:北京出版社,2016年,第18页。

本就是错误的，但美学研究如果不延伸向全新的领域而是永远在炒旧饭的话，以后的学者会嘲笑我们这一代人的。一个吹玻璃的匠人如果一生只埋头研究吹玻璃瓶子的传统技艺，那么他绝不可能想到有一天玻璃可以用来制作高速传输全球信息的光纤。就像卢西亚诺·弗洛里迪（Luciano Floridi）所批评的那样："正统哲学家就像在一座几乎被采空而又尚未遗弃的矿山采掘的可怜矿工。他们属于迟到的一代，他们所受的专业训练只允许他们在一个狭窄的领域工作，只有在自己的领域内他们才能找到自己的位置。他们工作努力但所获甚微，他们越是向贫瘠的研究投资，越是顽固地将自己埋在自己矿山之中，拒绝离开转向新的采掘地。"[1]我们当代美学研究需要向人工智能领域探索新的矿源，不能将自己困死在陈陈相因的成熟领域。

夸张点说，民俗学是研究以往人们对"神"的理解的学科，而人工智能学则是研究如何创造"新神"的学科。2022年兴起的"AI绘画"和"AI写作"，将会极大地改变未来文艺创作的格局。现在很多美术类的本科生，画技远不及AI绘画软件（比如Stable Diffusion）生成的，甚至连创意也不如这些软件依据大数据产生的"合成创意"。而很多文科类硕士研究生写的堆砌式的学术论文，也不见得能比大语言模型（比如ChatGPT）写出的更好。以后那些纯技能性的、缺少创意的技术性创作，将逐渐被人工智能取代。纯粹的知识型人才将不再被视为人才，而更多的只是一种

---

[1]〔意〕弗洛里迪主编，刘钢等译：《计算与信息哲学导论》（上），北京：商务印书馆，2010年，第31页。

累赘。相比之下,创意型的人才将成为紧缺的类型。因为人工智能创作在目前这个阶段,主要还是通过网络大数据的采集进行。换言之,主要是把别人已有的创意"变成"人工智能自己的。于是乎,如何让人工智能与人类更深度地结合,将成为这个世纪重要的技术问题。而如何在人类创作过程中积极运用人工智能作为辅助,也将是我们美学领域需要思考的问题。

许多年前的一天,我傍晚回家路上正好途经白苍岭,忽见此时晚霞格外漂亮。但是我手头正好未带手机,于是急匆匆地往家里赶去拿手机,想着拿到手机就可以拍下这个美景了。然而当我赶到家时,天已经黑了下来,这前后都不到十分钟,美景就这样无可挽回地在我眼前消失,化作一片黯淡。现在回想起来,人生的美好时段何尝不是这样呢?当它到来的时候,我们以为它会持续很长时间,让我们得以驻足慢慢地欣赏。但其实它只是个片段,转瞬即逝,我们还没反应过来,它就没了,永久地消逝在时间的深处。人生看起来很漫长,然而最美好的时刻亦如这晚霞一样只有短暂的一段,有太多"来不及"铭刻在我们的人生记忆中。因此,珍惜每一时每一刻,就是我们在自己短暂的一生当中能做的最好的事情。

这本书所涉的区域文化相关研究始于我而立之年,终于我不惑之年,记录了我在这一时段的学术思考,也记录了我这一段的心路历程。说是"四十而不惑",实则四十而大惑,原本以为自己坚信的对学术、对人生的诸多观念,到了这个年龄阶段却出现了认同危机,对自己学术上的治学方法乃至人生道路的选择也都感到愈加困惑。离开广西南宁到江苏扬州那一年,我正好36岁,还处于想通过奋斗改变人生境遇的年龄阶段。但是一转眼过了40岁之后，忽然心态大变，感觉这样十几年如一日的奋斗是否走得太急了？人生苦短，是否应该把步伐放慢一些，欣赏一下沿途的风景，把投入事业的时间多投给家庭？时代急促的步伐，裹挟着我们匆忙地奔赴远方。人到中年，时间就像按下了快进键，有时候感觉早上买菜和中午辅导孩子学习还是几分钟前的事，但此刻却已来到了深夜，窗外月明星稀，一片寂静，让人惘然。

按照佛理，这世间的一切皆由各种机缘而生。各种"因"机缘巧合地聚在一起，才有了现在的"果"。其中只要有一个变量出现了变化，那么后边的结局将大为不同。我们眼下所拥有的东西让我们很容易产生一种幻觉，以为我们理所当然地应该拥有它们。其实我们之所以能拥有并且享受到它们带来的便利，只是因缘际会而已。有时候我会想，如果父母没有给我提供一个宽松的成长环境，而是急需我去负担起养家的责任，那么我本科毕业之后就必然立刻工作，复刻他们当年"穷人家的孩子早当家"的窘境，我不可能去读硕士研究生，更不会考博。有没有家人托底，自己的心态是不一样的。即便到了现在，如果没有同事跟我一起分担各种工作，如果不是母亲帮我管儿子，又或者如果儿子不像现在这样还明一点事理，而是再顽劣一些，到处惹是生非，让我不得不被他牵制更多的时间精力，那么我现在也不可能见缝插针地把时间投入学术研究工作中来。换言之，我现在认为似乎可以天然拥有的一切，实际很大程度上都是因为有别人默默支持的结果。

1978年到2000年，以及2000年到2022年，正好都是22

年。第一个22年，我从娘胎到读大二，心理感受上觉得非常漫长；但第二个22年，从青年到中年，却仿佛就是一眨眼时间。而人的一生，又有多少个22年呢？以前听李宗盛的歌，那句"空空荡荡却嗡嗡作响"颇让人费解。然而历经世事沧桑再听这首歌，那种黯然神伤之情就如火山爆发一样涌入心间。人到中年，每天就好像被按下了加速键，每天的时间都在飞速流逝。这三年来世事变迁，今天还能去的地方，明天就去不了了；今天还能做的事情，转眼明天就做不了了。这让我养成了一个新习惯，那就是能今天做的事情尽量不拖到明天。因为也许一觉醒来，明天状况就变了个模样。人到中年，所经历太多的都是"来不及"，许多事未及细想已是过眼云烟，很多人来不及道别就已错过最后一面。因此我现在遇到什么想法，就急匆匆想抓紧时间去实施，也许这就是一种中年男人的"时间强迫症"。

我们总是容易遗忘自己也是有使用期限的，与这世间的一切相同，都会朽化老去。读周有光先生晚年的书，常见他在每一篇文章后都标记诸如"时年96岁""时年103岁"等字样。按照这个生性豪爽豁达的老人家的想法，每多活一年都是赚到。每一个热爱生命的人都分外珍惜时间。如果我们把自己的每一天都当成96岁、103岁来过，数着手指头来使用时间，那么就不那么容易被外在的喧嚣干扰吧？

记得我二十多岁在云南登玉龙雪山时，景区人员不断警告我们要小心高原反应，并要求我们带上氧气罐，还建议我们轻走慢行。身边上了些年纪的同行者果然不久之后就开始出现这种状况，那时我不知天高地厚，看着好玩，于是为了体验一下何谓高原反应，压根不吸任何氧气，还专门又蹦又跳了好一阵，但身体始终没有任何反应。这就是年轻的身体，在那段短暂的青春时光中，怎么折腾都没事。但如今再让我登一次玉龙雪山，搞不好真的就要不得不体验一下何谓高原反应了。

以前广西艺术学院南湖校区有个张老头儿，每天的乐趣就是在校园里面一圈又一圈地溜达，他还特别爱在操场上看青年们上体育课。每次路经操场，看到年轻的男生女生在那儿蹦蹦跳跳的，他那脸上就会洋溢起灿烂的笑容。彼时我二十来岁，尚富年华，对他的表现颇为不解。然而光阴似箭，转眼青春逝去，某日我诧异地发现自己也开始喜欢看年轻人蹦蹦跳跳了。这时候我才意识到自己老了，至少是心态上开始老了。人的本性就是稀罕那些自己没有的东西，所以到了一定岁数就会喜欢看那些青春活力的年轻人。仿佛多看一眼，就会让自己获得来自他们身上的青春的光亮。

其实不单是年轻的人让人看着喜欢，连萌萌的小动物也是如此。以前我花园里种着凤仙花，老是被不知道什么东西给啃食了。打理这些花颇费神，好不容易看着花朵长起来却被祸害，我就非常恼火，恰好有一天，瞧见元凶来了，原来是一只很小的老鼠。它没注意到我已经悄悄来到它背后，恶狠狠地盯着它，准备除之而后快。但正当我要动手时，却对这个小生命有些怜爱起来。在灿烂的阳光下，这个毫无戒心的小家伙呆萌呆萌的，用它自己粉红色的小爪子捧着凤仙花上的果实，像个美食家一样慢慢品尝，仿佛这时整个世界都是属于它的，没有危险，没有伤害，只有此刻的美好。我犹豫了，最终把棍子放下了，吃就吃吧，开心就好。

谁会忍心伤害这么一个小生灵呢?

年轻的灵魂是最为宝贵的,因为人在年轻时精力旺盛、风华正茂,脑子里全是各种富有创意的想法,总有一股探索和尝试的冲动。然而年轻的身体却不值钱,刚刚参加工作的年轻人,时间总被各种事务性工作占据,美好的时光耗费在各种重复性的劳动,甚至是诸多无意义的忙碌当中。等到他们获得了相应的社会地位,得到一定的财务自由和职称之后,身体却又不再年轻,无法承载曾经的梦想。比如,旅游扛不住高强度的驴友自由行模式,想劲舞摇滚没气魄了,面对各种美食却因为高血脂、高血压不敢动筷子,就连终于负担得起的那些华美服饰穿在身上也因身材走样变形而瞅着不对味了。青春消逝之后,躯壳上那迷人的光彩也在褪去。等于是年轻时想做没钱、没时间做的事情,转眼老了之后就算有钱、有时间也做不了了,只能望洋兴叹,徒增感慨。

我25岁那年,青藏铁路开通了。彼时我最大的梦想就是有机会在暑假时背上行囊,坐上这趟从成都进西藏的火车。如果还能再在西藏深度体验一下自驾游,那就更棒了。因为据说那条线路的美景全都在入藏和在西藏自驾的路上,这是点对点乘坐飞机所看不到的。然而我每天还是日复一日忙碌着,转眼竟然就已经人到中年,再也不能像个青春快乐的单身汉一样,无牵无挂地踏上愿望中这条旅行线路了。所以我常跟我的硕士研究生说,你们要艰苦奋斗,也要及时行乐,否则身体一旦不再年轻,那么那些只属于年轻人的快乐就再也品尝不到了。莫等闲,白了少年头,空悲切。

有一个故事,说的是在一间病房里,只有一扇窗子。靠近窗子的人,每天跟其他的病友描述窗外的世界有多美:春有百花夏有月,秋有凉风冬有雪。其他病友都很羡慕他,因为自己无法目睹窗外世界的美好,只能通过他的叙述来了解,他就成了病友心目当中的那一扇窗。与此同时,病友都很希望自己有一天能挪到他病床的那个位置,这样就可以透过窗去亲自看看窗外美好的世界了。直到有一天,靠近窗子的这个人走了。他旁边的病友被挪到了他生前所在的床上,正当这位病友以为自己苦尽甘来,终于可以亲自看到窗外的世界时,他却绝望地目睹了窗帘被拉开后的场景——窗外什么都没有,只面对着对面楼的一堵墙。墙,就这样横亘在那里,冰冷坚硬,寂然无言,打碎了他之前对窗外世界所抱有的期待和幻想。这时他才明白,当他走到窗口的时候,不是享乐时间开始了,而是接受更大挑战的时间开始了。

  我时常觉得,这"窗口"是一个对"人到中年"的隐喻。人到中年,心境大变,因为被命运挪到那扇"窗口"面前,猝然面对自己父母辈的处境了。这时候才意识到,原来自己习以为常的轻松生活都不是平白无故获得的,而是建立在父母辈日复一日默不作声的负重前行之上。现在面对这堵墙时,开始明白自己所要担负起的责任,以及这些责任所包含的艰难了。孩子只需要关心自己,每天关心自己去吃啥美食、玩啥好玩的,哪怕进行严肃一些的思考,也局限于关心自己的考试成绩,再往后就是关心个人的情感生活了。然而"上有老,下有小"的中年人需要关心身边的一切,承受着巨大的心理压力,还要在家人面前掩盖自己的焦虑和不安,故作镇定,假装窗外那堵墙不存在,继续谈笑风生,跟其他人讲述各种有趣的事情。

  年轻人和中年人一个很重要的区别,在于当遇到美好时刻时,年轻人往往会天真地以为这一刻能永远持续下去，所以他们活泼阳光；而历经沧桑的中年人明白，一切都是过眼烟云，转瞬即逝，所以他们冷峻理性。由于年轻人的时间往往是整块整块的，他们想学习就有整块的时间学习，想看电影就有整块的时间看电影，因此年轻人的生活就好像进了饭店一样，有服务员把一整块鱼肉端到他们面前，这样的生活状态使得年轻人的心智模式更加趋于乐观，认为以后的生活也会如此。相比之下，中年人的时间却是零零碎碎的，每天能用的整块时间极少。就像你想吃鱼，得亲自去钓鱼，把鱼鳞刮掉，挖掉鱼鳃，去掉鱼内脏，再去买调料，在炉边炖煮好，才能吃到鱼，而且还要把最好的鱼肉夹给身边的人。

我爸以前看我在他面前炫耀我发表了多少篇论文，就嘟囔："你的论文有很大一部分相当于是我写的。"那时我刚刚博士毕业，心高气傲，心想，我写的论文关你什么事，都是我自己辛辛苦苦捣鼓出来的。后来他去世了，我掌勺做菜时常常想到，如果不是他日复一日煮好一天三餐，我哪调取得出那么多时间阅读和写作？

我曾经以为长城是用来阻挡游牧民族入侵的，心想长城虽然挺高的，但是真的能挡得住对方的入侵吗？后来才搞明白，它的作用不是阻挡而是阻碍。因为游牧民族是机动部队，可以快速移动，如果没有长城，往往是等我方主力部队反应过来的时候，对方已经跑掉了。因此长城最重要的作用是通过阻碍对方而给我方主力部队以反应时间。有时候就是这样，只要能争取到这么一点点的窗口时间，就有可能扳转整个战局。而父母，就是我们面前的这道长城。年轻时，我们以为自己在长城护佑下的生活是理所当然的,没有意识到长城自己也很脆弱,它是扛不住骑兵的反复冲击的,它只是在咬紧牙关,用自己的身躯为我们争取到了宝贵的、整块的反应时间。

我写论文时最怕被干扰,脑子里的思路一旦被打断就得痛苦地重新再接起来。此外,我创作力最旺盛的时段是晚上,可现在晚上要网络远程辅导孩子学习。儿子安哲在绘画方面颇有兴致,日后想走艺术生的道路。但我知道如果文化跟不上去,艺术多半也是玩不转的。艺术是刀刃,文化是刀背,有了厚重的刀背,在切菜时刀刃才能使得起劲。他缺少定力,稍一个不留神,就开小差去了,所以不得不盯着他。我努力把选择权交给孩子,设法培养他为自己行为负责的自觉意识。每个人都只能陪你走一段路,后面的路要靠你自己去探索。"扬汤止沸"的方法终不能久,外源性的动力如果不能转变为内生性的动力,那么当外在的力量消失之后,所获得的赋能也就灰飞烟灭了。但在孩子真正形成自律性之前不能放任他自由泛滥,他的学习还是得不时督促一下。这就像同样是炒猪肉,你把肉放到锅里让它自己熟,跟不断地翻炒、加料之后得出的味道相比是截然不同的。

这孩子憨憨的,我很想带他来扬州读书,但各种因素影响始终未能实施。他的学习跟一般孩子有"时差",我曾一度担心他智力有问题,后来逐步意识到他只是智力发育比同龄人晚一两年,给够他时间,他也基本能达到同龄人的样子。但如果来到扬州,这里抢跑式的学习本身就透支学生的学习精力,他若来一是跟不上,二是按照他犟牛一般的性格,估计会对这种学习模式极度反感,乃至于厌学。他虽然做事老是慢半拍,但心地善良。我脾气暴躁，远程指导他学习时常因他开小差或进度太慢而忍不住骂他。而只因有一次我说"天天管你管到我做国家社科基金都没时间，最怕到时候无法按期完成"，结果他倒关心起我来，时常来询问我进度，担心他影响到我的工作。时间过得太快，转眼他已12岁，下一年他就到初中阶段了，接下来怎么安排他让我颇为焦灼。小升初是人生第一个转型的节点，不可不慎。命运在某些时刻会来到岔路口，当你选择了其中的某条路之后，人生就再也回不去，只能硬着头皮走下去。而我们在做出选择的时候，其实并不真正知道选择的后果是什么。因为结果需要等待时间的发酵，才能充分显露它真正的面目。

有句话是这样说的：小孩一觉醒来，身边都是能够帮助自己的人；而中年人一觉醒来，身边都是需要自己帮助的人。处境的差异，造就了心境的差异。当然，现在的孩子也承受了我们那个时代所没有的巨大压力。我母亲说，以前到了周末，南宁的小区操场都挤满了玩耍的小朋友，但是现在到了周末，操场也好，家属区也好，都是冷冷清清的。她不解何故，专门问了才知道，孩子们都上补习班、兴趣班去了。"难道这一代人除了学习之外没有别的生活了吗？难道小孩子不应该有更多跑跑跳跳的时间吗？"我母亲很困惑。我跟她说，现在这种"抢跑式学习"接下来会得到一定程度的纠正，我们不能走韩国那种教育极度内卷的道路，否则年轻人在巨大压力之下都不生孩子了，一系列的问题就会找上门来。中国传统强调"多子多福"的观念，主要是从农业社会倚重劳动力的本能出发，而到了工业化程度很高的当下，人口数量充裕也很重要，因为只有达到了一定的数量级才能更方便地从中筛选出足够的人才。毕竟高智商人才总是按比例涌现的,只有总人数上去了,其数量才能跟着上去,所以现在国家正在大力纠正这种教育抢跑问题。

作为一个教育工作者,同时作为一名父亲,我对教育问题颇为关心,甚至觉得人类学研究可以跨界关注一下当代教育问题。苏联教育学家苏霍姆林斯基说过:"爱就意味着用心灵去体会别人最细微的精神需要。"[1]我们应该让孩子在更为自由的学习环境中去培养"爱"的能力,培养他们对身边人的"心灵的感受能力",而不是仅仅当个学习机器、做题家。

对谈节目《冬吴同学会》里提到过这么一个概念:"老板首先要享受过这样的服务,才懂得如何给顾客提供这样的服务。"该节目提倡各行各业的老板一定要多去同行业甚至跨行业的领域瞅瞅别人是怎么做的,而不是闭门造车。其实同样的道理在小孩身上也适用,孩子最该学习如何去"爱"的时候,却一天到晚进行知识性的做题训练,诸如家务啥的全部都由父母代劳,在这样事事代劳的情况下,小孩没真切地体验过"爱"和"责任",他怎么能真切理解其中涉及的丰富内容?长时间的"文化偏食",很容易导致个体精神的营养不良。

现在有些学生居然连吃水果都由母亲削好切成片放进碟里端到面前。家人把他们伺候得这么好,都变成了王子、公主,他们哪里还懂得服务他人?将来他们在情感上折戟,想来也是理所当

---

[1]（苏）B.A.苏霍姆林斯基著,杜志英等译:《家长教育学》,北京:教育科学出版社,2021年,第27页。

然的事情。毕竟婚姻不是一种单向的享用，而是双向的付出。总希望自己像王子、公主一样被人宠爱得好好的，那就永远也培养不出日后婚姻生活的应有心态。该节目里提到一个女子，她觉得自己每一任男朋友和丈夫都是用同样的方法伤害她，于是悲伤地感慨："为什么我总是遇到这种类型的人？"但其实问题的关键在于她本人处事、感情等现实反馈模式上。正是存在问题的模式，让她的状况一次又一次地轮回，宿命一般遇到同样的困境。而她所遇到的那些具体的人，只不过是在匹配她的这个模式隐含的选择而已。如果这个女子具有充分的"爱"的能力，而不是陷入如今这种模式，估计她会活得幸福些。

我2017年来扬州，到现在已经过去5年半了。我始终有一种感觉：现在全国的家长似乎都太过于重视孩子的知识性学习了，江苏的家长尤甚。孩子们早上学、中午学、晚上学、周末学，似乎永远都在学习。他们学习内容之多、之复杂，令人咋舌。其实给孩子学那么多知识有必要吗？难道不应该更加重视培养他们的心灵感受能力吗？他们更应该学习如何去爱：爱自己身边的人，爱自己的兴趣，爱自然、科学和艺术，爱国家、社会和民族。须知，获得幸福也是一种能力，因为只有人格完整的人才能获得幸福。因此作家周国平那一本名为《幸福是一种能力》的书，开篇就说："内心世界的丰富、敏感和活跃与否决定了一个人感受幸福的能力高低。在此意义上，幸福是一种能力。""一个人必须有一个真实的自我、一颗饱满的灵魂，它决定了一个人争取成功和体验幸福的能力。"[1]卡伦·霍妮提出,每个人身上都具有某种自童年以来逐步积累起来的力量,但在很多饱受现实挫败、精神遭受创伤的患者那里,他们认识不到自己所具备的这种潜能。[2]我觉得抢跑式教育很容易挫伤学生的这种自我认知能力,导致他们成年后缺乏通过体会幸福而激活自身潜能的能力。

人生在世,有时候"慢一步"比"抢一步"要强。记得我们小时候很多勇敢的孩子一度热衷于学蹬自行车,每天推着一辆"大铁架"加以练习,摔得鼻青脸肿的才最终得以学会。而另一些孩子,比如我,根本不参与他们这种提前学习,我只是默默地看着他们摔跤,然后等着自己长大。他们学会蹬车一年之后,我的腿已经足够长,反应能力也足够敏捷了,于是屁股往车凳上一坐、脚一撑,自然就会了蹬车,根本没有必要摔破皮地提前学。同理,现在这种抢跑式学习难道不是犯了相似的错误吗?那些等孩子长大后更适合学的内容,为何要在他们大脑还没完全发育的时候学呢?让他们多玩些能培养想象力和创造力的东西,难道不更有利于他们的成长吗?抄近路抄多了,容易掉进沟里。抢跑抢多了,很可能在关键时刻力竭。

更何况,对知识的掌握能力不是决定成功的唯一要素。原本每个人的天赋都有所不同,有的擅长这个,有的擅长那个,我们应该把自己的主要精力用在我们最擅长的事情上面。但扬州的孩

---

[1] 周国平:《幸福是一种能力》,长沙:湖南文艺出版社,2016年,第2页。
[2] 〔美〕卡伦·霍妮著,王纪卿译:《我们内心的冲突》,北京:中国友谊出版公司,2021年,第107页。

子不行,即便他是个将来永远不会用上物理、化学的文科生,或者是基本用不上历史、地理的理科生,也得把这些学科在中学学到每一个细节都不落下的精准度。就我目测,扬州文科孩子的高中数学已经堪比二十年前大学一年级的难度。然而这样有必要吗?人类的记忆有一个特点:用进废退。有些技能即便你学到了极致,但学完了就不用的话,最终也会在你脑子里被遗忘得一干二净。试想一下,你中小学学到的东西,有多少能在大学之后用上呢?有些知识明明只需要学一个大概即可,成年之后如果记不得细致之处了,完全可以再查一下,这也是大数据时代的终身学习方法之一,为什么非要逼着孩子把所有的知识都掌握到极致才罢休呢?不加取舍的所有科目都认真学习,不就是在浪费时间吗?

　　由于孩子要学的东西越来越多,超越了孩子在相应岁数所能具备的自我规划和管理能力,这就迫使很多家长不得不亲自下场为孩子做各种"代劳",以致他们在某种程度上变成了所谓的"孩奴"。想到自己孩子未来有可能无法在"985""211""双一流"之类的高校就读,他们就夜不能寐,所以哪怕把自己的生活都给影响了,也要咬紧牙关往前冲,然而这又引发了更深度的内卷。作家安·兰德(Ayn Rand)这样说过:"我可以为你而死,但不会为你而活。"我们作为家长应该努力为孩子提供一切自己力所能及的帮助,但不应在这个过程当中丧失自我。我们只有活出自己的风采,才是真正给孩子带了个好头。

　　我现在一直在努力培养儿子对自己负责的主动意识。"父母之爱子,则为之计深远",必须帮助他具备更长效的自我管理能力。直接讲大道理,估计他听不进,我索性通过讲故事的方式带出要讲的道理。比如,我跟他说,我搬到大虹桥路住的时候,楼底下有很多只野猫。其中有一只花猫,每天都来我门口喵喵叫。我看这猫可怜,就每天准备各种食物给它。结果我发现,每次我喂食的时候,这猫都淡定地蹲在那,并不急着上来抢食,我喂它的东西几乎都被旁边的猫抢光了。于是我把食物摆在这只花猫面前的同时又去驱赶其他只猫,为的就是让它能抢到食物。哪晓得这只花猫继续我行我素,不但不抢食,而且还非常挑食,这不顺口味,那也不顺口味。时间长了,我对这只猫就已经很厌倦了。然而每次我炒菜的时候,它还是跑来我面前叫,喵喵喵,喵喵喵,刺耳的叫声根本不停。最后我干脆一瓢冷水泼过去,它来一次我泼一次。原因很简单,如果给机会你都不努力,那么你的可怜与我无关。

我跟儿子说,为什么相比于懒人,勤奋的人更容易得到身边人的帮助?因为帮助一个勤奋的人,只需在他努力的方向上再推一把就够了,但帮助一个懒人,却要把他全身的重量都推起来,那可太费劲了。没有人欠你什么,自己不努力就不要抱怨别人不理会你。

与其他家长"望子成龙、望女成凤"的高期待不同,我对孩子只秉持"尽力而为"的低要求。每个人都有自己的智力极限,这是铭刻在我们的基因里面的,小孩子再怎么努力也只是在接近这个上限而已。他同学的家长总喜欢问"考试考了多少分",而我只问他"你尽力了没有",因为在我看来,所谓"优秀",就是比过去的自己更进了一步。比如你过去只能举10千克的东西,现在能举 11 千克，甚至是能举 10.5 千克了，你都是个优秀的人。甭去管人家能举 30 千克还是 50 千克，自己开心就好。今天跟这个比，明天跟那个比，那活得多累啊。

花开四季，各有其时。你看孩子现在像根草一样没动静，其实是还没到他的开花期。只要耐心呵护他，那么到了他绽放的时刻，你自然会看到他最绚丽的一面。在我心中，最希望把孩子培养为一个"耐得住"的人。据我观察，那些在其专业领域有成就的人，虽然在性格、智力、爱好等方面各有不同，但都有一个共同的特点，那就是都能耐着性子去做枯燥乏味的事情，或者说，是能沉下心去为那些短期内毫无收益的事情，做长久的夯实基础的工作。反观不少我认识的人，他们明明非常聪明，本可以成就一番事业，但就总是静不下心在某个方向上持续深耕，老想着快速变现，结果往往在"蜻蜓点水"的行为模式下错过很多机会。"傻人有傻福"这句话，在某种程度上也是在提醒"耐得住"的重要性。所谓能耐，不但要"能"，而且要"耐"，既要有能力，还要有耐力。耐不住的人，往往驾驭不住自己的能力，就像发动机很好但方向盘有问题的跑车一样，遇到突发情况容易出问题。

我们这个家属区，似乎我儿子是少数几个不上任何课外班的小学生。我不是很理解为何要逼着孩子学那么多东西，难道孩子多花点时间在自由阅读和户外运动上面不是更好吗？甚至多花点时间在看电影，然后胡思乱想上面也好啊。立志欲坚不欲锐，成功在久不在速。我都不知道为何非要弄得小孩子跟大都市的白领一样，忙碌得饭都来不及吃、觉都睡不够。

有个故事是关于物理学家卢瑟福的。他一个学生从早上到深夜都忙于工作，看似兢兢业业，却被他呵斥。学生不解，为何自己那么勤奋还招来批评。卢瑟福说："你早在忙，晚也在忙，那你还能用什么时间静下心来思考呢？"这个故事非常适合现在内卷的这些家长看一看。你们天天让孩子埋头做题，他们什么时候才能仰望星空呢？

诚然，家长的出发点是为了孩子日后有个更好的将来，但为何从来不问问孩子他们是否喜欢你给他们安排的那个"将来"？"五四运动"之前的家长忙着给子女搞"包办婚姻"，当下的家长忙着给孩子捣鼓"包办学习"，虽然形式不同，但模式不是一样的吗？

想象力、判断力和创造力，不是仅仅通过知识的堆砌就能获得的。重复性做题训练，能够有效提高成绩，但并不能保证这个成绩本身的含金量。学生很有可能不过是在做题技巧上变得更加老练，而非对知识本身理解得更加透彻。这样批量化培养出来的"做题家"，到了大学就会迎头撞上一堵自己无法逾越的墙，那堵墙，叫作自由地想象、独立地思考以及活跃地创造。

过度学习还会带来后续的连锁反应：学历教育与就业的错配。就像打仗既需要将军也需要士兵一样，任何一个社会都有分层次的人才在高低不同的岗位上工作。然而江苏的孩子似乎全部都是按照"将军"的规格来培养的，在这个面积不大的省份里面培养出了如此之多的"将军"，但能提供给"将军"的岗位却如此之少，结局就是他们用当"将军"的学习强度痛苦地学习了十几年，却发现自己只能在"士兵"的岗位上工作和继续内卷。在江苏，本科学位根本就不顶用，连宿迁郊区一个小学招教师都要求硕士学位。然后我目瞪口呆地看着只招 5 个人的岗位，居然有几十个硕士毕业生蜂拥竞争上岗。我很困惑，这个岗位难道不是本科生就适配了吗，为何非要用到硕士研究生？何必要让硕士研究生去抢本科生的饭碗？我还不禁慨叹，这一代年轻人都花了多少时间在学习上啊。他们从小学读到硕士、博士（加上有些不是一次性就能考上，中间还得耽搁几年），结果到可以准备结婚时都已经快 30 岁了，这种对学位教育的过度消费怎么可能不造成"少子化"问题，影响生育率？如果这种强度的学习是值得的，那么这种牺牲倒也无所谓，但问题是这样的牺牲大部分是无用功，还对我国社会的可持续发展带来了隐忧。眼下一方面是硕士学位越来越不值钱，另一方面是技能型技术人才的缺口超过 2200 万。[1] 那么多的年轻人与其皓首穷经地去考硕士研究生，还不如多学点实用的技术教育，社会现在最缺的是高质量的技术人才。

因此，没有取舍地把各个科目学到极致，等于是把柴火雕刻得无比精美之后，再投入火里烧掉。这种过度学习，反而会伤害孩子对学习的热情和兴趣。常言道，智者和普通人之间的差异可能只在于前者喜欢多问一个"为什么"。我们更应该培养孩子多问些为什么的好奇心，而不是用超负荷的做题去磨灭他们对学习的热情。他们在中小学被压抑了 12 年的娱乐欲望，到了大学忽然像火山爆发一样释放出来。于是我悲伤地看到，相当多的江苏（包括邻近省份如山东、河南等）孩子进入大学之后，再没有像中小学时有老师时刻监督，忽然间就颓废下去，陷入报复性享

---

[1] 本刊编辑部：《"新八级工"时代来了》，载《工会博览》，2022 年第 17 期。

乐和透支性厌学的不良状态之中。我看见不少大学生每天疯狂地玩手机游戏，就问其故。结果他们回答，从初中到高中每天花十几个小时学习，煎熬了6年，现在对娱乐几乎没有抵抗力。据其中一位大学生自述，他一度"一天16个小时玩手机。除了吃饭，宿舍门都不出"。这就印证了那句著名的"礼教越严，禁果越甜"：凡是被压抑得越深的欲望，一旦爆发就越不可遏制。该痛痛快快玩的时候你不给他玩，结果该认认真真学习的时候他反而不想学习了。

很多家长逼着孩子学习，唯恐孩子输在起跑线上，结果到头来打乱了孩子自己的成长节奏，总是跟着别人的速度，疲惫不堪地跑上一条不适合自己的道路。那把关羽挥舞得很顺手的青龙偃月大关刀，放在你手上，你不一定能玩得转，甚至还不如拎一把朴刀更顺手。东亚的内卷学习模式是有其局限性的，它可以在一段时间内迅速地提升全社会的文化水准和软实力，然而对个体意志力的过度透支最终会物极必反，反过来演化出年轻一代的颓废心态。日本最先出现的"宅世代"，继而韩国出现的"少子一代"，弄出一堆"不买房、不结婚、不要孩子、不思进取"的所谓"四不青年"。

我一向认为，一个在儿童和少年时代没有玩个够的人，他的成年时代是没有灵魂寄托的，很容易陷入对自己未来的悲观和失望状态。孩子在中小学时期与其花这么多时间学习，还不如多跑跑跳跳，锻炼身体，多去祖国的大好河山旅游，多品尝各地的美食，多认识各地不同的文化，这样更有利于孩子心灵的健康成长。让他们能像青年毛泽东在1917年所说的那样："文明其精神，野蛮其体魄。"[1]这个世界上从来不缺天才,缺的是把天才的想法落实的勇气和毅力,而这两者都需要健康的身心支撑。

我们80后这一代人,生于改革开放之初,小学时代哪有那么多时间学习,大多都是帮家里干活,然后在没有父母监督的情况下野蛮生长,玩耍、打架以及自由阅读。即使如此,我读硕士、博士的时候,学术底蕴也不见得比现在的孩子差。这并不是以"幸存者偏差"的口吻说我们这一代人有多厉害,而是想说其实中小学时学到的大部分知识都是无效知识,真正对我们一生有用的知识都是在我们的心智成熟之后,也就是大学之后开始学习和理解的。大学学习一小时所能取得的效用,不知比中小学时代被拔苗助长一整天要高多少倍。人生是一场慢跑,最重要的转折点都在后半段,如果前半段跑太快,把自己跑瘸了,就要错过后半段的精彩路段了。常言道,当你吃饱饭后,面对满桌子的美味佳肴也毫无欲望。在青少年时期被灌了太多的知识之后,很多大学生就耗尽了学习热情,到大学后出现各种对学习的抵触,只想停下来喘口气,致使大学原本是开始发力的阶段,反而变成乏力的阶段。所以说,抢跑教育就像赶在大雨来临前浇花一样荒谬可笑,费时费力,甚至是费健康,去做一些过度功、无用功。

这种过度学习、过度追求分数的风气还迫使一些年轻学子变成了做题家,大量宝贵的时光耗费在重复性做题上。虽然分数越卷越高,但他们本该读的书反而没时间去读了。虽然当年我们分数没那么高,但是在本科期间哪个不是细读过几十本专业著作

---

[1] 二十八画生:《体育之研究》,载《新青年》,1917年第3卷第2号。

的？而如今许多本科生，四年光阴里能读两三本专著就已不错了，有些学生到大四毕业时阅读的专著总量尚不到我们以前一个星期的量。有些学生还把这种本科不读书的习惯带到了硕士研究生期间，本科该看却没看的专著，到了硕士研究生期间仍是不看。我上课的时候布置阅读作业，有些学生第一次没有阅读，第二次还是不阅读，大有一副你能拿我怎么着的心态。而实际上我在布置作业的时候就已经妥协，指定的不是整本原著，而只是我精选出来的单篇的文章。即便如此，他们中的若干人仍然不读。我们当年读硕士研究生的时候，老师批评一声能让我们吓得抖三抖。但现在的硕士研究生似乎不怕老师，软的硬的都使上了，他也不听你的。那些关键的书目不细读，哪能理解后面涉及的知识点？近三年来，硕士研究生入学分数陡然飙升，高到令人怀疑：会不会是一群特别擅长考试的学生，在考场上干掉了那些更适合读这个专业的学生？

按照学术研究的逻辑，如果专业著作的阅读量太低，脑子里面的土壤是没有肥力的，再好的稻种种下去，长出来的都是些稗草。叶燮称赞苏东坡："苏诗包罗万象，鄙谚小说，无不可用。譬之铜铁铅锡，一经其陶铸，皆成精金。"[1]知识，在苏东坡这里积淀成了见识。我们需要让自己积累起丰富的学养，才能在具体写作时万象在旁、运用自如。现在一些硕士研究生在写论文时往往抓不住关键点，只是在对材料进行堆砌，关键就在于没有一定

---

[1] 四川大学中文系唐宋文学研究室：《苏轼资料汇编》，北京：中华书局，1994年，第1120页。

的学养作为后盾，始终难以萌发出自己的独立思考。我读了许多硕士研究生的论文，文章看似网罗了非常丰富的材料，也说了很多，但细读下去却发现都没说出什么有新意的东西，低水平的复述过多而高水准的创新偏少。因此有时候我想，现在的研究生学历之所以贬值，学生本身也要负一定的责任。看起来读了三年硕士研究生，其实只是把本科又延长了三年而已，于是硕士毕业也只能去从事本科生的工作。

作为一名高校教师，有时候我觉得我们地方院校在教案等细节上严格要求教师，跟中小学教育在各个学习细节上严格要求孩子一样，都是一种走入"谨毛失貌"误区的表现。一个忙到没有空思考的老师怎么可能有创造力，日复一日的重复性劳动只会让他变成工作机器。过分忙碌不会提高劳动效率，而只会把人变成"烂梨"。有时候在细节部分要求太严格，最终的效果反而过犹不及。比如在一般地方院校，教务部门往往要求老师上交详细的教案，并且有督导人员进行详细的检查，督促整改。然而在北大、清华等重点名校，老师甚至都不需要上交教案，只需要定期上交教学大纲。

要知道，调整教学大纲是相对容易的，就像定期给自己的房屋进行修缮和装修。重点大学的老师每个学期都可以及时在教学中加入新的业界信息和前沿内容，这就有利于实现更充分的师生互动。越宽松、自由，这些教师创新的意愿就越强。而一旦要求教师将教案做成详案，对它的调整就变成一件非常艰难的事情，每改动一个模块都会伤筋动骨，有时候甚至相当于把整栋楼拆了重建。因此地方院校的老师一旦被要求做出详案，就很少有去改动的意愿。有些老师可以一个样教讲几十年都不变，这不全是因为其故意消极怠工，而是这种改动要付出的劳动成本遏制了他们创新的想法。人都有趋利避害的本能，对这些老师的教学督导越严格，他们的消极心理就越严重。

多年前，我在火车上遇到一个做装修的小老板。他说："你知道吗，我如果遇到熟客就会报高价，而遇到那种一次性的客人，就会给他们报低价。"我说："你这不是典型的杀熟吗？"他哈哈一笑，说："绝对不是。遇到熟客，彼此之间互相信任，所以我给他用最好的材料，做最精细的工。比如这窗框下面最不起眼的滑轮，质量好的那些材料用10年没有一点问题。然而好货价格从来不会便宜，熟客信任我，我就给他用好货。但那些一次性的客人，无非就是想找最便宜的东西买，反正他也不会来第二次，我索性都给他最便宜的料，皆大欢喜。"我想，其实小老板的这种行为，在各行各业何尝不是这样？一味对别人提一些不切实际的要求，别人就拿便宜的料来敷衍你。

木材有"边材"和"心材"之别。外环的边材生长得相对较快，但其木质疏松，不堪大用。而处于髓心位置的心材才是真正的好木料，需要许久才能积淀成型。我们培养年轻学者也是一个道理，他们往往需要很长时间才能产出标志性成果，如果你天天逼着他们去写教案、写工作报告，相应的文稿、报表皆可迅速写出一沓又一沓。然而只有标志性成果才能真正展现一个学者的价值。我找出"黑衣壮"的那些史料纯属偶然，原本是在"大成故纸堆"等数据库搜索邕剧的蛛丝马迹，偶然发现一篇关于广西镇边"黑衣人"的文章。我思量，这个"黑衣人"该不会是今天的所谓"黑衣壮"吧?一开始,我还不敢确信真的是"黑衣壮"研究现代早期资料,后来反复对比才确信原来20世纪40年代就已经有学者在做这方面的研究。彼时从上海来的年轻学者,抵达广西这片热土之后,利用业余时间收集了大量关键的广西民间文化资料,于是有了这一批珍贵的文献。当我第一次看到这些文献的时候,既惊喜,又有些感伤,因为如果换作现在的年轻人,每天面对这么繁重的事务性工作,哪里还有业余时间去做这些"没有太大意义"的事情?严复说过:"人生之计虑知识,其开也,必由粗以入精,由浅以至奥,层累阶级,脚踏实地,而后能机虑通达,审辨是非。"[1]他主要是谈个人的知识积累和开阔眼界的议题,但对我们思考年轻人成长空间问题同样适用,毕竟要想"由粗以入精,由浅以至奥",最需要的就是获得一个宽松、演绎的环境。精细化管理确实很好,但能不能再给年轻人更多一些属于他们自己的时间?哪怕让他们发发呆、聊聊天,抑或做一些在当时看起来"毫无意义"的事情也好。在人文学科,最优秀的成果往往不是忙碌出来的,而是在闲暇之余,机缘巧合捣鼓出来的。有些成果也不是立刻见效的,而是要长时段地积累,才会在某一天忽然厚积薄发。每天都忙碌,只会把自己变成一个写报表的工具。如果没有闲时,不可能有余华的《活着》,也不可能有刘慈欣《三体》等作品。

英国谚语说:"你可以把马带到河边,但不能逼它饮水。"[2]

---

[1] 严复:《严复集》(一),北京:中华书局,1986年,第40页。
[2] 张梅岗,杨红,张建佳:《英汉翻译教程》,北京:国防工业出版社,2008年,第191页。

教务部门应当倾听第一线教师的意见和建议，教师也需倾听作为学习主体的学生的意见和建议，这应当是一个双向互动和良性发展的过程。凡是我授课的班级都建有QQ群，学生可以在里面以匿名的方式提意见，甚至可以匿名把我骂一顿。倒不是我喜欢被学生骂，而是很多时候，我需要倾听真实的声音。就像列宁同志说的那样："如果坚持错误，深入一步地来为错误辩护，把错误'坚持到底'，那就往往真要把小错铸成骇人听闻的大错了。"[1]教学涉及的关键点颇多，很多都是我没想到的，多亏学生指出来我才意识到。《礼记》有云："学然后知不足，教然后知困。知不足，然后能自反也；知困，然后能自强也。"有时候你闭门造车出来的一堆东西，在学生那里就是个笑话，结果你还听不到批评意见，那就更加闭目塞听了。我一直觉得，对年轻人一定要多关爱、多宽容和多鼓励。甚至带些调侃地说，不能得罪年轻人。在某种意义上说，得罪年轻人就是得罪历史，因为历史接下来是由他们创造的。正是有了思想活跃、敢想敢干的年轻人，现有的格局才得以被他们的犟牛劲儿给冲撞开来，开辟出一番新的天地。

三

马克思曾言："相当长的时期以来，人们一直用迷信来说明

---

[1] 列宁：《列宁选集（第4卷）》，北京：人民出版社，1995年，第154页。

历史,而我们现在是用历史来说明迷信。"[1]本书第三章谈到了广西榴江(清代的时候,属桂林府的永福县辖地)板瑶群众中"魂归扬州"的民间信仰内容。按照该信仰的说法,扬州是广西人离世后魂魄所飘到的地方。当然,民俗内容并不止于迷信,还有更多与个体生命存在于尘世中相关的内容。彼时广西人的"扬州想象"包含了诸多思想史细节,本书也详细分析了这种"魂归扬州"信仰的历史渊源。

费孝通提到:"乡土社会的生活是富于地方性的。地方性是指他们活动范围是有地域上的限制,在区域间接触少,生活隔离,各自保持着孤立的社会圈子。"[2]彼时广西山村里的很多人一生都没踏出过村寨百里之外,所以他们就为自己永远也抵达不了的地方想象出了一个模样。其实何止彼时的乡民,回想我父亲,他从生到死的这65年里,从未乘坐过飞机,也未能乘坐过高铁。这些交通工具对他而言更多的只是一种"想象性体验"。当然,他作为80后独生子女的家长,也从未能想象在他去世几年之后,鼓励生育的相关政策会出台。人类总是难以预料到自己所处的社会常常会在短短几年时间里发生骤然的变化,从一条轨道忽然变换到另外一条轨道上,然后整个格局都为之一变,而习以为常的生活状态猝然再也回不去。其实"扬州想象"这种民间信仰,让身处扬州的我在莞尔的同时也颇有些感伤:我似乎已经来到很多

---

[1] 马克思,恩格斯:《马克思恩格斯文集(第1卷)》,北京:人民出版社,2009年,第27页。

[2] 费孝通:《乡土中国》,北京:北京出版社,2016年,第12页。

旧时广西乡民所能想象到的世界的尽头了。疫情之后,从扬州回一趟南宁老家都颇费周折,让我对自己来到一个离家那么远的地方的选择有些惶惑。人生天地间,忽如远行客。

从某种意义上看,民俗仪式就是乡民从自己的理解方式出发,去看待自己作为"此在在世"的存在处境。婚丧嫁娶,是民俗文献当中占据比例颇大的内容,因为其包含了"此在"在世的最关键的内容:群体生命的延续以及个体生命终结,这些都涉及哲学的终极问题。本书涉及的诸多文献内容都是围绕这些方面展开的。其中有些民俗内容如果不是有据可考,甚至直接摆在读者面前,也是让人惊奇的。

作为一个南宁人,来扬州后最为惊讶的事情之一,就是这里的城市葬礼居然还保持着淳朴的乡民状态。他们会在城市小区里搭建棚子,请来师傅连续三天吹唢呐和用"高音炮"音箱播放各种欢快的乐曲,然后摆宴席请吃席。逝者在家中停留三天之后,再于凌晨5点钟运走。周有光先生提出"双文化"概念,提出当代文化状况是国际现代文化和地区传统文化共存[1],而学者王建疆提出"别现代"概念,认为当下是"前现代、现代、后现代"三者共处的形态[2]。我在扬州面对这种传统与现代之间的巨大反差,对"双文化""别现代"的概念就有了更深的体会。

跟西南少数民族地区的宗教仪式相比,扬州的祭祀用具相对简单许多,没有招魂幡,没有摇铃,没有公母铜鼓,当然也不会

---

[1] 周有光:《朝闻道集》,北京:世界图书出版公司北京公司,2009年,第138页。
[2] 王建疆:《别现代:主义的诉求与建构》,载《探索与争鸣》,2014年第12期。

发展出诸如天琴那样从祭祀演化而成的弹拨类弦鸣乐器及其艺术表演形式。但扬州葬礼燃烧的纸钱、香烛等祭品的数量却颇大。我们这单元一楼的一位老太爷去世后，他家人在楼下祭祀，尽管我住在六楼，并且关上了所有的窗子，但他们烧纸钱、香烛的气味还是涌进我住处的客厅，颇为呛人。其实我在想，这一家人拮据得连地板都没装修，还是水泥地，家里面的家具也是寥寥无几，可举办这场葬礼却舍得如此铺张浪费，若能拿举办葬礼的钱来装修一下房子不是更好吗？此时我终于理解为什么20世纪初时，"新桂系"的白崇禧、李宗仁等人对本土民俗如此深恶痛绝，推行移风易俗政策时如此坚决。学者管宁曾针对传统设计文化提出，我们需要激活传统文化遗产中那些富有生命力的部分，同时也须避免那些与当代社会不相符的东西再浮现出来。[1]其实他所提的这个标准也适用于民俗领域。

　　扬州葬礼活动请来这些戏班的演出也让我意识到一个问题，那就是传统戏曲、曲艺的生命力往往与乡民祭祀活动息息相关。正是由于祭祀活动的存在，让传统戏曲、曲艺成为日常生活的一部分，而"现代性"带来的城市化进程逐步将戏剧、曲艺与被现代人认为是落后的祭祀活动相剥离，将之雅化后置于舞台上，它们与日常生活的血脉联系就此被隔断，渐次从其旺盛的野生状态萎缩为盆景状态。当然，这样的历史进程是无法避免的，这也是许多传统艺术门类的宿命。"情绪的支配是仪式庆典的本质特点

---

[1] 管宁：《设计文化：产业转型与传统再生》，镇江：江苏大学出版社，2020年，第11页。

之一。"[1]乡民社会的情绪支配模式是热闹型的,非要让十里八乡都知晓不可,而现代社会的情绪支配模式则更多的是静思型的,希望在小范围内保证自己的独处空间。乡民社会没有将公共空间和私人空间加以区分的意识,在乡村里举办丧事时,也不存在扰民的概念。然而,当他们把这种习惯带入现代社会之后,就会与现代社会遵循的基本准则产生冲突:喧闹不再等于"热闹",而等于扰民。在扬州这个乡土气息很重的地方,戏班还可以通过参与祭祀演出而生存,但在基本实现城市化转型的南宁市,这种"扰民"的演出是被禁止的,所以这些戏班也就逐步在市区里消失殆尽,只能活动于郊区和乡村。而现在即便是在南宁郊区和乡村,这种"扰民"的演出也很少见到了。

根据我近距离观察,扬州的丧葬仪式还有一个特点,就是来吃席的亲戚朋友每人会带一大包纸钱,好像砌墙一样整齐地堆砌在逝者灵柩旁边。出殡当天会将所有纸钱与其他的纸马、纸屋等一并堆砌后一次性烧完。这种堆砌式祭祀仪式本来也是中国传统乡村祭祀的一种特征,通过堆砌起数量庞大的祭祀用品来显示其诚意,即"多"等于"更大的诚意"。堆砌式祭祀仪式,不仅与追求简化的现代祭祀仪式相冲突,而且也与佛教仪式相冲突。我到扬州高旻寺参观,经常看到大和尚在面对带一大把香来烧的民众时,一边加以阻止,一边委婉地提醒(有时不得不直接呵止):"请各位点香,以一根为宜,最多不要超过三根。"香客常常不理

---

[1]〔美〕埃伦·迪萨纳亚克著,户晓辉译:《审美的人》,北京:商务印书馆,2005年,第185页。

解大和尚的做法,等大和尚一转身,又继续我行我素,大把烧香。有一次我多嘴,跟香客解释:"烧香就相当于你给神仙发短信,发一条就够了。如果你非要把内容一样的信息一大把地发过去,神仙被你骚扰烦了会恼怒的。"香客中,年轻的好像听懂了,但是老年的依旧大把烧香,可见我关于短信的比喻只有年轻人才听得懂,上了岁数的人连手机都没有摸过,哪懂得短信是什么?而且他们脑子里全是堆砌式祭祀仪式的思维,哪里能理解佛教的观念?

其实我一直很好奇一个问题,印度佛教构设的身后世界是彼岸的,众生死后是远去的,有的前往极乐世界,有的则堕入地狱,总之就是有去无回。而中国民间信仰里的身后世界是与现实世界相互关联、彼此平行的,那些逝去的先人在特定窗口时间里是可以回家看看的,比如中元节。然后我们还可以通过焚烧祭品、祷词之类方式,如同现代科技里的量子传输、远程通信一样,跟祖先沟通。那么,中国的民众是如何将这两种完全不同的信仰体系,看似毫无违和感地"兼容"起来的?以我们楼下这户人为例,他们请来了一个来路不明的和尚在那里诵经,同时又焚烧各种祭品去祭祀逝者。但问题是,按照佛教的信仰体系,这家人的祖先可能都已经在前往投胎的路上了,这些"快递"过去的祭品在那一端由谁签收呢?看小区这些人,办丧事时给逝者烧这么多的纸房子、纸衣服、纸钱,感觉就像是在过家家。祭品烧得再多,也就是一种心理寄托罢了。这些纸做的玩意不过是火后一把灰而已,怎么可能传输到地下冥府。人生不带来,死不带去,一切身外之物不过是过眼烟云。

想起某日看新闻，一先生喜好收集各种古玩，他对其中一个瓷瓶格外珍爱，说无论给多少钱他都不会让这个瓶子离开自己。我心想，这个瓶子都几百年历史了，到他手之前不知曾被多少个主人当宝贝一样把玩过，但那些人现在又在哪呢？我们很容易产生拥有某种东西的错觉，但实际上这些东西只是在我们身上过手而已，是一种暂存，我们不可能拥有它们。相遇只是一种短暂的缘分，有相遇就有别离。这世间的一切，都不过是如此而已。

人生有一种大境界，叫作"拿得起，放得下"，然而这谈何容易？人在这短暂的一生当中，最大的困难莫过于此。人生前半场的艰难在于"拿得起"，因为要培养"拿得起"的能力，非得有死一层皮的毅力和勇气不可。人生后半场的困难在于"放得下"，毕竟那些历尽磨难好不容易到手的东西还能"放得下"，是要有相当大的定力和"断舍离"能力的。古来许多英雄人物最终身败名裂，就在于抓到既得利益之后怎么也不肯放手。

在蜀冈怡庭小区里听吹唢呐和"高音炮"里的乐曲足足一个季度，听得我都对人生大彻大悟了。人生无非聚和散，因缘际会聚在一起，待得缘分已尽，又将散去。我们一路走来，不断地和身边很多熟悉的事物和人告别，乃至有一天跟自己告别。人赤条条来，赤条条去，活着的时候过好每一天就行了，没有必要去计较太多东西。在日本美学当中，有对"寂"之境界的推崇。所谓"岩石青苔，寂之所生""四季景物，草木虫鱼都知物哀"[1]，这个

---

[1]〔日〕大西克礼著，王向远译：《幽玄・物哀・寂》，上海：上海译文出版社，2017年，第133页。

"寂",就包含对人的存在的深刻理解。我们每一个个体生命的存在都有着具体的时间性。个体以其有限性,在面对宇宙的无限性时就会有一种深深的寂寞之感。

  自从父亲去世之后,我对身边人的死亡忽然敏感起来。我开始意识到死亡不是一个遥远的东西,而是在我们身边时时刻刻发生的一种常态。特别是2017年来到扬州这座老龄化相当严重的城市后,这种感受尤其明显。扬州的年轻人外流比例颇大,剩下的除了中小学生,目之所及几乎都是中老年人。我对婚丧嫁娶这类民俗颇有专业敏感度,平时遇到也多留意,然而来这里数年,年轻人的婚礼仅见过七八场,但老人家的葬礼却观摩过至少五十场了。无论是我曾住的新世纪花苑,还是现在住的蜀冈怡庭小区,老龄化状况都格外明显,隔三差五就会有老人家仙逝。在最多的一个月里,能一口气辞世七八位老人家,往往是前一家的葬礼还没结束,后一家的又开始了,唢呐声此起彼伏。此处死亡发生得如此频繁,仿佛日出日落一样平常。不像南宁,地铁里、商厦内、公园中,到处都是年轻人,在他们身上洋溢出的青春朝气感染下,我几乎忘记了自己原来已是中老年人了。于是在这里,我就愈发觉得死亡跟吃饭睡觉一样,云淡风轻,是一种寻常到好似不值一提的事情。就像黑格尔所述:"界限是某物自身的内在规定。"[1]我们在这个尘世间的存在,无论是时间还是空间,都有不可逾越的界限。空间上的,是身限;时间上的,是"大限"。每一天,都有新的花朵在晨风中盛开,也有枯叶挣扎之后在阳光下脱落。

---

[1]〔德〕黑格尔著,杨一之译:《逻辑学(上卷)》,北京:商务印书馆,2012年,第111页。

我在扬州所遇到的婚礼主要是在邗上街道、西湖镇等由原来的郊区拆迁户所构成的社区，而在四望亭路、大虹桥路等中心城区却很少能看到婚礼，我认识的扬州朋友的子女往往是在南京、上海等地结婚。如果我的这一观察确实是真实的话，那么扬州的人口在晚近时段里正在进行着不露声色但影响深远的大洗牌。由于本地没有太多的高科技企业，因此一方面一批掌握较高技能又在本地找不到落实之处的人才，逐步外流到他处安家落户，另一方面原来的郊区、乡村的人口开始逐步替换掉市区空出的人口，继而用他们的文化去融化乃至替换掉原有区域的文化。换言之，我所目睹到的吹唢呐、放"高音炮"等"扬州民俗文化"其实是扬州郊区、乡村的民俗文化，只是随着人口替换进程而成为扬州市区文化了。

作为比较，这种人口及其文化的替换过程，与我在美国的俄勒冈州蒙茅斯（Monmouth City）等地所观察到的很像。每年俄勒冈州各地的高技术人才不断外流，年轻人被加利福尼亚等优势的州"收割"，原本生活在俄勒冈州边缘地区的群体，开始进入中心地带并带来了新的变化，用自己的文化占领并替代原有文化。我读俄勒冈州的当地史志，感觉尽管本地城镇的名字还是原来的名字，但是人口已经发生了很大的变化，本地文化也经历了深刻的重塑乃至替换过程。拉美裔原本人口数量是少于盎格鲁-撒克逊裔的，但我去的那一年，拉美裔已是当地主流人口。我接触到的民众很大部分已不是一百年前原来那一批人的后裔了。

相比之下，南宁文化的变迁则是另外一种路径。南宁原本的人口很少，所以在数量更为庞大的外来人口进入后，出现的不是

"人口替代",而是"人口覆盖",即外来人口直接用数量优势覆盖掉原有文化。南宁原本是官话地区,但民国之后逐步变成粤语地区。清末讲邕州官话的南宁人现在仅集中在南国街等很小一块区域内,这批人在现在的南宁人口比例当中只占微乎其微的一部分。包括我父辈在内的大部分南宁人,都是由外地迁入后融合而成的新南宁人,他们所构建和认同的南宁文化跟一百年前的南宁文化也有极大的差异。邕剧之所以无可避免地衰败和消亡,就在于说邕州官话的那一批人已近乎消失,而以邕州官话为载体的邕剧,必然陷入"皮之不存,毛将焉附"的尴尬境地。因此所谓的传统,其实从来不存在某种固定的样态,它永远在不断变化过程当中吸收和抛弃各种内容。

作为扬州的外来人口,我总在不自觉间比较南宁和扬州的差异。南宁的葬礼是安静的,人去世了之后,是悄无声息的。扬州的葬礼却是热闹的,逝者的家人会请来乐队,喧闹无比地吹唢呐,放乐曲,用震耳欲聋的音响向周边一千米范围内宣告这里又有人逝去。在扬州生活的日子里,我总感觉死神就在周边游荡。搬来扬州新世纪花苑的这两年里,26栋这三个单元里已经有9个人去世了,蜀冈怡庭作为大社区,更有三十余位老年人在2022年7月到11月这从高温天气到冷空气南下的季节变化过程中辞世了。有时候上个星期看着好好的老人家,这个星期忽然就已前往西天极乐世界,永不可能再见了。以至于有时我觉得,我们凡人就像死神手上玩弄的盲盒,他拨弄到谁,就把谁带走,不由分说。

扬州是一个最能让我体会"沧海桑田"的地方。扬州原本包含泰州,在唐代的时候还是临海城市,后来因为海岸线不断向前延伸，所以才成了一座内陆城市。旁边的镇江也一样，由于位于入海口，故而彼时的镇江又被称作"海门"。而再往前追溯，扬州和镇江都还在海底。李白说："古人不见今时月，今月曾经照古人。"我虽然没法亲眼在李白时代的扬州看海，但从扬州的土壤特征还是能想象出它彼时的样子。扬州的土，跟我自小在广西见到的那些黄土、红土大为不同。它与其说是"土"，还不如说是具有土的特征的沙子。扬州这些沙土非常柔软细腻，下雨天时你甚至可以用手指顺当地戳入其中，仿佛在海滩上玩沙子。于是踏在这片"土"地上，我常会默默想象它还在海底时的样子，也会更加直接地感到世事沧桑。人在尘世间，短暂和渺小就如这沙尘一般。

　　南宁作为亚热带地区，此处的植物是慵懒而常青的，所以人们从来生不出"况是青春日将暮，桃花乱落如红雨"的感触。南宁的乔木和灌木的叶子会从春季一直绿到冬季，紫茉莉能从春季开到秋天，一年四季还有各色瓜果轮着上餐桌，时间仿佛一直凝固在那里，从不曾流逝。"闲云潭影日悠悠，物换星移几度秋"，我在南宁时不觉时光匆匆流逝，错觉之中总以为来日方长。

　　而相比之下，扬州的植物是奋勉而急促的。大自然留给它们的时段非常短，所以它们必须捕捉这个属于自己的窗口期，否则一旦错过则时不再来。这里每个季度乃至每个月份都有花朵在次第开放，然后迅速凋零。我忙起来没空去欣赏瘦西湖的菊花展，结果只过了一个星期，那里的菊花就全部凋谢了。鉴真大道的樱花也是如此，扬子江路沿途的海棠花亦然，都在你不经意间迅速地灿烂绽放，然后又在极短的时段内猝然衰败凋零。当深秋到来时,扬州大学校内的梧桐叶就开始快速枯黄,然后在一场冬雨中摔落一地,宣告更寒冷的时节即将到来。数月之后,纷纷大雪就将覆盖四野,落了片白茫茫大地真干净。

在这四季急速飞转的扬州,如果今天你不抓紧时间欣赏这些花草,明天它们很可能就转眼化为残瓣枯枝,徒留下"二十四桥空寂寂"。每当我从这些花草身边经过时,几乎能听到了它们在急促呐喊:"快,快,再不快点就来不及了。"因此我一直觉得扬州的时间是"可视"的,你能够直观到时间在飞快流逝,快到让人总有一种惊心动魄之感。

就在这初冬的季节,楼下的酱草突然蓬勃地生长起来。我很好奇,这么脆弱的小草为何要在寒冬即将来临之前疯狂生长呢?转念一下,旋即明白过来:这些酱草实在是太脆弱了,春天、夏天,乃至于秋天,都属于那些更强悍的、随时挤占它们生活空间的各色野草,而晚冬已是一片白雪茫茫,这些酱草又会被迅速冻毙,属于它们的时间极其短暂,也就是在此强敌衰落与接下来百草凋零之间的短暂时间窗口。如果不抓紧时间绽放自己的生命,那么它们将被历史抹得无影无踪。世上万物,皆有其宿命。然而每一种生物的内在生命力又如此顽强,总不愿意屈服于宿命,所以又在各种束缚之中竭力挣扎,在这短暂的时间和逼仄的空间里开创一小片属于自己的甜蜜天地。缘起缘灭,转眼就是它们卑微而又辉煌的一生。

生和死,自古就是哲学家思考的问题。在我看来,生命即让人亲证各种事件,而死亡则把一切都化为乌有。1987年我刚刚读小学的时候,当阳街靠邕江这一块区域还没有拆迁,还有好多民国时候的民居。当阳街口靠近金狮巷这地方还有一个下水的码头，从当阳街走下邕江，一路全是青石板台阶。那些被岁月打磨得坑洼光滑的青石板，即便只是用脚踏上去，都能感受到岁月的气息。当年这里熙熙攘攘，上下多少客商、脚夫，如今这些人皆化为烟尘，只有他们走过的青石板还留下细微的磨痕。后来要建邕江堤坝，青石板不知被搬去哪了，只依稀留在我童年的记忆之中。

那时母亲在第二糖烟公司工作，下班时间和我放学时间存在"时差"，于是想把我"寄存"在那里的一个老妇人的家里。当时我看见那家里只有老妇人一人，因为是民国初期的建筑，采光不好，显得阴森恐怖。当时南宁老一辈人还流行把祖宗牌位放在厅堂里供奉，我看她家人都变成了墙上的画像，心里更是忐忑。心想那老妇人这么老迈，万一有一天我到她家，推开她家的门时发现她也成了墙上的画像怎么办？老妇人的家给我幼小的心灵留下了阴影，后来我读恐怖小说时，脑海里想象出的场景基本上都是以她家为原型的。

长大后看惯了生死，对老妇人那宅子反而没那么恐惧了，回想到老妇人的境遇，心中反而多了很多怜悯。如果当年我不是这么矫情，而是愿意寄宿在她家里，那么不仅可以补贴一些她的家用，而且还能给她家里增添一些生气，让她在变成墙上画像之前的最后时光里多些慰藉。而她或许还可以告诉我许多关于遥远岁月的故事，让我通过文字再留存下来。一首《叹世歌》唱道："我们匆匆地活，仿佛我们永远也不会死。然后我们匆匆地死，好像我们永远也未曾活过。"拆迁之后，无论是那些民国的宅子，还是那个青石板铺成的码头，我再想重温都只能在自己记忆里搜索那些残存的景象了。它们仿佛从未真实存在过,而只是我的一个虚无缥缈的梦。

四

本书第六章对《南宁社会概况》所录饮食文化进行了考释。乡愁,从某种意义上说就是对故乡饮食的依恋。有时候我觉得,自己虽然走过许多地方,但饮食习惯早已铭刻在我的灵魂深处。一个人从儿时被培养起来的口味,决定了此人在精神上的地域认同。这使得我无论到哪里,说什么语言,骨子里始终都是个广西人。面对食物时,只要嘴巴一张、舌尖一转,自己那根深蒂固的本质立刻原形毕露。

食物被品尝,就在短短的时间段内完成。与视觉可以长久停留在审美的对象不同,品尝过程涉及的味觉感知转瞬即逝:美食被牙齿嚼碎,然后在舌尖、口腔中被人充分知觉,在下咽之后消失。有个法国学者将品味美食称为"转瞬即逝之美":"这一瞬间成了一种情绪、一种易逝的感受、记忆中的一线踪迹。"[1]但其实这种瞬间也是一种永恒,它永恒地给我们带来了难忘的温馨与回味。而且美食的历史也是文化和记忆的历史,携带着丰富的社会信息和个体印迹。

我是个嘴馋之人,我对故乡的记忆多以各种美食作为重点。

---

[1]〔法〕米歇尔·翁弗雷著,管宁宁等译:《美食家的理性》,上海:上海人民出版社,2017年,第289页。

我的小学在南宁解放路度过,学校旁边是始建于清乾隆初年,重修于道光二十三年(1843年)的新会书院,旁边据说是两湖会馆,往下经过石巷口,沿着邕江走水街过去是粤东会馆。与这些建筑相联系的,却是经由舌尖进入我记忆的各种美食。比如新会书院、两湖会馆这一带骑楼下的商店有售各色的米粉、面和点心,石巷口到水街这一路上的摊点还有更多让人大快朵颐的解馋之物,如白斩鸡、烧鸭、叉烧、粉利、粉虫、肠粉、槐花粉、猪油糕、红豆糕、绿豆糕、芋头糕、大肉粽、腊肠脆皮糯米饭等。

我这种嘴馋的本性甚至都带入了我的学术思考。比如当年去三星堆博物馆参观时,他们提到馆内所藏的青铜立人像手握物之谜。关于它的双手究竟握着什么,历来众说纷纭,人们猜测的物品,集中在包括权杖、龙蛇、象牙、玉器等高贵之物上面。但作为一个"吃货",我觉得它握着的更可能是一捆某种植物,特别极可能是一捆用来制作各种美食的粮食作物。毕竟民以食为天,无论是作为基础的主食,还是作为调剂的零食,都是民众日常生活中不可或缺的东西。

扬州与南宁的饮食文化走的是完全不同的路径。南宁的饮食洋溢着乡土气息,真正有文化积淀的美食多是街头巷尾的糕点米粉之类,饭店里反而吃不到什么特别让人唇齿留香的东西。因此南宁人,包括大部分广西人,到了各地都习惯性地喜欢探访当地民间美食。身在异乡为异客,我偶尔会梦见自己在广西艺术学院南湖校区饭堂吃米粉,醒来时还惦念着何时还能去南宁水街大快朵颐品尝煎粽子,或是去梧州九中后山那家老店喝冰泉豆浆,去北流步行街喝当地著名的圭江桥头豆腐花,去阳朔尝尝啤酒炖江鱼，乃至于在厦门中山路吃土笋冻、烧肉粽、沙茶面（不过我对当地最负盛名的"厦门馅饼"却是兴味索然，吃不惯）。

　　我在广西艺术学院任教时，每天早上起来就要到楼下巷子品尝美食。南宁作为美食荟萃之地，每天早上各种美食轮着吃，吃一个星期都不会重复。但扬州却不是，我初到时，住在四望亭路上的柳湖南苑，诧异地发现偌大一条街居然几乎没有一个卖早点的地方。二道河这里每日清早都有个挂着"糍饭"的流动摊贩，我买了一个品尝，发现所谓"糍饭"，就是糯米饭中间包了根油条。扬州大学瘦西湖校区门口往东走原本有家面馆，也算是有些老牌了，有虾籽饺面等，但这些面食全都相当粗陋，至少跟广西艺术学院南湖校区的饭堂相比，差了不止一个档次，更不要说跟南宁以前的石巷口、现在的中山路上的面食相比了。扬州大学瘦西湖校区对面有一家小店，其扬州炒饭的味道颇佳，可惜细品起来也还是有些粗糙，起码嚼起来总觉得少了些底蕴。即便是本地著名的麒麟阁点心和冶春包子，虽然水准尚佳，但奈何我这个三十多年被桂味粤菜彻底塑造了口味的南宁土著实在是吃不惯：麒麟阁点心太甜，可以当零食却不能当早餐；冶春包子可以当早餐，但淮扬菜系口味偏于清淡，到我嘴里就像是在品尝一些泡过水的南宁小笼包，吃起来只能是一边礼貌性称赞，一边暗暗叫苦。四望亭路上还有一种风味独特的食品，本地人唤作"毛蛋"，跟它相似的还有更加不敢下筷的"活珠子"，两者都是让一般外地人却步的"黑暗料理"，但都被我这个好奇心强的食客尝过了。我这个南宁人吃它们，就像让扬州人吃广西的"酸辣牛眼睛"一样，味道一言难尽，猎奇的成分大于欣赏的成分。

东关街久负盛名,但其实里面摊贩所售的美食大部分跟扬州本地特产没什么关系,似乎就是某个小作坊统一制作之后,包装上印"扬州美食"的就配发到扬州景区,而印"南京美食"的则销往南京景区,总之都属于那种不需要回头客的一次性旅游商品。东关街面上留存的本地老字号也多名存实亡,牌子还是那个牌子,但制作工艺和呈现出来的口味让人感觉一般,里面几乎每家店我都尝过,但尝一次也就到此为止了。我甚至觉得四望亭路上的沃尔玛超市里面的食品在味道上比东关街里面的美食要好,只是可惜那家沃尔玛超市今年末关闭了。东关街西门外还有一家面馆,看样子也有些年头了,本以为能像我在厦门中山路遇到的老店一样邂逅惊喜的滋味,然而吃了几次,得出结论:该店虽然年头老,但味道还是停留在半路出家的学徒水准,做工敷衍而且味道堪忧,面食也好,包子点心也好,清淡类的没有清淡的香味,腌制的没有腌制的醇感,跟我中学的饭堂水准差不多,其选用酱醋辣椒等调料,似乎尚不及我楼下小店的品质,他们的面吃完不是使人唇齿留香,而是让人一声叹息。相似的,厨师也是如此。我甚至都在想,现在交通这么方便,他们为何不去一下无锡等地尝尝人家的包子是怎么做的,然后加以借鉴呢?

彼时我住在扬州柳湖南苑那栋"教授楼",旁边是四望亭路上著名的石塔菜市,按照我在广西、湖南等地的生活经验,菜市历来是各种美味小吃的藏龙卧虎之地,南宁曾经的水街菜市、现在的白苍岭菜市莫不如此。然而石塔菜市着实让我大失所望,里面的糯米甜藕还不如我自己做的好吃。至于那些干菜包子,也很难吃。整个石塔菜市唯一尚能细品的早餐只存在于一个山东淄博老板开的店里，他做的红糖红枣馒头、糖心三角包和红豆包慰藉了我漂泊在异乡的灵魂。我在柳湖南苑住的那两年里，没少吃他店里的山东馒头包子，然而这让我不禁怀疑自己是生活在淄博还是扬州。大虹桥路往扬州大学瘦西湖校区西门走，倒是有家小店的锅贴十分美味，傍晚时分我下班路过，常见许多民众在门口排队。初时我还以为这些排队的人是请来的托儿，但这家店老板衣着朴实，锅贴价格低廉，不至于花钱请托儿。时间久了，终于明白他这家店真的是远近闻名的老牌子。但我有反复发作的咽喉炎，仅尝过一次他家的锅贴，之后就不敢再试，每次经过只能享"鼻福"而不能享口福了。在南宁，随便在街上都可以买到上好的土猪肉香肠，味道很香又有嚼劲。但在扬州怎么也买不到好一点的香肠，这里的香肠用料感觉都没有香味，只有咸味，而且他们为了节约成本，放的肥肉实在太多，导致我想吃香肠还得从南宁邮购。

在扬州的种种经历让我一度出现误判，以为扬州的美食不过尔尔。直到我来到本地高档一些的餐厅，诸如扬州迎宾馆之类，有了对本地高端餐饮的极致体验，才意识到原来自己是个没进过大观园的刘姥姥。同样是扬州炒饭，这类餐厅里做得极为精致，挑选的都是饱满的丝米，其他食材如火腿、鸡蛋、虾仁等不仅用料讲究，而且做出的效果堪称一绝。我至今搞不明白他们是如何把鸡蛋炒成形状如此优美的丝条状，又是如何让炒蛋的色泽全然保持一致，皆为明黄色。至于里面的狮子头、烫干丝、蛋蒸银鱼等，跟市面上一般餐饮店里的同名菜色几乎是两个平行宇宙的东西，前者是细腻铺陈到像汉赋一样的艺术品，后者则只是"充饥物"。

这类餐厅里的菜肴，表明扬州的确是一个具有极其深厚历史文化底蕴的地方，而且是聚集过大量大富大贵之人的地方，否则不可能诞生诸如文丝豆腐这种把豆腐切到如同发丝一般细的菜肴。所谓奢侈，不单是指价格贵，而且是指在不必要的地方花费大量的工夫。所谓奢侈品，则是指舍得在不必要的细节上投入大量工夫去制作的产品。扬州的美食，就是这种舌尖上的奢侈品。领教过扬州的高端饮食，才知《红楼梦》里所谓"茄鲞"之类奢侈品级别的菜肴并非虚构，原来真有做工如此考究的东西。并不是每个人都是居住在扬州的盐商，虽然上层阶级在饮食上的精细足以傲视全国，遗留下来的扬州高端美食也是世界饮食文化领域的翘楚，奈何不是平民百姓的盘中之物。到了现在，我的工资也不可能让我每顿饭都敢去那里吃。

　　扬州的美食是宫廷式的美食，把中华饮食文化推向高峰；而广西的美食是乡土美食，土气十足，充分平民化。两者各有长处，但两相对比，我还是怀念故乡八桂的美食，其水准虽远不及扬州高端餐饮，然而"好吃不贵"，街头巷尾随处可达，犹如在街头跟你招手的老友，不必正襟危坐，穿个拖鞋大步踏过去就能在树荫下相谈甚欢。

　　2016年我赴美国西俄勒冈大学访学。在美国生活期间，让我最为幻灭就是当地的餐饮。几十年前，当我还是个小屁孩的时候，在《恐龙丹佛》《忍者神龟》等动画片里看到了那些看起来色味诱人的披萨、热狗。那时改革开放没多久，我们这帮南宁孩子还处于物资相对匮乏的时期。看到这些让人垂涎三尺的东西，我童年就有个梦想，将来要到美国去尝一尝这些美食。谁料几十年后，当我真的在这里品味到原汁原味的美国版披萨、热狗之后，却发现它们居然如此难吃。

他们在热狗的香肠里加了太多盐，吃起来就像在生嚼咸鱼，逼得我不得不又多喝了几口可乐。我以前在北京吃当地的馄饨、卷饼，让我感觉一顿饭吃掉了平素一日三餐的盐量，到了俄勒冈发现当地的热狗居然比北京小吃还多咸一倍。俄勒冈州的披萨不仅偏咸，而且酸、咸、甜搭配的味道都不对，嚼起来就好像三个神仙在我的舌板上打架。刚开始我还以为只是当地的披萨如此，结果到其他州发现情况也是差不多。我那时还用谷歌查了一下，才得知原来中国人吃到的披萨是按照中国口味调过的，美国原味的披萨中国人可没那么容易适应。就像那些美国人爱吃的"中餐"，其味道跟中国本土餐饮就像来自两个平行宇宙的东西，也许这就是域外文化本地化的必然过程。

美国的酒类倒是不错。这里的朋友跟我们说，到加利福尼亚州一定要喝当地产的红酒，在超市里随便选一瓶14.99美元的红酒，那味道可比在国内喝的所谓法国顶级红酒要好得多。我们几个人到加利福尼亚途径洛杉矶县时，依计在超市里选了瓶红酒，诚不我欺，味道果然甚佳，至少比我之前喝过的从低端到高端的所有红酒都好。我所在的俄勒冈州不产什么特别有名的酒，但是当地的苹果酒喝起来真的味道奇佳。本来我买了一瓶回来炒菜用，因为平时我在国内都习惯用桂林三花酒来做辅料，所以随便选了瓶低至6.99美元的回来。开瓶时，好奇心作祟，尝了几口，发现味道很醇顺，有一定的苹果的甜度和香味。房东儿子蒂姆（Tim）见了，招呼我去尝尝他刚买回来的朗姆酒。这朗姆酒我之前只是在海盗题材的电影当中见过,于是又好奇心作祟跑去尝了一小杯,感觉这种用蜜糖、蔗糖做出的酒味道更醇顺。我这才明白为什么美国人喝不惯中国的白酒,因为中国白酒都比较辣,而且中国人喝酒一般都有配菜,从老百姓家里的一碟花生米、辣小鱼,到酒店里的各色荤素菜色,总之给白酒配齐了伴侣,所以白酒的辣非但不是缺点,还增加了唇齿间的趣味。但美国人喝酒就是喝酒,空口喝辣度很高的白酒是很难受的,所以美国人更喜欢喝那些醇顺的果酒、蜜糖酒。不过但凡过于纯顺的东西,都容易在不知不觉间上头,他们这些酒跟广西的米酒一样,有后劲,喝的时候不太好把握该喝的量。

西俄勒冈州大学所在地是蒙茅斯,最让我怀念的是当地产的牛奶,价格实惠,3.99美元一大罐,味道特别醇,跟我小时候喝到的牛奶味道很像,喝完了嘴角还有奶香味。蒙茅斯那里的自来水还是从冰山上流下来的雪山融水,这个雪水相当神奇,我一直有相当严重的慢性咽喉炎,结果在那里待了几个月之后,居然把我的咳嗽都给喝好了。因此每次我在小河边远眺那座远方大山上的冰川时,都特别能理解为什么很多当地传说把它视为圣山。以前我老家玉林乡村的水也有这种效果,我在村里吃了什么上火的东西,只要多喝几口井水就能把火给消了。可惜后来那里被开发,周围的山丘和树林被刨了之后,村里井水的那种"神效"也就慢慢没了,逐渐退入我童年的记忆之中,仿佛是一个从未发生过的神话。

我的房东凯西说,宗教信仰是他们生活的一部分,还善意建议我,如果感到心里空虚可以进教会瞅瞅。我心想,作为一个拥有无尽美食的八桂大地的广西人,能打发我空虚的只有各种美味佳肴。每天吃这些腻味单调的披萨、黄油面包、意大利面,我脑子里只有那遍布南宁市大街小巷的美味米粉:南宁老友粉、八珍粉、干捞粉、生榨米粉、卷筒粉、宾阳酸粉、玉林牛巴粉、桂林米粉、柳州螺蛳粉……那个味道好啊,仅仅是想着就感觉很幸福,口水也快流出来了。

小时候想吃一顿西餐而不得,结果到了美国天天吃西餐吃到想呕,只能撒上辣椒粉来刺激味蕾。结果一个月下来,辣椒粉越撒越多,从一开始的几克,到后来的一把,弄得房东的儿子都忍不住抱怨:"Wow, your pepper burns my eyes!"(你撒的辣椒粉都辣到我的眼睛了)。有一次我到旧金山唐人街,挑了家福建口音的老板开的店吃馄饨。这馄饨味道真不咋地,还忒贵,3.99美元一碗也没几颗,这店如果开在南宁老城区,估计三个月内多半得倒闭。然而就在那天下午,我却吃得狼吞虎咽,津津有味,仿佛在品尝什么百年一遇的珍馐一样,以至于最后端起碗来连汤水都不放过,吧唧着嘴喝了个底朝天。老板娘看我如此饕餮又狼狈的样子,还当真以为我是喜欢她家店的味道。其实只有我自己知道,我是真的想家了,想那个此刻在地球另一端的地方,那座人们的普通话带着"老友粉味"的城市。

我在那雨雪霏霏的俄勒冈州过圣诞节时,多想来碗热腾腾的老友粉,加一把酸爽的豆豉酸笋,搅上各种伴着蒜末和葱香的卤味猪杂,若能再添上一碟油条,和着一碗豆浆蘸上吃,哎,那一刻的舌尖境界啊,想必什么人生的痛苦都忘了。费尔巴哈提出,"人的信赖感,是宗教的基础",又言"而这种信赖的对象,亦即人所依靠,并且人也感觉到依靠的那个东西"[1]。按照他这个定义,我觉得美食就是我这个广西人的宗教了。

除了美食,其实广西还有很多让人依恋的地方。我原来在广西生活的时候,还没有特别感受到广西人民的可爱,后来到外省旅游、学习、工作,有了对比,才真正理解了广西人的好客真是名不虚传。比如,外省人到了广西,只要跟一个广西人说普通话,那么哪怕这个广西人的普通话再蹩脚,无论是带着"老友粉味",还是带着"螺蛳粉味",抑或带着"牛巴粉味",他都会挣扎着用普通话来跟你交谈,以表达对你的尊敬。而我在某些省份遇到的状况是,当地人明明能讲非常流利的普通话,但偏偏就是用本地话,好像天然设定你必须懂得他们的本地话。又比如,外省人到了广西,遇到不懂的路,或者遇到什么问题,很快就会有广西人聚上来,七嘴八舌地给你指点。你在广西开着外省车牌的车子,广西人多半会给你让路,默认对你某些行为的谅解,因为你终归是人生地不熟。而我在某些省份开车,由于是桂A的车牌,当地人发现你是外地人之后不仅不会在某些尴尬时刻给你让道,而且还会来抢道,甚至是别车。

总之,作为一种本地的基本共识,广西人往往默认优先给外地来的客人诸多便利,而不是默认外地人来了之后可以"欺生",仗着自己是"地头蛇"来摆谱。虽然这种基本共识不是总能被遵守,也常有害群之马做出些让人无语之事,但它毕竟是作为一种

---

[1]〔德〕费尔巴哈著,王太庆译:《宗教的本质》,北京:商务印书馆,2017年,第1—2页。

观念存在，这就非常难能可贵了。因此我想，如果我们广西人的文化素质能再持续提高，是一定能把八桂大地的发展再提升几个台阶，让这一片从生态到人文都宜居的美丽之地获得更多人的文化认同，把人才吸引过来共同参与到火热的建设之中。

这也是我在广西区域文化研究下着力颇多的主要原因，我热爱这片四季如春、人民质朴、物产丰富的土地，希望为此尽自己的绵薄之力。无论是邕剧、舞狮，还是"黑衣壮"、八桂民歌等相关的文献资料，在当代学术研究圈子里相对其他题材来说其实都相当冷门，然而这些研究如果没有人动手研究，那它们蕴含的丰富的区域文化就难以被挖掘出来，因此真的需要我们花费时间精力去推动相关研究的开展。对传统文化的挖掘的深度和广度，决定着我们在当下语境运用传统文化进行现代创新的透彻程度。正所谓"文化是依赖象征体系和个人记忆而维持着的社会共同经验"[1]，这些研究对我们在当下铸牢中华民族共同体意识，维护国家统一和民族团结，一定程度上也能给予学术上的支撑。

感谢广西艺术学院为本书的出版提供资金。广西艺术学院作为全国八所综合性普通本科高等艺术院校之一，现在是中华人民共和国文化和旅游部与广西壮族自治区人民政府共建高校，教育部本科教学评估优秀高校，广西特色优势高校，广西博士单位立项建设高校，国家中西部高校基础能力建设工程高校。祝愿学校发展更上一层楼，在学术研究和教学等工作方面取得更多更好的成绩。

---

[1] 费孝通：《乡土中国》，北京：北京出版社，2016年，第28页。

本书封面采用的配图来自画家陶义美的《壮乡素妆》，特此鸣谢。与其他"漓江画派"画家一样，陶义美深入八桂各地，用自己的画笔将一幕幕溢着浓郁日常烟火气的民众生活场景定格在作品中。"咬定青山不放松，立根原在破岩中"，他绘画之勤勉是有目共睹的，常让学生看到后都不敢偷懒了。他那些将真挚情感寓于写实描绘的山乡系列画作，如《瑶女亦多情》《壮家女儿》《黑衣壮少年》等，为学界提供了"以图证史，雅俗共赏"的生动艺术案例。

此外，还感谢我的几位研究生——沈忱、薛雯、胡惠昕、周濛、王淑华和丁敏喆，她们积极参与了本书的校对工作。"万丈高楼平地起，夯实基底傲风雨"，希望她们学以致用，学有所成，书写出属于自己的精彩。

这本书由我和学者向一优合著。向一优在广西区域文化研究方面有着相当的学术造诣，是一位努力潜修，有功底和悟性，且耐得住坐学术冷板凳的优秀青年学者。"故书不厌百回读，熟读深思子自知"，能跟他合作是我的荣幸，相信他日后经过足够的学术积淀，还将产出更丰厚的学术成果。

简圣宇

2022 年 12 月 16 日

完稿于瘦西湖畔逸夫图书馆

午后迎来扬州今年第一场雪